AF617682

He ganado un nombre

He ganado un nombre

José Francisco Aguirre Ossa

Primera edición: 2024

Letrame Editorial.
www.Letrame.com
info@Letrame.com

Diseño de edición: Letrame Editorial.
Maquetación: María V. García
Diseño de cubierta: Rubén García
Supervisión de corrección: Celia Jiménez

ISBN: 978-84-10890-18-3

DEPÓSITO LEGAL: AL 2429-2024

IMPRESO EN ESPAÑA – UNIÓN EUROPEA

«No puedo dejar de viajar;
beberé la vida a sotavento.
He gozado sobremanera,
he sufrido sobremanera,
con los que me han amado
y también solo, en tierra,
y cuando con sus súbitos aguaceros,
las lluviosas Híadas irrumpían en el mar sombrío.
He ganado un nombre».

Fragmento de ***Ulises***.
Poema de Alfred Tennyson (1809-1902).
Traducción de Pedro Ugalde.
En ***Hora de poesía***, Barcelona, septiembre-diciembre 1987, págs. 53-54,

PREFACIO

Hace ya muchos años, mi padre, aquejado de un cáncer incurable y traicionero que al muy poco andar lo llevó a la tumba, comenzó a escribir contra el tiempo, un relato acerca de sus antepasados, pues quería que sus descendientes conocieran cuáles eran sus raíces. Este trabajo que lamentablemente quedó inconcluso, y ni siquiera tuvo un título, comenzaba con la frase «Mirando el cuadro de mi abuelo, con quien tengo cierta semejanza física, desfilaron por mi memoria una serie de recuerdos e imágenes inconexos», y justificaba su prisa y necesidad de escribirlo, señalando que «Soy el último heredero de todas estas tradiciones familiares y tengo la necesidad de relatarlas, pues mi memoria está iniciando su regresión».

Nosotros, sus hijos, no supimos en ese tiempo de este postrero empeño, pero uno de mis hermanos que (después de fallecer nuestra madre treinta años más tarde de la muerte de nuestro padre) heredó su escritorio, el que increíblemente contenía todavía las mismas cosas que él guardó poco antes de su deceso en mil novecientos ochenta y nueve, encontró una carpeta que contenía estos relatos sobre la vida de nuestros antepasados paternos, escritos a mano —con la letra endemoniada de nuestro padre— y con algunos textos traspasados probablemente por nuestra madre a letra de imprenta en la vieja máquina de escribir Olivetti que todos los hijos conocimos por los trabajos del colegio y la universidad, y que él nunca aprendió a usar, con correcciones a lápiz realizadas por nuestro padre. Lo escrito eran recuerdos que él tenía sobre lo que le habían contado acerca de la vida sus abuelos, el paterno y el materno.

Pues bien, como suele ocurrir en las familias en donde alguno de los hermanos es abogado (me tocó serlo a mí), mi hermano Manuel Antonio me entregó este hallazgo, preguntándome qué debía hacer con estos papeles, que ya tenían más de treinta años olvidados en un cajón del escritorio. Los leí y compaginé, como pensaba que habían sido escritos y a pesar de que estaban inconclusos y faltaban algunas partes, decidí transcribirlos y enviarle el trabajo final a cada uno de mis hermanos para tratar de cumplir, aunque fuera en parte, con el propósito que se había impuesto mi padre al escribirlos.

Por esas cosas del destino, el retrato de su abuelo, don Cesáreo, mi bisabuelo paterno al que se refería mi padre al comenzar su narración, me tocó a mí en herencia, pues mi hermano mayor, que tenía como segundo nombre el de nuestro antepasado allí pintado, no lo quiso, argumentando que su casa era muy pequeña y que la pintura era enorme; por ello, después de haber adornado la oficina en la vieja casona familiar que compartimos mi hermano menor y yo por un tiempo, durante muchos años ese cuadro presidió nuestro comedor familiar.

Mi padre no había conocido a sus abuelos, de modo que lo que sabía de ellos era porque sus dos abuelas —con las que vivió desde niño, en la misma casa de calle Santo Domingo esquina de calle Mosqueto— y sus propios padres le habían contado. Los relatos sobre ambos personajes estaban basados, como él señalaba, en recuerdos de las historias que se oyeron, con la imaginación y el entendimiento de un niño que muchas veces no prestaba toda la atención a lo que le contaban y que, después, ya de mayor, lamentaba no haberlo hecho.

Asimismo, yo le había oído a mi abuelo contar que él era un niño de doce años cuando fue enviado solo a estudiar como interno o pensionista, como se llamaba en esa época, desde Antofagasta a la Escuela Militar en Santiago, y que había conocido muy poco a su padre, quien, según decía, era hombre de pocas palabras, que no hablaba nunca sobre sí mismo, de modo que era muy probable que algunas de las historias que ahora mi padre relataba de oídas en el texto que escribió para sus descendientes, no fueran del todo verídicas, como casi siempre ocurre con la tradición oral, sobre todo cuando esta es demasiado menguada, y que tal vez se debieran a recuerdos parciales e incompletos, tamizados por la fértil imaginación de un niño que oyó pero escuchó poco lo que decían los mayores y que después rellenó los vacíos y baches de esos recuerdos con otros, quizá extraídos de personajes de novelas y cuentos.

El realizar el trabajo de compaginación y transcripción del texto manuscrito encontrado, fue para mí tan cansador como satisfactorio y desde luego me ayudó a conocer un poco más a mi padre, pero, siendo el comienzo tan sugerente y que al cuadro de marras lo veía diariamente, en no pocas oportunidades me pregunté quién había sido realmente el caballero retratado. Sabía que era mi bisabuelo por la línea paterna, conocía su nombre y hacía conjeturas sobre qué estaría pensando mientras posaba para el pintor en aquellos momentos de inmóvil tedio en que el artista iba dando las pinceladas mediante las cuales poco a poco hacía aparecer el rostro de su modelo en la tela.

Mi padre en sus escritos indicaba que no sabía quiénes eran los ancestros de su abuelo paterno. De todas las historias que había oído de niño, ninguna hacía referencia a los padres o abuelos de don Cesáreo o del resto de su familia, solo sabía que había sido criado por un pariente apodado «el Brujo Goyenechea», pero ignoraba su nombre y el parentesco que tenía con su abuelo, por lo que había dado por supuesto que era un tío y que él había quedado huérfano de padre y madre siendo pequeño.

A mis hermanos y a mí siempre nos llamaba la atención que toda la historia familiar por el lado paterno comenzara con la figura legendaria de nuestro bisabuelo, y en cambio supiéramos muchísimo más acerca de la vida de las generaciones precedentes de nuestras abuelas y de nuestro abuelo materno.

Este pequeño misterio, aunque en la vida siempre los hay y pasan desapercibidos, fue junto a mí natural curiosidad lo que me indujo a comenzar mi búsqueda revisando los archivos parroquiales de Copiapó, ciudad donde había nacido don Cesáreo Aguirre, y ver si podía descubrir algo más.

Con esto en mente, y aprovechando el «arresto domiciliario» que provocó la pandemia del coronavirus que nos asoló recientemente y que nos mantuvo mucho más tiempo del habitual en nuestras casas, decidí investigar, hasta donde fuera posible con los limitados medios con que contaba, qué había de verídico en los escritos de mi padre y así poder separar los mitos y la leyenda familiar de los hechos comprobables de la vida de mi antepasado retratado.

Poco a poco, a medida que me adentraba en la búsqueda, el tema que me había propuesto, esto es, la vida de un entonces lejano (y hoy muy cercano) antepasado, me fue pareciendo cada vez más interesante, no solo porque el paso por este mundo del personaje investigado, mi bisabuelo paterno, ciertamente había sido intensa y apasionante, sino también por el contexto, es decir, porque se había desarrollado en una época de nuestra historia, el siglo XIX y principios del siglo XX, en la que nuestra naciente república dejaba atrás su adolescencia y se hacía mayor, pero además, gran parte de lo ocurrido había sido en Copiapó, ciudad minera y de frontera que en el siglo diecinueve tuvo especiales características, diferentes a las de la zona central y sur, tema que a mí siempre me había atraído, porque desde allí es de donde partieron revoluciones y gran parte del impulso en el pensamiento moderno y liberal que nos condujo hacia el progreso. Sentía que allí comenzaba mi propia historia personal, mucha antes de que yo, mis hermanos e incluso mi padre y mi abuelo, viniéramos al mundo.

A diferencia de mi hermana María Paz —que reconozco que es una muy buena novelista—, no soy ni he sido nunca —o al menos no me considero— un escritor (y menos pienso comenzar a serlo ahora que estoy cercano a ser septuagenario).

He sido siempre un buen lector y de niño había escrito varios cuentos que mi madre pasaba a máquina (sí, adivinaron, lo hacía en la misma máquina de escribir Olivetti de la que hablé antes) con inmenso amor y guardaba entre sus cosas. Por lo general, me quedaba con una copia al papel carbón, que luego irremediable y prontamente se me extraviaba. Cuando era adolescente escribí —cómo no— alguna poesía entre suspiros por la chica de la que entonces me había enamorado, y una que otra obrita de teatro, pues estaba en la Academia de Teatro del colegio y me resultaba apasionante actuar y pensar las obras.

Después de terminada la carrera de Derecho y haberme recibido de abogado, estando recién casado, nos fuimos a España, donde realicé un doctorado y debí escribir mi tesis de grado, la que para mi gran sorpresa se publicó como libro de la colección jurídica de la Universidad. Más de alguna vez, ya siendo mayor, publiqué artículos no muy largos en distintas revistas y, para una exposición de pintura de mi hermano Manuel Antonio en el Museo de Arte Contemporáneo, escribí el prólogo que apareció en el catálogo. Asimismo, durante mi desempeño profesional estuve muchas horas frente al computador creando pólizas o redactando contratos de todo tipo, pero, como pueden ver, mi experiencia en estas lides era muy limitada; nunca me había atrevido a escribir sobre nada un poco más «de corte literario» o que no tuviera que ver con mi profesión y trabajo cotidiano, pero al leer y transcribir los papeles de mi padre sobre su abuelo paterno, y luego investigar sobre su vida para separar lo que era verdad y lo que era ficción en esos escritos paternos, me motivó o, mejor dicho, me impulsó a lanzarme de forma un poco vehemente a esta entretenida aventura intelectual (lo que me reafirma que es cierto el dicho aquel que dice «nunca es tarde si la dicha es buena»).

Alguna vez leí, no recuerdo exactamente dónde, que uno no se convertía en escritor hasta el momento en que tenía algo que contar. No creo que me haya convertido en uno, sigo siendo simplemente un aficionado a las letras y a las palabras, pero en la investigación que realicé encontré ese algo que creo debo contar, o, mejor dicho, descubría un personaje que tenía que ser escuchado, al menos por sus descendientes. Se trataba, según pude darme cuenta a poco andar, de un gran ejemplo de valentía, resiliencia, tenacidad y mucha vitalidad. Era la historia de un niño sin padre, abandonado por su madre, que logra mediante su esfuerzo llegar a ser fundador y varias veces presidente del Instituto de Ingenieros de Chile, profesor titular de la Facultad de Ciencias Físicas y Matemáticas de la Universidad de Chile, miembro fundador y vicepresidente de la Société Scientifique du Chili, vicepresidente por muchos años de la Sociedad Nacional de Minería, empresario minero, «redescubridor» del mineral de Chuquicamata, cofundador de la ciudad de Antofagasta, gobernador del Puerto de Caldera al comienzo de la Guerra del Pacífico, explorador del Ejército expedicionario en dicha contienda, partidario de Balmaceda, corredactor en la modernización del Código de Minería, y por sobre todo un hombre justo, de ideas modernas y que en las instituciones en la que le tocó estar, llegó a tener un liderazgo y una autoridad basada en su enorme saber y experiencia.

El texto que sigue a continuación contiene el resultado de esas averiguaciones sobre la vida de don Cesáreo Aguirre y Goyenechea, nombre por el que fue conocido el abuelo paterno de mi padre, nuestro bisabuelo, uno de las dos personas sobre las que él alcanzó a escribir, pero lo he redactado en primera persona, esto es, he contado o revisado esa vida supuestamente como una introspección mientras posa para su retrato, pretendiendo hasta donde me fue posible, ceñirme a lo que fue en realidad su vida, pero, como decía una vieja película cómica, «los hechos narrados aquí son ciertos, salvo los que son inventados», frase que me parece genial por su pueril obviedad y que creo que refleja perfectamente lo que el lector tiene entre sus manos.

He tratado, eso sí, con gran empeño y honradez, ser fiel a lo que verdaderamente ocurrió (aunque a veces solo a lo que sospecho que pasó) como asimismo a la historia del personaje que figura en diversos textos y libros que hablan sobre este ilustre antepasado, algunos de los cuales he agregado al final de este libro. Es decir, como ponen al comienzo de las películas, esto puede ser considerado como «*a fiction based on a true story*».

No sé realmente si he sido infidente con la historia familiar «oficial», contando más de la cuenta —aunque lo intuyo— y también estoy consciente que esto podría no gustarles a todos los descendientes del personaje, pero lo hecho, hecho está, y creo que nos hará bien porque la verdad, como dice el Evangelio, siempre nos hace libres, y para eso no hay fechas.

Debo además confesar por mi parte que nada de esta historia, no solo no me ha desilusionado en absoluto de mi antecesor, sino que, por el contrario, veo en él y en su vida, un ejemplo de la pujanza y el coraje de aquellos hombres que forjaron nuestra patria. (Me hubiera encantado poder conocerlo en vida y ser su alumno).

Puede ser cierto también que tal vez he desenterrado fantasmas, pero lo he hecho —o al menos he tratado de hacerlo— con humor y simpatía por el protagonista de esta historia, y además sintiéndome con ello formando parte de una tradición y estirpe.

En todo caso, para terminar este prefacio (siempre me ha gustado este término, por lo de ritual que tiene) debo decir que no estoy para nada arrepentido de haber estado investigando durante este tiempo y que he disfrutado mucho escribiendo lo que ahora les entrego, confiando en la indulgencia de cada uno de mis eventuales amables lectores.

En fin, tengo la esperanza es que mis lectores sean más de uno, espero asimismo que si ya se han leído estas primeras páginas sigan adelante y que también, como yo, lo disfruten. Muchas gracias.

PRIMERA SESIÓN

Hoy es viernes quince de junio de mil novecientos diecisiete. Estoy en Santiago de Chile, en mi casa, sentado en mi sillón de siempre, en mi biblioteca, de espaldas a un librero y con la luz de frente, posando para un retrato al óleo.

Tengo en mis manos un libro que miro sin ver y otros tantos que han sido puestos a mi lado por el pintor en una pequeña mesa para decorar la escena. Lo he abierto por el centro y en una página que al parecer muestra algunas tablas y columnas de números, que, por estar a contraluz, la distancia y los anteojos que ya no me sirven de mucho, no alcanzo del todo a distinguir, tampoco me interesa hacerlo, mi pensamiento está en otra parte.

He cogido este, de entre los libros de un estante de mi biblioteca, siguiendo las indicaciones del pintor, por su tamaño, cuyo tema es algo relacionado con el laboreo de minas, pero no tengo ganas de leer y, aunque veo los números y tengo un vago recuerdo de qué se trata, no me interesa revisarlo. He mirado toda la mañana la misma página, que se me torna cada vez más borrosa e inconexa. Se me acalambra la mano y también me cuesta mantener la misma postura que el pintor me exige.

Conocí a este muchacho, que se concentra en los colores que esparce en la tela con sus pinceles, cuando estudiaba Ingeniería, carrera que abandonó después de tres años para dedicarse de lleno a la pintura, su gran pasión. Lo recuerdo como alumno y creo que él ve aún en mí a su profesor de Matemáticas.

Pero, a pesar de la estima que le tengo, pienso en que un retrato a esta edad, cuando ya casi he dejado de ser parte del mundo, es totalmente frívolo, inútil e innecesario. Pintado además por el gran artista José Backhaus Martin, discípulo de Pedro Lira y Cosme San Martín, mi antiguo alumno de Matemáticas, ahora pintor de fama, Primera Medalla en Pintura en el Salón Oficial de mil novecientos quince, quien solo pinta mi retrato por la consideración que me tiene o que alguna vez me tuvo y por su amistad con mi hijo.

Mi pensamiento se detiene en lo fútil de esta tarea y en el autor de la idea, mi hijo, Arístides Ramón, aún soltero y sin descendencia. ¿Colgará este retrato como cuadro importante en su casa o en consulta de médico…? ¿Les contará a sus pacientes, o a sus hijos —si llega a tenerlos— quién era yo, el viejo del cuadro, una vez que muera? No lo sé. No tengo respuestas.

No soy muy cercano a mi hijo, creo que se parece más a su madre que a mí. Me parece un hombre reservado y distante. Lo conozco poco, en su niñez yo pasaba más tiempo en el desierto de Atacama o cualquier otro lugar que en mi hogar, además lo envié a esta ciudad cuando él era pequeño; quería que tuviera una buena educación y que no fuera, como hijo único, y después de la muerte de su hermana María Blanca, el «niño de mamá», un apollerado, timorato y miedoso, sin empuje ni coraje. Entró interno a la Escuela

Militar en Santiago a los doce años y me parece que allí se acentuó su carácter racional, callado e independiente, escogió la rama de ingenieros militares, pero muy prontamente se dio cuenta de que lo suyo no era ni la Ingeniería ni la carrera militar, retirándose nada más graduarse de oficial, en mil novecientos uno, con solo diecinueve años, para estudiar medicina de la Universidad de Chile.

Es curioso, ahora que lo pienso, yo lo llamé Arístides, además de por el hecho que me gustaba ese nombre, por el gran estratega y político griego, de quien Heródoto y Platón sostienen que fue un hombre justo y honorable, considerado el mejor de su tiempo, pero también —aunque menos— porque admiraba a Arístides Martínez, otro gran militar e ingeniero que conocí al comienzo la guerra, cuando recaló en Caldera acompañando a Antofagasta en su calidad de ingeniero militar, al Ministro de Guerra Cornelio Saavedra y que, después de la guerra, fue intendente de Atacama y con el que conversé muchas veces sobre minería metálica y del cual tuve noticias, no sin cierta satisfacción —a lo mejor infundada— que después llegó a tener una mina de oro en el valle central, pues pienso que nuestras conversaciones sobre el tema lo hicieron convertirse en empresario minero. Creo que mi hijo con ese nombre debería haber hecho carrera en el Ejército, pero eso no fue lo que ocurrió…

En fin, Arístides lleva como segundo el nombre de Ramón por mi padre, a quien no conocí, pero que mi hermano José María Goyenechea —que vivió con él desde los tres años, hasta su muerte ocurrida casi dos meses después de mi nacimiento—, con sus relatos e historias, me enseñó a querer y admirar a pesar de sus muchos defectos sobre los que también me contó... ¡Cómo echo de menos a José María!, «el Brujo»… Lo divertido e irónico que era, riéndose de toda esa gente ridícula que se sentía tan importante…, imitando a doña Luz Gallo y sus amigas… ¡Qué recuerdos!… y qué pena hacer memoria que cuando falleció no lo supe hasta muchos días después…, yo ya vivía aquí, en esta ciudad, Santiago, capital de la República, desde hacía algunos años y viajar a Copiapó era difícil y lento en mil ochocientos noventa y cuatro. Casi no había caminos, sino huellas y solo se llegaba por mar, desembarcando en Caldera e internándose desde allí a la ciudad en tren. José María Goyenechea Larrahona falleció en su casa de la calle O´Higgins de una cistitis purulenta. Tenía ya setenta y cinco años, dos años menos de los que yo tengo ahora. Carlos María Sayago, mi cuñado, que fue quien informó acerca de su muerte en el recién creado Registro Civil y me avisó tan pronto como pudo, pero cuando recibí su mensaje, el cuerpo del fallecido ya descansaba en esa tierra arenosa y dura en la que nacimos. Aun después de tantos años, siento y me pesa no haber podido despedirme de él como me hubiera gustado y como se merecía por su generosidad.

Estoy aquí, en la biblioteca de mi casa, posando, aburrido, con setenta y siete años, esperando que la sesión de pintura termine de una vez y pueda salir a caminar para que las piernas se me desentumezcan y me circule la sangre —y la vida— por el cuerpo. Lo necesito, quiero sentirme vivo y quiero salir antes de que empeore más el tiempo. No me gusta ser viejo. Nada. No me gusta ni tanto así. Siempre pensé que, lo quisiera o no, yo no llegaría a viejo, y aunque nunca le temí a la muerte, no sé por qué razón o intuición, que desde luego demostró ser errónea, creía casi románticamente que moriría joven, como los héroes de las novelas que leí, y la verdad es que estuve a punto varias veces, pero… aquí estoy, en este Santiago bullicioso del nuevo siglo veinte, sintiendo que estoy perdiendo el tiempo, sentado en mi sillón con un libro abierto entre las manos que no leo, en este día nublado y con esa luminosidad que precede a la lluvia, pensando en el pasado, en lo que he vivido y no en lo que me queda aún por vivir.

Ya no voy a la Facultad de Ciencias Físicas y Matemáticas de la que fui profesor, ni a la Sociedad Científica de Chile que ayudé a formar, tampoco visito el Instituto de Ingenieros del que sigo siendo miembro y del que alguna vez fui presidente, ni a la Sociedad Nacional de Minería, que, después de dejar el cargo de vicepresidente, me nombró miembro honorario, una forma elegante de decirle a un viejo que se vaya para su casa y no moleste más.

Nací en el verano del año mil ochocientos cuarenta en la ciudad de Copiapó, cuando esta ciudad aún formaba parte de la provincia de La Serena y era la última ciudad del norte de Chile. Alguien me dijo —probablemente mi cuñado Carlos María, historiador de la ciudad— que el nombre original fue San Francisco de la Selva de Copiapó, por la gran cantidad de árboles y matorrales —principalmente algarrobos y chañares— que poblaban la zona y que ya no existen. San Francisco, por el patrono de su fundador el corregidor don Francisco Cortés y Cartario, quien la fundó por orden del gobernador Manso de Velasco. La palabra Copiapó es una castellanización del vocablo quechua KopaYapu, o del aymará Copayapu, que significaría —en esto no hay acuerdo— copa de oro (la menos probable, pues la palabra copa no es vernácula), valle verde, sementera, tierra arada, color verdeazul claro o tierra abundante de turquesas. Vaya uno a saber.

Tampoco conozco con exactitud qué día vine al mundo, creo que probablemente fue entre el día veinticinco del primer mes y el diez del segundo de ese año, y es posible que ello sucediera en la casa en que mi padre vivía con mi madre o tal vez en alguna habitación del tercer patio de la casa de mi abuelo materno, Marcial de Aguirre y Ustáriz, es decir, tampoco sé cuál fue el lugar específico o la casa donde ocurrió mi nacimiento.

Nunca celebré mi cumpleaños y mi madre, Rafaela Aguirre, no recordaba, o a lo mejor no quería recordar o contarme la fecha exacta de mi nacimiento.

Mi madre tampoco celebraba el suyo tal vez porque nunca supo en qué fecha había nacido o, simplemente, si alguna vez la conoció, ya no se acordaba del día puntual, porque o bien se lo dijeron siendo muy pequeña y no quedó registrado en ninguna parte donde pudiera consultarlo, o quizá debido a que quienes lo supieron alguna vez lo habían olvidado cuando tuvo la edad de preguntarlo. Y es que ella, al igual que yo, no fuimos queridos ni buscados por nuestros respectivos padres; simplemente vinimos a este mundo para sorpresa, y tal vez angustia, de ellos.

Somos «hijos naturales» (nunca me ha gustado el calificativo de «hijo bastardo», por lo peyorativo del término), o, lo que se llama legalmente, «ilegítimos», condición que me ha perseguido casi toda mi vida y que supongo que ella también debió de padecer.

Pero hay cosas que uno no puede elegir y que tampoco tiene el poder de cambiar y esta, desde luego, es una de ellas.

A pesar de esto debo decir que nunca fui, ni menos me sentí, lo que aquí, en el sur, llaman un «huacho»; calificativo cuyo significado solo vine a saber siendo ya mayor.

Como mi ciudad natal, Copiapó, durante la época de mi niñez y juventud, era ya una ciudad cosmopolita que llegó a tener unos quince mil habitantes, de los cuales al menos tres mil eran extranjeros, esta circunstancia de mi nacimiento carecía de mayor importancia. Eso, unido al espíritu individualista y la cultura liberal progresista que se respiraba, nos hizo distintos al resto del país, con bastantes menos prejuicios, por eso mi infancia no fue ni con mucho una infancia triste, sino alegre y positiva.

Todos quienes me conocían sabían de quién era hijo como asimismo los sucesos que rodeaban mi venida a este mundo y la mentalidad de los copiapinos, y en general de los habitantes de la frontera norte, es muy lejana a la pacatería conservadora que produce la ignorante estupidez que caracteriza —a mi juicio— a la llamada aristocracia campesina de la zona central y sur del país.

Por esa razón, pensando en el refrán que dice «donde fueres haz lo que vieres» y vivo ahora aquí, nunca converso sobre este tema, ni siquiera con mi hijo Arístides Ramón, quien no conoce ni sospecha mi «condición».

Mi madre fue «reconocida» por su padre, mi abuelo Marcial Aguirre y Ustariz, y su madre —de quien nunca he sabido ni siquiera el nombre— no lo hizo, dejando a la recién nacida, a su cuidado. A mí, en cambio, solo me reconoció mi madre, pues mi padre, Ramón Goyenechea de la Sierra, no pudo hacerlo, ya que murió sorpresivamente de fiebre escarlatina; a pesar de que se había comenzado a recuperar de la enfermedad, el día veinticinco de marzo de ese mismo año de mi nacimiento, con cuarenta y seis años, cuando yo tenía solo un poco más o un poco menos de dos meses, y desde luego, mucho antes de mi bautismo —única instancia donde él me podría haber reconocido—, que solo me llegó cuando contaba ya con seis meses de edad. Aún no existía el actual Registro Civil y nacimientos, defunciones, matrimonios y en general todo lo relacionado con el estado civil y demás asuntos relativos a las personas, eran llevados por la Iglesia Católica mediante sus sacramentos.

Me bautizaron tarde, porque mi madre se empeñaba en que yo debiera de llevar el apellido de mi padre y el cura le decía que ello no era posible sin el reconocimiento explícito de su paternidad, a lo que mi madre respondía que eso era imposible de lograr pues mi padre había fallecido, a poco que yo naciera, pero que era de público conocimiento en Copiapó, que yo era hijo de Ramón Goyenechea, pero el cura no daba su brazo a torcer y pasaba el tiempo sin que solucionara el tema, hasta que mi madre, en vista de las circunstancias, cedió y aceptó llevarme a la parroquia Nuestra Señora del Rosario, donde el cura Manuel Antonio Iribarren me bautizó poniéndome, no solo el óleo y crisma, sino también el nombre de Cesáreo Aguirre, haciendo constar en sus libros de archivo que soy hijo natural de Rafaela Aguirre.

Por eso llevo primero el apellido de mi madre y he agregado el de mi padre como si fuera el materno, esto último, en gran parte por recomendación e insistencia de mi medio hermano José María Goyenechea Larrahona, pero además porque en Chile, desde siempre, han sido y son más importantes las familias, los apellidos, los linajes y las relaciones que el mérito, la capacidad, los conocimientos o la experiencia, y también, en mayor medida, debido a que yo siempre me he sentido orgullosamente formando parte de la familia Goyenechea, más que de mi familia materna, los Aguirre.

Es cierto que podría haber optado en algún momento de mi vida por cambiar el orden de los apellidos, pero desde pequeño y aún después de egresar del Colegio de Minería, fui conocido como Cesáreo Aguirre, y hubiera tenido que dar muchas explicaciones de haber procedido de esa manera, cosa que tampoco me interesaba mayormente.

Cuando tenía trece o catorce años leí que el gran Leonardo da Vinci también era «hijo natural» de un noble y una criada, o de una campesina, no recuerdo bien, y me resultó gratificante saber que el mayor genio de la humanidad y yo participábamos de una misma condición. No vuelo tan alto, pero tenemos al menos una coincidencia, nos parecemos un poco, aunque sea mínimamente, y algo es algo.

No había cumplido aún los veinte años cuando mi madre quedó embarazada de mi padre, Ramón Goyenechea de la Sierra, siguiendo tal vez su sino familiar, pues mi abuelo materno Marcial de Aguirre y Ustáriz también fue padre de esa hija «ilegitima» a quien bautizó como Rafaela y a quien crio, a esa misma edad, es decir, a los diecinueve, desde luego muchos años antes de casarse.

Mi abuelo Marcial de Aguirre y Ustáriz fue uno de los doce hijos de Fernando de Aguirre y Quesada y de Mariana de Ustáriz y Espinosa. Su padre, Fernando de Aguirre y Quesada, a su vez, era hijo de Fernando Domingo de Aguirre y Cisternas, y, por lo tanto, como bien explicó mi cuñado Carlos María Sayago Moreno, en su ya famosa Historia de Copiapó, publicada por la imprenta de El Atacama en Copiapó hace algunos años (si mal no recuerdo en el año mil ochocientos setenta y cuatro), yo sería, por la línea materna, descendiente directo del conquistador español don Francisco de Aguirre a través de su hijo Hernando de Aguirre, quien se radicó en Copiapó, heredó la encomienda de su padre, e inició la saga de los Fernando de Aguirre (Fernando en castellano antiguo es lo mismo que Hernando), dedicados en su mayor parte a la explotación minera iniciada por don Francisco. Fue este personaje, Hernando de Aguirre, quien construyó y administró el primer trapiche para moler minerales que hubo en nuestro país.

A Carlos María Sayago, mi cuñado, siempre le gustó investigar ese tipo de asuntos de genealogía (y esas cosas) y creo que puede ser cierto lo que consigna en su libro, aunque a mí me tiene totalmente sin cuidado, pero a veces pienso qué tal vez fue de él, de este lejano y legendario antepasado conquistador español, que tengo por el lado de mi madre, de quien heredé esas ansias de aventura que desde siempre he sentido y que me impulsaron a recorrer sin descanso el desierto de Atacama y llegar hasta el mismo río Amazonas explorando Bolivia. Quién sabe además si de su hijo Hernando, aunque sea al menos en una pequeña parte, que desde luego se acrecentó por mi ascendencia paterna, se me transmitió la vocación de ser minero.

Mi padre, Ramón Goyenechea de la Sierra, por su parte, fue el único hijo varón de un desconocido militar español, Pedro Antonio Goyenechea de Azerecho, nacido en un pueblo de pescadores llamado Bermeo, en la provincia de Vizcaya, quien vino a Chile, muy joven, a fines del siglo dieciocho o a comienzos del diecinueve, no sé si a combatir por el bando «realista», lo que considero muy probable dadas su historia y relaciones, o bien a hacer fortuna como muchos otros vascos que llegaron en esa época a Chile, y que una vez que esta tierra obtuvo su independencia, decidió establecerse en la ciudad de Copiapó, dedicándose a la minería, y donde se casó con Manuela de la Sierra y Mercado, nacida en dicha ciudad, hija de un prominente hombre de la zona, matrimonio del cual nacieron cuatro hijas, María Candelaria, María Loreto, Petronila Mercedes y María de la Luz, y un solo un hijo varón, bautizado como José Ramón Ignacio Goyenechea de la Sierra, a quien llamaban solo por su segundo nombre, y que fue mi padre.

La hija mayor, María Candelaria Goyenechea de la Sierra se casó con Miguel Gallo Vergara, antiguo realista de La Serena, descendiente de un italiano avecindado allí, dando origen a la familia Gallo Goyenechea.

Petronila Mercedes Goyenechea de la Sierra se unió en matrimonio con Eugenio Matta Vargas, y fueron padres de los que llegaron a ser los famosos hermanos Matta Goyenechea, Pedro León, Guillermo y Felipe Santiago.

María Loreto Goyenechea de la Sierra se casó con José Montt Escobar y María de la Luz Goyenechea de la Sierra con Filiberto Montt Prado, por lo que hubo dos familias con los mismos apellidos, Montt Goyenechea.

Mi prima Rosario Montt Goyenechea, hija de María de la Luz, se casó, a su vez, con su primo Manuel Montt Torres, quien llegó a ser presidente de la República y gobernó el país entre mil ochocientos cincuenta y uno y mil ochocientos sesenta y uno. Asimismo, su hijo Pedro, Montt Montt, fue también elegido en dicho cargo en mil novecientos seis y gobernó hasta mil novecientos diez. Después de la Revolución del noventa y uno, otro personaje de la misma familia Montt, Jorge Montt Álvarez, quien fuera uno de los líderes de los revolucionarios, llegó también a la Presidencia, pues en Chile, por muy republicanos que nos declaremos, nos gustan las monarquías, sobre todo las hereditarias. Basta, para comprobar esto, ver y revisar los nombres de nuestras autoridades y constatar cómo estos se repiten en distintas generaciones.

Otra de mis primas —a quien quiero mucho—, Eloísa Montt Goyenechea, hija de mi tía María Loreto Goyenechea y de José Montt, es decir, la otra familia de los mismos apellidos, se casó con Ramón Cruz Moreno y fueron padres de varios hijos, entre los cuales está Ramón Cruz Montt, quien heredó de su madre —y es su actual dueño— la chacra Valparaíso, situada en una localidad cercana a esta ciudad, Ñuñoa, donde nos han convidado a mí y a mi familia a veranear varias veces desde que nos establecimos definitivamente en Santiago, al comienzo de la década de los noventa, después del desastre de la guerra civil en que terminó trágicamente el Gobierno de José Manuel Balmaceda Fernández, a quien, por cierto y a mucha honra, apoyé hasta el final.

Fue en esa chacra de los Cruz-Montt, desde donde pude ver cómo despegó hace casi siete años, un veintiuno de agosto de mil novecientos diez, un moderno aeroplano pilotado por el mecánico César Coppeta, y llevando como pasajero a David Echeverría, dueño del aparato y autor de la idea. Esta máquina fue por cierto la primera en volar en territorio chileno y tuve la suerte de estar entre los invitados que presenció esta hazaña.

Retomando el tema anterior, mi padre Ramón Goyenechea de la Sierra, por su parte, se casó en el año mil ochocientos treinta y tres con la joven María de la Luz Gallo Zavala, sobrina de Miguel Gallo Vergara —pues era hija de su hermano Bernardino—, a quien doblaba la edad, matrimonio en el cual nacieron dos hijos —sus hijos «legítimos»—, Emeterio e Isidora Goyenechea Gallo.

Siempre he pensado que ese fue un matrimonio por conveniencia, puesto que durante los siete años y poco más que duró, solo vivieron juntos y en forma esporádica los primeros. En cualquier caso, mi medio hermana, Isidora, hoy viuda de Luis Cousiño, nació en mil ochocientos treinta y seis, es decir, es solo cuatro años mayor que yo, y Emeterio, mi otro medio hermano, quien murió a los cincuenta años, me llevaba seis años, pues había nacido en mil ochocientos treinta y cuatro.

Además de estos dos hijos «legítimos», mi padre tuvo cinco hijos «naturales», entre los cuales me cuento como el menor de todos.

El primero de ellos fue mi hermano más querido (no me gusta el término «hermanastro» y menos el de «medio hermano»), José María Goyenechea Larrahona, nacido en mil ochocientos diecinueve, después vino al mundo Toribio Goyenechea Fuentecilla en mil ochocientos treinta, luego llegaron dos hijas, una llamada Manuela, nacida en mil ochocientos treinta y uno, y otra Ramona, nacida al año siguiente, ambas Goyenechea Julio, hijas de una relación de mi padre con Josefa Julio Martínez, la hermana del cura, convivencia que fue previa o casi coetánea con su matrimonio, y a quienes José María después llamaba, riéndose un poco de ellas, como «Las Manterolas», porque Manuela, la mayor y más bonita de las dos, se casó con José Martín Manterola, y Ramona, a su vez ,se casó con Juan Valenzuela.

Dos hijos de estos últimos, Filomena y Juan Segundo Valenzuela Goyenechea, tuvieron destacada participación en la Guerra del Pacífico. La primera como cantinera sanitaria o enfermera del Batallón Atacama, y fue la única de todas las mujeres que fueron a la guerra que obtuvo el grado de teniente, y el otro, Juan Segundo, como subteniente del mismo Batallón que murió heroicamente en la sangrienta batalla de Tacna.

Mi otro medio hermano, Toribio, murió joven, cuando yo tenía veinticuatro años y él diez años más. Se había casado a temprana edad con Mercedes Rizo-Patrón Sotomayor y tuvo un hijo al que bautizaron como Luis Ramón. A la muerte de Toribio, su viuda y su hijo se mudaron de Copiapó a La Serena. Allí la viuda se volvió a casar con un señor de apellido Díaz, y no he vuelto a saber nunca más de ellos.

Miguel Gallo Vergara, quien era el marido de mi tía Candelaria Goyenechea de la Sierra —y el hermano de Bernardino, y quien a su vez fue padre de María de la Luz Gallo Zavala, la mujer de mi padre— en conjunto con su cuñado, es decir, con Ramón Goyenechea de la Sierra, se hicieron dueños en el año mil ochocientos treinta y dos de la mina de plata La Descubridora de Chañarcillo, que fue una de las minas más productivas y ricas del país, de las que se descubrieron y establecieron faena en esos años.

La alianza de los Goyenechea con los Gallo, sellada primeramente mediante el matrimonio de Miguel Gallo con Candelaria Goyenechea, se consolidó con el matrimonio de mi padre con la sobrina de su socio Miguel Gallo, María de la Luz Gallo Zavala, y ayudó a convertir a mi padre en uno de los hombres más acaudalados de Chile, por eso siempre he creído que su matrimonio fue quizás un acto calculado, frío, e incluso mercantil y nada más. Creo sinceramente que ellos nunca se quisieron, aunque reconozco que no lo sé con certeza, pero a mi parecer una prueba importante de esa falta de amor conyugal, además de la infidelidad permanente de mi padre, es lo sucedido cuando él estaba enfermo de la escarlatina, enfermedad que finalmente lo mató.

En efecto, según me contó mucho después mi hermano José María Goyenechea, que era quien en ese entonces vivía con mi padre (y nosotros, o sea, mi madre, Rafaela y yo) en su casa, y que lo acompañó hasta su muerte, doña Luz Gallo, poco antes del fallecimiento de su marido, vino a nuestra casa con la pretensión de cuidarlo y él —mi padre— le dijo que no la necesitaba, que para eso tenía a su lado, además de a su hijo José María y al fiel secretario Patricio Sierralta, a unas criadas viejas, la Josefa Flores —a quien yo no recuerdo— y la Eusebia San Martín, de la que sí me acuerdo, ordenándole que se volviera a la Hacienda de Nantoco, donde ella vivía con sus hijos, cosa que ella hizo en forma inmediata, subiéndose muy molesta al mismo birlocho en que había llegado. Solo estuvo en la casa de su marido menos de media hora y se fue.

El pobre José María Goyenechea cayó enfermo de escarlatina, con unas fiebres altísimas que lo hacían delirar, el mismo día que nuestro padre falleció, ese aciago veinticinco de marzo de mil ochocientos cuarenta, contagiado con toda probabilidad por el difunto a quien cuidó amorosamente hasta el final. Cuando recuperó la salud, María de la Luz Gallo Zavala, ahora legalmente viuda y heredera de Ramón Goyenechea de la Sierra junto con sus hijos Isidora y Emeterio, lo obligó a salir de la casa paterna, de la que solo se llevó consigo su ropa y el retrato de nuestro padre, a pesar de los infundios y mentiras que sobre esto circularon entonces por Copiapó, propagados probablemente por la familia Gallo, que decían que José María había «arramblado» con todo lo que había en la casa.

Nosotros, es decir, mi madre, Rafaela Aguirre y yo —que estaba recién nacido— ya nos habíamos ido al campo poco antes del fallecimiento de mi padre, Ramón Goyenechea, al comienzo de su enfermedad como precaución para no contraerla y no regresamos a esa casa nunca más, previendo mi madre que con ella, y especialmente conmigo, Luz Gallo Zavala y sobre todo doña Lorenza Zavala, su madre —que era en definitiva quien mandaba realmente en la vida de su hija—, no tendrían ningún tipo de contemplaciones.

Al año siguiente de la muerte de mi padre, el día veintiuno de mayo de mil ochocientos cuarenta y uno —día fácil de recordar después del Combate Naval de Iquique y Punta Gruesa, en el que murió heroicamente ese joven oficial, Arturo Prat, a quien conocí días antes de su muerte—, la joven viuda, María de Luz Gallo Zavala, que en ese entonces tenía escasos veintiséis años, se casó con Matías Cousiño Jorquera, quien había sido el administrador de las sociedades y minas que mi padre, Ramón Goyenechea de la Sierra, y el hermano de su suegro, Miguel Gallo Vergara, tenían en conjunto.

Matías Cousiño Jorquera era tan solo tres años mayor que su consorte, la rica viuda María de Luz Gallo Zavala, y también viudo, como ella, con un hijo llamado Luis Cousiño Squella. El matrimonio Cousiño-Gallo no tuvo hijos y este único hijo de Matías Cousiño, Luis, se casaría luego con mi medio hermana o hermanastra Isidora, con quien se había criado, pero esa es otra historia que no me interesa recordar ahora.

Nunca pude congeniar con Isidora, ni con Luis Cousiño, como tampoco pudo hacerlo su propio hermano, Emeterio Goyenechea Gallo, quien siempre consideró que José María, Toribio y yo éramos sus hermanos, a pesar del odio que su madre nos tenía por ser hijos naturales de su difunto marido. Tanta era la aversión y la falta de unión que existían entre los dos hermanos Goyenechea Gallo, que Emeterio, sabiendo que estaba muy enfermo, poco antes de morirse redactó un testamento en el que solo le legaba a su hermana una pequeña cantidad de dinero, pero mal asesorado, por el Notario que compareció a su lecho, no designó herederos del resto de sus muchos bienes, a pesar de ser, a la época de su fallecimiento, soltero y sin hijos, ni padres vivos, por lo cual su fortuna, que era enorme, finalmente fue heredada prácticamente completa por Isidora, quien era de las mujeres más ricas de Chile, lo que José María Goyenechea, en recuerdo de su hermanastro Emeterio, trató de impedir mediante un juicio que lamentablemente fue fallado en su contra.

Volviendo a mi madre Rafaela Aguirre, ella era una mujer hermosa y de buen carácter y la recuerdo muy dulce. Con dieciocho años se había enamorado perdidamente de mi padre, con quien vivía amancebada y le costó mucho aceptar su repentina muerte. Según ella, gracias a que me estaba amamantando y al hecho de que se fue de la casa en que ambos vivían, al caer enfermo mi padre, no se contagió de la epidemia de escarlatina que asoló la zona de Copiapó y que se llevó, junto con muchos otros, a Ramón Goyenechea, y que casi también se lleva a mi hermano José María.

No tengo de ella malos recuerdos, pero sí difusos y lejanos, de mi vida a su lado. En algún momento, cuando yo era aún pequeño, no sé de qué edad, pero calculo que podría tener unos tres o cuatro años, y que recuerdo muy vagamente, y más probablemente que esos recuerdos sean por imágenes que me he formado en mi mente, gracias a lo que me han contado, ella decidió irse a vivir al campo, a unas tierras de mi abuelo Marcial, y prefirió dejarme en la ciudad de Copiapó, a cargo del bueno de mi hermano José María Goyenechea Larrahona para que, según le dijo, yo pudiera estudiar, pues pensaba que así tendría un mejor futuro. Es probable también que su decisión de dejarme en manos de

José María se debiera también a motivos económicos y tal vez asimismo al hecho de que ella consideraba que yo era un Goyenechea, a pesar de que el cura no me hubiera dejado llevar el apellido de mi padre.

A mi hermano, por lo visto y vivido, esta entrega del niño para que se encargara de su crianza y educación, no le pareció especialmente extraño, ya que a él su madre también lo había entregado de una forma similar a nuestro padre, cuando tenía un poco más de tres años y había sido él quien lo había criado. Incluso cuando mi padre se casó con Luz Gallo, José María siguió viviendo con él, y después, cuando mi padre se fue a vivir con mi madre a Copiapó y dejó a su mujer y sus hijos viviendo en la Hacienda Nantoco él también los acompañó y se instaló en la ciudad con ellos.

Pienso que una de la razones que tuvo mi madre para decidir que yo viviera con José María, fue que mi hermano, después del reñido juicio que tuvo con la viuda de mi padre, Luz Gallo Zavala, heredó parte de la fortuna de Ramón Goyenechea, nuestro progenitor y, en cambio, ni mi madre ni yo recibimos un solo centavo de mi difunto padre, y ella pensaba que, en justicia, al menos una parte de ese dinero y bienes me correspondía a mí y que por eso José María Goyenechea debía correr con los gastos de mi educación.

Ahora de mayor y habiendo pasado gran parte de mi vida estudiando, comprendo y de cierta manera le agradezco a mi madre lo que hizo, aunque entonces y durante largo tiempo, tuve la pesarosa sensación que se deshacía de mí como una molestia y no quería que yo viviera a su lado, tal vez porque le recordaba mucho a mi padre, cosa que ella me repetía habitualmente.

Como sea, a mi madre la veía muy esporádicamente cuando venía a Copiapó y me visitaba. Hasta incluso de su muerte, ocurrida en mil ochocientos setenta y cinco, más de treinta años más tarde de que me dejara en casa de José María Goyenechea, cuando ella ya tenía cincuenta y cinco años, no tuve noticias hasta bastante tiempo después, al volver a la ciudad desde el norte, pues en esa época yo me encontraba trabajando allí, no recuerdo si en Antofagasta o en las salitreras, por lo que ni siquiera pude asistir a su funeral. Fue su padre, mi abuelo, Marcial Aguirre y Ustariz, quien me lo comunicó, pues fue él quien se la encontró muerta una mañana, al ir a visitarla al campo donde vivía, y se encargó de todo. Fue esa de las pocas veces que tuve contacto con mi abuelo materno.

José María Goyenechea, veintiún años mayor que yo, siempre fue conmigo, tanto de niño como de mayor, primero un padre y después un hermano mayor, cariñoso y preocupado. Fue con él con quien aprendí a leer y quien dejó a mi disposición su gran biblioteca y me enseñó también su amor por la lógica, el ajedrez, las matemáticas y la química.

Mi hermano además me inició en el estudio del inglés y del francés, que según él eran imprescindibles para mi formación intelectual, pues muchos de sus libros estaban en estos idiomas, y desde luego con estas lenguas se me abrió un mundo al que no habría podido llegar sin ellas. Me tomaba las lecciones riéndose de mi pronunciación y me corregía los errores gramaticales con cariño y esmero.

A pesar de lo viejo que soy, lo echo mucho de menos todavía, en cambio respecto de mi madre solo siento como una especie de vacío y una nostalgia indeterminada, que está afincada en mi alma como una vieja cicatriz pero que no causa ningún dolor, si acaso alguna tirantez muy de vez en cuando.

Mi niñez fue tan feliz como solitaria. Me acostumbré a jugar solo y prácticamente tuve muy poca relación con otros niños; únicamente me veía con mis compañeros de escuela, pero no entablé especial amistad con ninguno de ellos, ni tampoco me hizo falta. Desde muy pequeño me gustaba leer y después de la escuela pasaba gran parte de mi tiempo en esa tarea. Mis grandes amigos fueron los libros y sus protagonistas. No sé si eso fue por mi forma de ser, o si esta fue una consecuencia de aquella. Lo cierto es que me sentía feliz estando solo y leyendo, por lo que nunca tuve la necesidad de estar con otras personas y a lo largo de mi vida me ha costado siempre hacer amigos, a pesar de lo cual he trabajado en conjunto con mucha gente, y he logrado formar muy buenos equipos, para conseguir con ellos los objetivos comunes que buscábamos.

Rafaela Aguirre, mi madre, según supe de mayor, no se llevaba muy bien con su padre, mi abuelo Marcial Aguirre y Ustáriz. Creo que era por causa de su mujer, Manuela Sáa Martínez, con la que se había casado en mil ochocientos treinta y dos, cuando ella ya tenía once años. Rafaela vivió con su padre desde que nació hasta los dieciocho o diecinueve años y con la llegada a su casa de la tal doña Manuela, y después de sus nueve hijos, que fueron naciendo año a año, primero Feliciana, a continuación, Ruperta, después María del Carmen, luego Gregoria, al año siguiente Francisco y después Mercedes, que nació el año que ella abandonó la casa paterna para irse a vivir con mi padre, pero después nacieron Marcial, Rita y por último Elías.

Con el nacimiento de Feliciana, la primogénita del matrimonio Aguirre Sáa, la niña Rafaela, que era solo la hija «natural» del marido, fue relegada por Manuela Sáa al tercer patio de la casa, junto con la servidumbre, según ella misma me contó en alguna oportunidad en que me visitó. Creo que su niñez, a diferencia de la mía, fue bastante triste.

A la muerte de mi padre, Ramón Goyenechea, como no tenía dónde ir, al parecer Rafaela quiso volver a la casa paterna, ahora con un hijo a cuestas, pero Manuela Sáa se negó rotundamente. Mi abuelo Marcial, sin embargo, me imagino que desobedeciendo u ocultándoselo a su mujer, le permitió que se instalara en una de sus propiedades, primero en Copiapó y después en el campo, y parece que la ayudaba económicamente, pero la relación entre ellos nunca mejoró ni volvió a ser igual.

Mi madre, Rafaela Aguirre, no conoció a la suya, ni siquiera sabía su nombre, como ya he recordado, pues no está registrado y no figura en su partida de bautismo y su padre tampoco se lo contó nunca. Al parecer era lo que se llama ahora y se llamaba también entonces «una señorita de sociedad» que probablemente no quiso pasar la vergüenza de ser madre sin estar casada y le entregó la criatura recién nacida al padre, a Marcial de Aguirre y Ustáriz, quien la llevó a bautizar reconociéndola de este modo como su hija y guardó el secreto del nombre de la madre para siempre.

Tal vez por eso, por el hecho de no haber tenido nunca un modelo materno, es que ella tampoco supo ser madre conmigo. No tengo claro tampoco la razón por la cual Rafaela, mi madre, prefirió irse a vivir fuera de la ciudad, aunque no se desligó del todo de su padre, a quien consideraba como su única familia. La pobre nunca tuvo una relación feliz con sus hermanastros, los Aguirre-Sáa, a quienes consideraba solo como hijos de la tal doña Manuela y tan odiosos como ella.

En cualquier caso, yo tuve muy poco contacto y trato con mi madre y la familia materna; me acostumbré a ello y lo consideraba como una parte más de mi vida, sin mayor importancia. José María Goyenechea tampoco veía a su madre, Carmen Larrahona, y tal vez por ello, yo creía que eso era lo normal y corriente. No se puede añorar lo que nunca se tuvo.

José Backhaus, mi antiguo alumno de matemáticas, devenido ahora en pintor, me ha dicho que terminamos por hoy. Siento el olor del óleo, del aceite de linaza y la trementina que usa para diluir los colores y me embotan un poco, pero es invierno, hace frío y por eso no hemos abierto la ventana.

Ya puedo levantarme y salir a dar un paseo. No sé cuántas sesiones me quedan aún. Espero que no sean muchas. La próxima semana seguiremos; hoy es viernes, me ha dicho que es necesario que la pintura se vaya secando durante el fin de semana para poder continuar pintando. Le he agradecido su trabajo y él a mí la paciencia de estar posando.

Daré un paseo por la Alameda de las Delicias, la antigua Cañada, como me han dicho que se le llamaba antes. Quizá llegue hasta la Estación Central, distante de mi casa unas siete u ocho cuadras, pero no lo sé aún; dependerá de lo cansado que me encuentre, pues debo pensar también en la vuelta. Mi casa queda en el número cuarenta y nueve de la calle Bulnes, a pocos metros de la gran arteria de Santiago, que a esta hora estará llena de coches, carros y tranvías eléctricos que reemplazaron a los de sangre, que corren hasta más arriba de la Universidad de Chile y vuelven, e incluso algún ruidoso automóvil —el gran invento del siglo—, pero sobre todo habrá mucha gente y entre ellos, más de algún ratero esperando a su presa, que ojalá no sea yo.

SEGUNDA SESIÓN

Ayer regresando de mi paseo me senté en el mismo sillón en el que estaba posado temprano esa mañana. Necesitaba descansar un poco y ahora me encuentro otra vez en la misma aburrida tarea inmóvil de servir de modelo a un retrato, mirando un libro sin leerlo. Llegué, efectivamente, como me lo había propuesto, hasta la Estación Central, caminé despacio durante el trayecto, sin tener prisa alguna. Me agrada caminar. Allí me senté en un banco de uno de los andenes y vi arribar un tren, que ignoro de dónde venía, supongo que del sur. Bajó muchísima gente que pronto desapareció al salir de la Estación. Mientras la locomotora ya detenida asesaba sus últimos estertóreos de vapor, observé los rostros de muchos de esos viajeros que llegaban a la capital, Santiago, personas presurosas unas, lentas otras; en algunos había sorpresa, alegría y contento, cansancio, preocupación y otras sensaciones diversas que no pude descifrar.

Me gusta también observar a la gente y leer sus rostros, por lo que me entretuve un rato mirando todo el ajetreo de la escena y recordé que, siendo un niño de once años, un veinticinco de diciembre de mil ochocientos cincuenta y uno, llegó a Copiapó la primera locomotora del ferrocarril que uniría la ciudad con el recientemente creado nuevo puerto, en la caleta de Caldera, donde años más tarde yo me instalaría y desde el cual volvería para finalmente casarme con Rosario.

Al igual que ahora, el tren hizo su entrada en la ciudad pitando fuertemente, pero entonces, a diferencia de lo ocurrido en esta oportunidad, muchos caballos se encabritaron y tiraron a sus jinetes al suelo, mientras algunos aplaudían y nosotros, los niños, saltábamos de alegría por el espectáculo. Fue una gran fiesta con banda de música, refrescos y comida que disfrutamos hasta tarde ese día de Navidad de mil ochocientos cincuenta y uno.

Habían venido muchos extranjeros que trabajaron en la construcción de las vías y del moderno muelle con el que se dotó a Caldera y cada uno gritaba en su idioma. Copiapó estaba engalanada con arcos y guirnaldas con flores que le daban un especial colorido y disipaban ese tono terroso que siempre ha tenido.

En el noreste de la ciudad, en el mismo lugar donde se ubicaría la futura Estación, que se construyó dos o tres años después, se instaló una tarima al final de los rieles y con un pódium al que subieron varios oradores con sus elaborados discursos, de los cuales, desde luego, nada recuerdo. Ochenta y un kilómetros separaban a Caldera de Copiapó y, según decían los mayores maravillados, ahora el viaje de ida o de vuelta podría tomar tan solo unas tres horas.

En ese entonces yo ya vivía con mi hermano José María Goyenechea en su casa de la calle O´Higgins y era un niño feliz. Iba a la Escuela, sabía leer y escribir, así como realizar fácilmente las cuatro operaciones básicas de aritmética y me gustaba practicarlas (siempre tuve predilección por las matemáticas), era libre y tenía para mí toda la biblioteca de José María, que contenía libros de aventuras con los que podía pasarme tardes enteras. El Quijote, La Odisea, la Ilíada, Robinson Crusoe, Los Viajes de Gulliver, El último Mohicano, o Los Tres Mosqueteros, o con los cuentos de Las mil y una noches, así como tantos otros en nuestro idioma o en francés, que me encandilaban hablándome de otros mundos, tan distintos al que yo conocía, y es que mi hermano, además de criarme y alimentarme, me dio su cariño y con mucha dedicación trabajó en mi crecimiento intelectual, por lo que, durante esa época de mi niñez, se empeñó en que aprendiera idiomas con los que pude conocer y viajar con mi imaginación al viejo continente. La cultura, me explicaba paciente José María, va unida al francés; si quieres llegar a ser alguien en tu vida debes conocer ese idioma, como también el inglés si quieres algún día hacer negocios.

Con la novedad del tren se nos pasó el susto del terremoto que había sufrido Atacama el veintiséis de mayo de ese año cincuenta y uno, y que dejó muchos daños en toda la provincia, pero especialmente en la ciudad de Copiapó.

Lo recuerdo perfectamente. Estábamos recién sentados a la mesa, José María y yo, era la hora del almuerzo cuando comenzamos a oír un fuerte ruido y los perros comenzaron a ladrar. Inmediatamente las paredes y el techo se movieron enloquecidamente, mientras los platos y cubiertos bailaban encima de la mesa produciendo aún más ruido. Mi hermano me tomó de la mano y ambos nos metimos rápidamente y en silencio debajo de la mesa. La lámpara del techo, que había estado cimbrando de un lado a otro, cayó sobre la mesa quebrando los platos y vasos, cuyos pedazos que vimos caer desde nuestro refugio, junto con los cubiertos que salieron también disparados en varias direcciones. No duró mucho tiempo, pero a mí se me hizo una eternidad. Una vez que terminó, salimos de debajo de la mesa y revisamos la casa.

La acción de José María nos había salvado de sufrir alguna herida o cualquier otro daño. Estábamos indemnes, pero a mí el corazón me saltaba en el pecho y parecía que se me iba a salir. La biblioteca entera se había caído, esparciendo los libros hasta los rincones de la habitación, y en la cocina se habían quebrado muchas cosas cuyos restos estaban esparcidos en el suelo. Maruja, la cocinera, estaba junto a la Eulogia, abrazadas llorando y rezando en el patio. Las dos eran mayores y juraban que nunca había visto un temblor tan fuerte como este. José María las calmó un poco, diciéndoles que todos estábamos bien y les pidió que lo ayudaran a ordenar el desorden en que había quedado la casa.

Volviendo a los trenes y visto el fenómeno desde la perspectiva que dan los años pasados, no tengo duda alguna de que la llegada del ferrocarril de Caldera a Copiapó y después a Chañarcillo, fue un paso importante en el pujante desarrollo de la minería y desde luego un gran avance para las dos ciudades, pero principalmente para Copiapó, que cambió mucho a partir de ese momento.

Hay que recordar que desde que se descubrió el mineral de Chañarcillo, Copiapó había comenzado a poblarse y desarrollarse rápidamente, tanto que obligó al Presidente de la República, Manuel Bulnes, a crear, mediante la ley publicada el treinta y uno de octubre de mil ochocientos cuarenta y tres, la provincia de Atacama, con los siguientes departamentos: Chañaral, Vallenar, Freirina y Copiapó, que pasó a ser su capital.

Digo la llegada porque en realidad el primer tren, con tres carros, tirado por una locomotora, a la que bautizaron como La Copiapó en honor a la ciudad, arribó efectivamente a Copiapó desde Caldera, atravesando la ciudad. Tengo aún presentes las grandes letras de broce que decían «Norris Brothers», que era el nombre de sus fabricantes, así como el de la ciudad de Filadelfia y el año en que se fabricó, mil ochocientos cincuenta.

Hubo gente que fue a esperar su llegada, al costado de los rieles, antes de que entrara en la ciudad, y, a caballo y en coches, acompañaron al tren, dando vítores hasta su arribo. Fue, a mis once años, lo más emocionante y alegre que me había tocado vivir. Sentía, o más bien adivinaba o intuía, que todo aquello era algo importante que también cambiaría mi vida.

La línea férrea que ahora recorría el valle y lo unía a la antigua caleta de La Caldera, convertida ahora en el puerto de Copiapó, fue construida partiendo desde allí, desde el mar al interior, es decir, desde Caldera hasta la ciudad de Copiapó, porque trajeron por barco desde Inglaterra los rieles y los durmientes de roble que provenían del sur de Chile.

Por eso también, el tramo inicial, cuyo primer riel se puso en solemne ceremonia el día nueve de noviembre de mil ochocientos cincuenta, llegó unos meses después, en junio del año siguiente, a Monte Amargo, localidad que queda justo a mitad de camino entre los dos extremos de la línea, donde también se hizo otra inauguración a la que no asistimos ni mi hermano ni yo, pero a la que sí fueron otros miembros de la familia Goyenechea, pues habían puesto dinero en su construcción y querían ver cómo se había gastado ese capital. Mi tía Candelaria Goyenechea, por ejemplo, había puesto cien mil pesos en el proyecto y otros miembros de la familia también habían participado en él, reuniéndose en menos de un mes todo el dinero necesario para llevarlo a cabo. La inauguración de esa primera etapa fue el día cuatro de junio, coincidente con el día de la independencia de los Estados Unidos de Norteamérica, país de donde provenía la mayoría de los técnicos e ingenieros que trabajaron en la obra.

Apropósito de yanquis, recuerdo que al bueno de mi hermano José María le divertía mucho el ingenioso ingeniero norteamericano que construyó la línea férrea del ferrocarril de Copiapó, William Wheelwright. Le gustaba conversar con él, aunque a veces no se le entendía mucho, porque era tan entusiasta y atarantado, que cuando hablaba de lo que se proponía hacer, lo hacía muy rápido, con tanta prisa y mezclando el castellano con palabras inglesas, creando una especie de lenguaje propio que no lograba impedir el asombro y la risa de su interlocutor, pero generalmente sus propuestas eran tan buenas como audaces y él era capaz de luchar denodadamente por ellas, convenciendo a quien necesitara para conseguir el financiamiento y vencer los obstáculos que hubiera para llevarlas a la práctica, a pesar de que mucha gente creía que eran solo fantasías de una extranjero medio chiflado.

Mi hermano lo entendía y admiraba, aunque creo no se fiaba totalmente de él. Guillermo —como le decíamos—, y no William, era un hombre corpulento, con una gran barriga y una calvicie incipiente, que había sido marino en su juventud. A los doce años se enroló como grumete en un buque mercante y tenía muchas historias, que yo, desde luego, oía embelesado, y con las cuales soñaba, en especial quería llegar a ser capitán como él había sido, teniendo tan solo diecinueve años. Mi imaginación entonces me llevaba a tener la ilusión de comandar mi barco y recorrer lejanos lugares.

Sin embargo, esa bonita primera quimera de ser marino no fue suficiente para contrarrestar el fortísimo malestar y mareo que sentí la primera vez que navegué, y menos el miedo que sentía ante la posibilidad de naufragar, como le había sucedido a él, y que me hicieron alejar de mi mente para siempre la idea de ser un «caballero del mar», como le gustaba identificarse, pero, como además de sus cuentos de marino nos hablaba de otras cosas, enseñándonos sus soluciones y ocurrencias prácticas frente a los problemas cotidianos que enfrentaba, fueron formando en mí, aunque sea en parte, la mentalidad de ingeniero, que he logrado ir perfeccionando —al menos eso creo— a lo largo de mi vida.

Muchas veces, cuando vivía en Copiapó y miraba los faroles del alumbrado a gas que él instaló o mientras recorría el desierto de Atacama buscando minerales, me acordaba de él gesticulando para que lo entendieran, y de sus cuentos e historias de cuando era pobre, náufrago y luchaba por sobrevivir, pero también pensaba en sus ingeniosas propuestas y eficaces soluciones.

Creo que, como buen ingeniero, William (o Guillermo) Wheelwright era un gran observador. Tenía esa cualidad. Sabía mirar de manera inteligente y práctica, y gracias a ello, por ejemplo, se dio cuenta muy rápidamente del hecho que el agua del norte, por su gran cantidad de cal, no era buena para las calderas de las locomotoras, y para remediar esto diseñó entonces unas plantas de destilado de agua que no solo surtían a sus veloces máquinas, sino también de agua potable a la ciudad… Nunca le pregunté a José María Goyenechea si era de allí de donde había sacado su idea de destilar el vino para obtener su famoso aguardiente de uva que después bautizó como Pisco G, aunque creo probable que así fuera…

También creo que es muy posible que William Wheelwright conversara con Matías Cousiño sobre el uso del carbón nacional y de cambiar las calderas de las locomotoras, que eran a leña, para adaptarlas a este combustible, pues diez años antes de que Cousiño se instalara en el sur, él había extraído en Talcahuano, allá por el año cuarenta y uno, más de cuatro mil toneladas que había usado en los barcos de su compañía naviera, por lo que conocía perfectamente, y en los hechos, el valor del mineral de carbón chileno, discrepando de lo que Charles Darwin, siendo joven e inexperto, había aseverado al respecto.

Después de ver lo que pasó con el carbón de Lota, no tengo dudas de que el ingeniero Wheelwright sabía mirar no solo con los ojos, sino que todo lo observaba con su gran inteligencia, y también que Matías Cousiño era un hombre que sabía escuchar inteligentemente. Creo que, por eso, a pesar de haber vivido solo un poco más de cincuenta años, llegó a tener la gran fortuna que tuvo. (También es cierto que gran parte de esa fortuna provenía de mi padre, pero no lo es menos que él ciertamente supo administrarla y que la acrecentó) … Tal vez Matías Cousiño murió pronto por la mujer insoportable con la que se casó, la viuda de mi padre, Luz Gallo Zavala… pero eso no lo sabremos nunca…

Mr. Wheelwright había sido un buen marino y ahora era dueño de un compañía naviera, de barcos a vapor, la Compañía Inglesa de Vapores, que también era conocida por las siglas P.S.N.C., que correspondían a Pacific Steam Navigation Company, por ello, antes de construir su ferrocarril, le pidió a uno de sus capitanes de buque que le hiciera un informe sobre el litoral de Atacama y allí descubrió que la rada de la caleta de Caldera era muy superior al llamado ahora Puerto Viejo, que estaba ubicado en la desembocadura del río Copiapó, pero como buen ingeniero no se quedó solo con lo que el marino le había informado, sino que fue a comprobarlo a caballo, cabalgando hasta Caldera, viendo la factibilidad del proyecto que se proponía emprender, y además al llegar a la costa se dio cuenta que allí se podía construir un muy buen muelle, hasta donde podría llegar el ferrocarril, para permitir la descarga directa a los barcos desde los carros.

El problema que tenía su proyecto era que en la caleta vivía muy poca gente, solo unos pocos pescadores y sus familias; por eso, para facilitar el poblamiento del nuevo puerto que quería construir, y que de hecho construyó, Guillermo Wheelwright tuvo la idea de trasladar en sus barcos a los habitantes del antiguo puerto y ayudarlos a construir sus casas. El Puerto de Caldera, que tan importante fue en la Guerra del Pacífico, se debe al ferrocarril, y este es fruto de la genialidad de Guillermo Wheelwright.

En todo caso, por justicia hay que señalar que no fue William Wheelwright quien ideó la construcción del ferrocarril entre Caldera y Copiapó, sino un relojero de Valparaíso llamado Juan Mouat, quien cinco o seis años antes ya había visto que era factible su construcción y obtuvo la concesión del Gobierno, pero no le fue posible llevar a cabo su idea por diversas razones, entre las cuales primó la económica.

Guillermo Wheelwright fue más listo que el porteño; él, para poder llevar a cabo su proyecto, se reunió en la Intendencia de mi ciudad, con los hombres y mujeres más ricos de Copiapó, los entusiasmó y organizó la Compañía del Ferrocarril de Copiapó con un capital inicial de cien mil pesos, con lo que le compró en treinta mil pesos la concesión al relojero porteño.

Con el capital restante, Wheelwright contrató en su país natal a Walton Evans, joven ingeniero de gran prestigio y experiencia, quien se encargó de la construcción, como también trajo a Chile a los hermanos Campbell, Alan y Alexander, ambos ingenieros de primer nivel, especialistas en ferrocarriles.

Fue Alan Campbell, junto a su hermano, quiénes se ocuparon del trazado de la línea, y para hacerlo incluso Alan renunció a su puesto de primer ingeniero del ferrocarril entre Nueva York y Harlem, y ambos viajaron a Chile. Junto con ellos vinieron también de Norteamérica muchos artesanos y mecánicos que se unieron a los más de quinientos obreros chilenos que trabajaron en la vía férrea. La obra tuvo un presupuesto inicial de ochocientos mil pesos y, según dijo mi coterráneo, el periodista José Joaquín Vallejo, el costo final, incluido el muelle de Caldera, fue de un millón ciento cincuenta mil pesos.

El trazado hecho por los hermanos Campbell y Wheelwright partía en Caldera hacia el noreste y después giraba hacia el sureste subiendo hasta una meseta que está más o menos a quince kilómetros de Caldera y que se encuentra a unos ciento veintisiete metros sobre el nivel del mar. Esta fue la parte más difícil del trayecto, pues hubo que nivelar el terreno, desde la salida de Caldera.

Durante los siguientes veinte kilómetros, o un poco más, los rieles van bajando a través de curvas, hasta el valle de Copiapó. En el valle toman la dirección al este y suben recto hasta la ciudad de Copiapó, que se encuentra a unos trescientos setenta metros sobre el nivel del mar. La línea tiene desde Caldera a Copiapó ochenta y un kilómetros y es la primera vía férrea que se construyó en Chile y creo que también en Sudamérica, aunque me entra la duda porque es casi coetánea con la que va del Callao a Lima.

En fin, le preguntaré a mi cuñado, Francisco Sayago, que es ingeniero de ferrocarriles, y seguramente él sabrá cuál de las dos antecedió a la otra. Espero acordarme cuando lo vea, si es que eso llega a ocurrir algún día, pues creo que vive en Concepción y no lo he visto desde hace ya mucho tiempo (desde que él y su hermano me traicionaron).

Después a esta línea férrea, mediante ramales, se le agregaron otros cuarenta y pocos kilómetros desde la quebrada de Paipote, donde su ubicó una estación, para llegar hasta Chañarcillo por el sureste, y posteriormente, otros cincuenta kilómetros aproximadamente hacia el noreste hasta Puquios.

Lo que ambicionaba Guillermo Wheelwright era unir el Atlántico y el Pacífico mediante ferrocarriles, por eso, después de este proyecto, tendió la línea que va desde Rosario a Córdoba, en la Argentina, pero a pesar de su gran esfuerzo y empuje, no pudo lograrlo.

El impacto que tuvo la construcción y la posterior llegada del ferrocarril hizo que casi pasara desapercibida para el grueso de la población de Copiapó, la Revolución de mil ochocientos cincuenta y uno, que encabezaron los jóvenes pipiolos en contra del recién elegido Presidente de la República, Manuel Montt Torres, en las ciudades de Santiago, de Concepción por el sur y la Serena por el norte, para impedir que asumiera la Presidencia, hechos que ocurrieron en el mes de septiembre de ese año y en los que estuvieron altamente involucrados, al menos en la zona norte, José Joaquín Vallejo, Pedro Félix Vicuña y José Miguel Carrera Fontecilla, hijo del prócer.

Siempre que me acuerdo de esta revolución, aunque yo tenía solo once años y era un niño, me río porque me hizo mucha gracia oír que contaban en las tertulias acerca de que a los revolucionarios serenenses, mandados por Benjamín Vicuña Mackenna, hijo de Pedro Félix, se les olvidó llevar municiones a la batalla de Cuzcuz, por lo que el fogoso joven Benjamín, que capitaneaba la avanzada, tuvo que volverse a Ovalle con la cola entre las piernas y sus partidarios se dispersaron rápidamente.

En cualquier caso, después de dos meses las fuerzas gobiernistas ocuparon La Serena, no por las armas, sino mediante la paciencia que tuvieron esperando que les bajaran los humos revolucionarios a sus habitantes, quienes se rindieron al conocer lo pactado por sus jefes a sus espaldas.

No sé realmente cómo Benjamín Vicuña Mackenna, después de este vergonzoso episodio, se atrevía, durante la Guerra del Pacífico, siendo senador por Coquimbo, en sus fogosos y destemplados discursos, y en sus también desmesurados artículos de prensa, a dar pautas e instruir a los militares acerca de cómo debía conducirse la guerra. ¡Vaya estratega que había resultado el personaje!

Recuerdo también que unos cuantos mineros copiapinos importantes apoyaron a Manuel Montt y enviaron a sus hombres para ayudar al Gobierno en el asedio de La Serena, mientras este duró. La familia Goyenechea, por ejemplo, en esa época apoyó fuertemente a la instalación del Gobierno, a pesar de pertenecer a una coalición de conservadores y pelucones. Después de todo, Manuel Montt Torres era el marido de mi prima Rosario Montt Goyenechea, aunque pocos años más tarde, cuando yo ya tenía diecinueve años, en el año mil ochocientos cincuenta y nueve, y mientras estudiaba en el Colegio de Minería, cambiaran las tornas y desde Copiapó partiera otra revolución en contra de lo que llamaban el Montt-Varismo, que devengó en guerra civil, encabezada principalmente por los parientes de su mujer, los Gallo Goyenechea, con Pedro León a la cabeza, el mismo que con veintiún años y como miembro de la Guardia Cívica había defendido al Gobierno en el motín de Santiago en el año cincuenta y uno, sus hermanos, Ángel Custodio y Tomás, los hermanos Matta Goyenechea, Manuel Antonio, Guillermo y Felipe Santiago, y otros prominentes hombres de Copiapó, como Pedro Pablo Zapata y Anselmo Carabantes. Por eso alguien señaló en una oportunidad que esta era una «guerra entre primos».

Yo no me involucré en esa revolución del año cincuenta y nueve, por dos motivos. Primero porque desde hacía poco estaba estudiando en el recientemente creado Colegio de Minería, totalmente apartado del mundo exterior, y no quise abandonar mis estudios ni ese ambiente académico que me encantaba y retenía como nunca otra realidad lo había hecho, y segundo, aunque me da cierto candor y vergüenza confesármelo —a pesar de que solo sea a mí mismo—, se debió a que, si bien mis ideas políticas eran y siguen siendo opuestas a las suyas, siempre le tuve una gran simpatía a don Manuel Montt Torres.

Tengo claro que Montt era conservador, un pelucón porfiado, más de treinta años mayor que yo y que en parte la crisis era debida a su obstinación y la del ministro Antonio Varas, pero, sin haberlo tratado personalmente, lo sentía cercano y en cierto modo me identificaba con él, porque, sin saber mucho en aquel entonces acerca de su vida, lo veía como un provinciano parecido a mí, y lo imaginaba románticamente como un joven sin fortuna ni conocidos, un quijote abriéndose camino en Santiago, luchando con esa supuesta aristocracia santiaguina sanchopancesca, que se nutre tanto de prejuicios y envidias como de rencillas absurdas y sin sentido, con la barriga llena y el alma vacía, que desde luego nunca aceptó a Montt como uno de ellos.

Además, sinceramente creo, ahora posturas o preferencias políticas aparte, y con la mirada y conocimiento que da el paso de los años, que don Manuel Montt fue un hombre de excepción, muy superior a muchos, uno de los mejores de su generación, que siempre antepuso su conciencia del deber y de lo justo a cualquier otra cosa. Era, indudablemente, un político inteligente, íntegro, enérgico y capaz, que sabía resolver, y si tenía que postergar sus propios intereses para que prevalecieran los del país, no dudaba ni un segundo. Para él, según he podido darme cuenta, aunque sea tarde, la justicia, el orden y el estado de derecho eran primordiales. Su vida fue un ejemplo de esfuerzo, austeridad y de una moral intachable. Vivió siempre como pensaba, lo cual —hoy como entonces— no es poca cosa, pero también sé que es algo que históricamente nunca se le ha perdonado a nadie… al menos en Chile.

Pero el conflicto del año cincuenta y nueve no fue por eso, sino que creo que sus causas fueron más profundas y complejas. El malestar de los jóvenes liberales, no solo en mi ciudad, sino en todo Chile, era un asunto que venía creciendo día a día en contra del presidente Montt y del ministro del Interior y su mano derecha, Antonio Varas, por la estólida dureza implacable de sus medidas. A Montt, como buen conservador, le faltó flexibilidad. Su maestro y mentor había sido el asesinado ministro del Interior Diego Portales. En dicho ministerio probó sus armas políticas y en mil ochocientos treinta y siete había llegado a ser el segundo al mando.

Creo que, como discípulo de Portales, fue de quien tal vez heredó el amor por el orden y el derecho, pero también la rigidez y la obstinación.

Lo cierto es que la chispa que encendió la mecha de la revolución en Copiapó o la gota que colmó el vaso, estuvo en la injusta detención que el intendente de Atacama, a fines del año mil ochocientos cincuenta y siete, decretó en contra de los periodistas del diario El Copiapino, Rafael Vial, Andrés Maluenda y José Nicolás Mujica, por unas supuestas ofensas al Gobierno, pues a través de las páginas del periódico habían criticado fuertemente al Gobierno Central en su manejo político. Los copiapinos reaccionaron indignados ante este abuso de fuerza del intendente Juan Valentín Mira y solicitaron públicamente en sucesivas manifestaciones su destitución.

El Gobierno Central cedió y el intendente de Atacama fue destituido, pero el conflicto no terminó allí, sino que siguió adelante, primero con el diputado por Copiapó, Tomás Gallo Goyenechea, quien provocó ruidosos desórdenes en el hemiciclo del Congreso durante la lectura de la cuenta anual del Presidente de la República por estimar que, con sus palabras, Montt daba una imagen de paz y tranquilidad que según él no existía, y después con la acción del nuevo intendente de Atacama, el coronel José María Silva Chávez, quien hizo azotar públicamente a unos soldados de la Guardia Nacional por un presunto delito de desacato, lo que generó la airada protesta de los influyentes Regidores de Copiapó, mis primos Pedro León Gallo Goyenechea y Felipe Santiago Matta Goyenechea.

Frente a esto, al señor intendente Silva no se le ocurrió nada mejor que destituir del cargo que ocupaba, desde mil ochocientos cincuenta y cuatro, al regidor Pedro León Gallo, que además era hermano del diputado ruidoso, Tomás, lo que evidentemente profundizó el conflicto entre la provincia de Atacama y el Gobierno Central, la que se declaró en rebeldía hasta que no se convocara una Asamblea Constituyente. Con ello, además, trasladó la pugna de local a nacional, pues la juventud liberal de todo el país se solidarizó con los hermanos Gallo, por lo que consideraron «autoritarismo» y abuso de poder por parte del Gobierno, momento a partir del cual los acontecimientos se precipitaron rápidamente.

Los jóvenes revolucionarios copiapinos irritados fundaron el Club Constituyente y el Club de los Artesanos, entre cuyos objetivos estatutarios estaba cambiar la Constitución Política y exigir la dimisión del presidente de la República. En varias ciudades de Chile pasó lo mismo, se fundaron clubes y periódicos donde expresaban su resentimiento en contra del Gobierno, pero también miraban con recelo lo que ocurría en el norte.

Según supe después, en Santiago se gestó, con el mismo propósito, lo que sería unos pocos años más tarde el Club de la Unión.

La pelea en contra del presidente Manuel Montt y su ministro Antonio Varas se emponzoñó malamente en Santiago y otras ciudades, supongo —aunque confieso que no lo sé con certeza— en parte debido al hecho de que Montt, a pesar de ser conservador, nunca fue considerado como parte de la aristocracia; era un advenedizo, un «pobre de solemnidad» que había nacido en Petorca sin una gran fortuna, se había labrado su camino solo, partiendo como inspector del Instituto Nacional, establecimiento en el que había estudiado becado y donde pronto destacó como un gran alumno, y del cual llegó a ser su director. A los veintidós años ya era abogado, fue rector del Instituto Nacional a los veintiséis, a los veintiocho años llegó a ser el segundo detrás de Portales en el Ministerio del Interior, más tarde diputado y presidente de la Cámara a los treinta y uno y fue elegido presidente de la República a los cuarenta y dos años.

Sin duda que su trayectoria, su «hoja de vida», que conocí después, despertaría en aquellos años toda clase de envidias entre los prominentes políticos conservadores, las que se veían acrecentadas debido a que Montt nunca les rindió pleitesía a quienes creían merecerla, lo que se consideraba una «tamaña insolencia», sobre todo tratándose de un personaje que era bajo de estatura y moreno, y al que los supuestos aristócratas llamaban despectivamente con el mote de «el negro Montt». Es decir, quienes debían apoyarlo, se hicieron a un lado y dejaron solo al presidente con sus problemas.

Conste, en todo caso, que esto lo pienso ahora, que lo veo con la perspectiva que me da la edad que tengo, y lo miro ya como algo lejano, que sucedió hace ya muchos años, acontecimientos en los que no participé más que como espectador y que lo que hago ahora es solo tratar de explicar racionalmente lo ocurrido.

En fin, la agitación en el país, y en especial en Atacama, era cada vez mayor, y muy pronto comenzó rápidamente a organizarse en mi ciudad el llamado «Ejército Constituyente», bajo el eficiente mando de Pedro León Gallo Goyenechea, quien contó para ello con el apoyo del militar retirado Pedro Pablo Zapata y con el ingeniero Anselmo Carabantes, además de su primo Felipe Santiago Matta Goyenechea.

Frente a esto, el intendente Silva nuevamente tomó otra medida a mi juicio tan equivocada como imprudente: dictó un bando prohibiendo las reuniones de más de cuatro personas. Los alzados, conducidos por Pedro Pablo Zapata, se tomaron, ese mismo día en que se dio a conocer esta orden, esto es, el cinco de enero de mil ochocientos cincuenta y nueve, el Cuartel de la Policía y la cárcel de Copiapó. El intendente, el «valiente» coronel José María Silva Chávez huyó y Pedro León Gallo Goyenechea a los veintinueve años asumió como intendente bajo los aplausos de toda la ciudad y después se autonombró General de las Fuerzas Revolucionarias.

El Gobierno Central, allá lejos, en Santiago, al comienzo no le dio mucha importancia al asunto, además poco podía hacer pues tenía pocas fuerzas militares acantonadas en Copiapó y eso lo sabían los amotinados. Solo disponía de dos compañías de Infantería y una de Caballería, que, en total, contando además con los artilleros, sumaban menos de trescientos hombres. A eso podría eventualmente sumárseles algunos, aunque pocos, de los doscientos policías, ya que muchos de ellos apoyaban al bando insurrecto, como se vio en el asalto al Cuartel, en donde solo hubo un simulacro de resistencia.

Pedro León Gallo Goyenechea, en cambio, no tenía problemas de poder contar con personas y dinero. De hecho, muchas cosas las costeó con su propio dinero y el de su madre, mi tía Candelaria Goyenechea, y además obtuvo las platas de la Junta de Minería, regentada por otro miembro de la familia. Su debilidad estribaba en que no contaba con suficientes armas ni munición para aprovisionar a su naciente Ejército, en especial había una gran falta de fusiles, y balas, sin contar desde luego la nula preparación militar de su gente, pero tenía a su favor —y él lo sabía—, que a los mineros de Atacama en poco tiempo podía convertirlos en bravos guerreros, pues eran de la misma clase de hombres valientes y aguerridos, acostumbrados al rigor, con los que yo formé, años después para la Guerra del Pacífico, el Batallón Atacama.

Anselmo Carabantes, otro de los cabecillas de la revolución Copiapina, era un excelente ingeniero y demostró también ser un muy buen estratega. Con veinte hombres y unas pocas armas compradas al efecto, en una acción relámpago realizada inmediatamente después de la de Copiapó, se tomó Caldera, arrestando allí sorpresivamente a las autoridades del Gobierno, las que fueron llevadas a Copiapó. Así prácticamente la provincia entera quedaba en poder de los insurrectos. El Gobierno reaccionó tarde y recién el dieciséis de enero zarpó la corbeta Esmeralda a Caldera con algunos efectivos militares que retomaron el puerto en forma incruenta, pues los revolucionarios no habían dejado apostado a nadie de su gente allí, pero inexplicablemente las fuerzas gobiernistas no avanzaron a Copiapó. Al poco tiempo las tropas enviadas por el Gobierno se reembarcaron y volvieron al sur, abandonando la plaza que supuestamente habían «reconquistado».

Bajo la hábil dirección del ingeniero Carabantes, prontamente en las fundiciones de Copiapó y Caldera se fabricaron armas para dotar a setecientos hombres, dos batallones de Infantería, uno que quedó a cargo de Felipe Santiago Matta Goyenechea y otro bajo el mando del oficial del Ejército que estaba destinado en la Policía, Salvador Urrutia, que aparentemente se había pasado al bando de los constituyentes.

Además, también allí también se fundieron cañones, se diseñaron y se construyeron unos carros blindados, si bien no tan perfectos, pero bastante similares a los que después usaron los ingleses en la India y a los que se están usando ahora, en esta guerra que se desarrolla en Europa en estos momentos. De más está decir que el Ejército de Chile, las fuerzas del Gobierno, desde luego, carecía de estos carros blindados creados por este brillante ingeniero en Copiapó.

Asimismo, por primera vez también se usó en Chile el ferrocarril como medio táctico de transporte en una campaña militar. En muy poco tiempo, con una actividad llena de entusiasmo y una energía desbordante, las tropas de Pedro León Gallo, que alcanzaron rápidamente a mil doscientos infantes, doscientos jinetes y sesenta efectivos de la rama de artillería, que contaba de seis cañones y con sus carros de combate blindados, después de una solemne ceremonia en la Plaza de Armas de Copiapó, el día quince de febrero, se dirigieron al sur, primero en tren hasta Chañarcillo y desde allí emprendieron la campaña a pie que les permitió llegar, en el mes de marzo del cincuenta y nueve, casi a las puertas de La Serena, habiéndose tomado antes Carrizal, Freirina y Vallenar.

Para lograrlo cruzaron el despoblado que hay entre los valles de Huasco y Coquimbo, marchando por el camino de la sierra costera, y a comienzos de marzo, las fuerzas rebeldes estaban ya en el mineral de La Higuera, distante a solo diez leguas de La Serena. Allí establecieron su campamento, para poder mediar con el Gobierno, representado nuevamente por el coronel Silva Chávez, el mismo que había huido cobardemente de Copiapó.

La tentativa de paz, como era de esperar, fracasó y Pedro León Gallo movilizó a su hombres a la quebrada de Los Loros, ubicada al noreste de La Serena, donde se produce una fiera batalla en la que Gallo Goyenechea venció inapelablemente a las fuerzas del Gobierno comandadas por Silva Chávez, quien, derrotado, huyó una vez más y se embarcó en la corbeta Esmeralda, anclada en Coquimbo, hacia Valparaíso, con el resto de su Infantería, mientras que su Caballería, que se retiraba desordenadamente por tierra, en tanto que el Ejército Constituyente entró a las tres y media de la tarde entre aplausos y aclamaciones como libertadores a La Serena, habiendo tomado cuatrocientos prisioneros, a quienes se les requisaron armas y municiones, entre las cuales había, además de los fusiles, cuatro cañones.

En las semanas siguientes, Pedro León Gallo siguió avanzando hacia el sur, Ovalle e Illapel fueron también «tomadas» por el autodenominado Ejército Constituyente. El Gobierno, que en un principio se había desconcertado, reaccionó ahora con fuerza, y dispuesto a terminar de una vez con los insurrectos, aumentó el número de efectivos, creando para ello los Batallones Quinto, Séptimo y Octavo de Línea, que con tres mil hombres conformaron la División «pacificadora» que zarpó el veintiséis de abril en cinco buques hacia el norte a cargo de quien caracterizaba y era considerado como el epítome de la disciplina militar, el General Juan Vidaurre-Leal Morla, soldado de carrera que había agregado a su apellido paterno el adjetivo Leal, para distinguirse de otro militar, el coronel José Antonio Vidaurre, que fue quien apresó a Diego Portales y a quien se culpaba de haber ordenado a su hijastro, el teniente Santiago Florín, su asesinato.

El Ejército de Pedro León Gallo, gracias a los refuerzos recibidos de Copiapó y La Serena, llegó a tener alrededor de unos mil ochocientos efectivos, pero contaba con pocas armas, que además eran de baja calidad, y de municiones, que asimismo decrecían, como era lógico, rápidamente.

Me dijo José María, quien por cierto, tampoco participó en la contienda, que a él le contaron que los rebeldes copiapinos, como no tenían plomo para las balas, las fabricaron de plata provenientes de la minas de Chañarcillo y que cuando los soldados gobiernistas en la batalla de Los Loros se dieron cuenta de esto, se exponían innecesariamente a los disparos para quedarse con la plata que les llegara. No sé realmente si esto es cierto o no, pero creo que eso podría haber ocurrido perfectamente, pues sé fehacientemente que Pedro León Gallo durante toda la guerra, e incluso antes de que comenzara, trató infructuosamente de comprar munición para su Ejército.

La desigualdad de las fuerzas y de los recursos era evidente, pero el aguerrido Ejército de los rebeldes copiapinos esperó a los «pacificadores» del Gobierno al pie del Cerro Grande, en el sector ubicado entre la ciudad de La Serena y el Puerto de Coquimbo, protegidos por fortificaciones improvisadas y por la barrera natural del Estero Peñuelas, y el veintinueve de abril de mil ochocientos cincuenta y nueve, después de un duro combate, los insurgentes fueron derrotados.

Pedro León Gallo, herido en el combate, se replegó a La Serena, desde donde envió mensajeros al General Vidaurre-Leal, ofreciéndose él mismo como prisionero y la entrega de la ciudad, a condición de que no se persiguiera a sus partidarios y soldados, condición que el comandante de las tropas gobiernistas no aceptó, alegando que no estaba facultado para eso, por lo que Gallo, con setecientos de sus hombres que quedaban de su maltrecho Ejército, huyó atravesando la cordillera a la ciudad de San Juan, en Argentina, donde depuso sus armas. En su huida llevó como prisioneros a los oficiales Salvador Urrutia y Manuel Vallejos, quienes habían saboteado las pocas municiones de los insurgentes dejando inservibles cañones y a un batallón entero sin poder disparar.

El General Juan Vidaurre-Leal Morla, se dirigió entonces a Copiapó, donde aún quedaban algunas tropas de los insurrectos apostadas, y después de cuatro horas de combate, el día doce de mayo de mil ochocientos cincuenta y nueve, terminó la Guerra Civil. Juan Vidaurre-Leal, con una política inteligente y serena, se preocupó de pacificar efectivamente el ánimo de los revolucionarios vencidos, sin ejercer la temida represión y venganza que estos esperaban. En definitiva, fue él quien trajo la tan anhelada paz a nuestra tierra.

Los oficiales traidores, Vallejos y Urrutia, fueron deportados desde Argentina a Chile, donde esperaban ser recibidos como héroes, pero para su sorpresa fueron sometidos a Consejo de Guerra en Valparaíso, encontrados culpables de haber apoyado a los rebeldes y finalmente fusilados en Coquimbo en diciembre de ese año, con muy poca diferencia de la muerte del General Juan Vidaurre-Leal Morla, quien murió también en mil ochocientos cincuenta y nueve, en las puertas de la iglesia de La Matriz en Valparaíso, mientras se celebraba un Te Deum por el día del aniversario de la Independencia de Chile. Su fallecimiento de debió a que al asomarse a ver qué pasaba por el ruido que había en el exterior, fue alcanzado por las «balas locas» disparadas sin ton ni son por un jornalero borracho, que era parte del grupo alborotador.

Así terminó la primera de las guerras que me tocó vivir y que duró tan solo cuatro meses contados a partir del día que desde Copiapó se alzó y puso en jaque al Gobierno de Manuel Montt. Pero todo esto es agua pasada. Solo he traído estos recuerdos a colación porque, como todos los viejos, tiendo a ir de un tema a otro.

La mayoría de mis parientes y muchos amigos fueron deportados. Guillermo Matta Goyenechea, a quien siempre aprecié mucho, por ejemplo, tuvo que partir al exilio en Inglaterra, donde estuvo dos años, los que fueron importantes en su formación intelectual.

Es curioso que tanto en mil ochocientos cincuenta y uno, como en mil ochocientos cincuenta y nueve, los años de las revoluciones, hayamos tenido también terremotos en Copiapó. Pareciera que la tierra también necesitaba sacudirse de algo, o simplemente remecerse, como hace un perro cuando le molestan sus pulgas.

El terremoto del año cincuenta y nueve, que fue más fuerte y largo que el del cincuenta y uno, ocurrió a las ocho de la mañana del cinco de octubre y causó la destrucción de más de ciento cincuenta casas y más de doscientas tuvieron que ser declaradas como no aptas para ser habitadas por el peligro de derrumbe que tenían.

Afortunadamente el Colegio de Minería no sufrió grandes daños y después de pasado el susto, pudimos reanudar las actividades, pero fue en el puerto de Caldera donde el fenómeno telúrico tuvo mayores consecuencias y daños. Allí se pudo observar que el nivel del mar descendió alrededor de seis metros, quedando el fondo de la bahía al descubierto, más o menos en ciento cincuenta metros contados desde la línea de la baja marea, dejando a barcos y botes en el limo marino. Al muy poco tiempo, volvió el mar en una ola gigantesca que arrasó con todo a su paso y las embarcaciones que no se hundieron terminaron en tierra. Aquello, según me contaron los habitantes más viejos de Caldera, fue como el fin del mundo.

Nunca se había visto algo así. El puerto y sus instalaciones recibieron el embate de esta gran ola y quedaron prácticamente destruidos, con serios daños en sus estructuras, la línea del ferrocarril también se destruyó en una extensión superior a veinticinco kilómetros, lo mismo que el telégrafo, por lo que Caldera quedó prácticamente aislado y sin posibilidad de pedir ayuda a Copiapó.

Por cierto, hablando de mi ciudad natal y de sus habitantes, recuerdo haber leído alguna vez lo que Charles Darwin opinaba de Copiapó. Tenía mala opinión de la ciudad y también de su gente, además de que todo le pareció muy caro. Quizá el pobre científico británico se topó con la mala costumbre nacional de tener dos precios, uno para chilenos y otro para extranjeros… No lo sé, pero lo creo posible porque estaba recién comenzando la época en que mucha gente acudía a hacerse rica en las minas recién descubiertas.

Él visitó la zona antes de que yo naciera, entre junio y julio del año treinta y cuatro, esto es, dos años después de que se descubrieran los minerales de Chañarcillo, pero no conoció las minas de plata que allí había. Me contaba mi hermano que mucha gente creía que el naturalista de las patillas, como buen inglés, buscaba minerales y lo seguían para todos lados, pero tal vez por eso mismo los celosos y desconfiados mineros no lo llevaron nunca a ver las faenas de extracción.

En cualquier caso, con independencia de lo que el sabio Charles Darwin opinara sobre la energía calórica del carbón nacional (que consideraba que era muy poca), de la ciudad de Copiapó, sus habitantes, los altos precios, la falta de higiene de sus habitantes y otras menudencias, debo decir que sus observaciones geológicas de la zona y su carta geográfica, así como sus acertados comentarios que realizó sobre Atacama, a diferencia de los erróneos que escribió sobre las tierras de la Patagonia, me fueron muy útiles a lo largo de mi vida. Lo mismo me ha pasado con su genial teoría de la evolución biológica mediante la selección natural, que no solo comparto plenamente, sino que me ha servido para explicarme muchas cosas que no entendía.

Me sorprende y me cuesta entender que su teoría de la evolución haya suscitado tanto revuelo como causó, provocando molestia y enojo a los curas y escándalo en ciertos círculos científicos chilenos, cuando se publicó en castellano en el año setenta y siete. Conservo en mi biblioteca un ejemplar de esa publicación, traducida del inglés al castellano en España, y que debe de haber causado allí una agitación y alboroto bastante más grande que aquí, donde las pasiones parecen diluirse en el buen clima y en el cómodo vivir del sector opinante.

Mi mujer, al parecer al verme demasiado quieto sin hacer nada, una vez terminada la sesión de pintura, se ha asomado al salón y me pregunta cómo me siento, le contesto que bien e interrumpo mis reflexiones y recuerdos. Es curioso cómo se concatenan las imágenes y los pensamientos unos con otros, y cómo discurre nuestra mente cuando estamos en reposo; hace unos momentos estaba trayendo al presente las caras que había visto en mi paseo hasta la Estación Central, de ahí salté a la primera vez que vi un tren y la mejor parte de mi niñez, luego apareció la imagen de William Wheelwright y de este me pasé a la revolución del cincuenta y uno, después a la guerra civil del cincuenta y nueve, para terminar recordando a Charles Darwin y reflexionar acerca de la obra de este último y su impacto.

TERCERA SESIÓN

Es lunes y otra vez estoy sentado posando para el retrato, he cogido otro libro del estante, que creo que es casi del mismo tamaño que el anterior, que, desde luego, no sé dónde lo he puesto. Para el caso da igual. El pintor José Backhaus ha llegado temprano, dice que es para aprovechar mejor la luz. Esta es la tercera sesión y no se me permite ver cómo va la pintura. Probablemente si tuviéramos luz eléctrica y no el alumbrado de gas en la casa, las sesiones podrían hacerse a cualquier hora, pero aún no contamos con esta novedad.

En ciertas zonas de la ciudad, como la Plaza de Armas y parte de la calle Huérfanos, hay instaladas luminarias públicas eléctricas, y por la Alameda de las Delicias corren también tranvías movidos por esta energía que son motivo de orgullo para los santiaguinos, pero falta todavía algún tiempo para que llegue a todas las residencias.

Recuerdo que, para el primer centenario de la Independencia, en mil novecientos diez, el Gobierno trajo de Buenos Aires este tipo de alumbrado público y se instaló en el centro de Santiago. Los faroles habían sido utilizados en la celebración del centenario de la nación vecina y por ello tenían un arco con el escudo argentino, lo que molestó a los habitantes de nuestra capital y muchos de ellos fueron dañados o destruidos por esta causa.

Me estoy haciendo mayor y a veces —pocas por suerte— me siento un tanto cansado. Me duelen los riñones y cada vez me gusta menos el otoño, y aún menos todavía el húmedo invierno santiaguino, al que nunca termino de acostumbrarme. He tenido una vida larga y me ha dado la oportunidad de ver muchas cosas, tal vez incluso más de las que hubiera deseado y desde luego muchas más de las que imaginé alguna vez siendo joven, cuando pensaba, después de leer La Ilíada, que moriría joven y heroicamente como Aquiles, con quien en aquel entonces me identifiqué. A pesar de eso, y habiendo dejado atrás mi atracción juvenil por la kalos thánatos, la muerte heroica y gloriosa, cuando nos encontramos en la flor de la vida, siento que todo lo vivido ha pasado demasiado rápido y el tiempo se me ha hecho muy corto y presiento que pronto llegará el final (ya no quiero a la muerte de ninguna forma, ni menos creo en la eukleés thánatos de los griegos; no hay ninguna muerte que sea gloriosa). Esta conciencia de estar terminando de ser no me gusta nada y me pone muy de malas pulgas.

Me ha tocado vivir guerras, además de la que hay hoy en Europa, varios terremotos, el cambio de siglo y el adelanto experimentado por mi cuidad y por Santiago, la llegada del aeroplano, el automóvil, el teléfono, la luz eléctrica y otras tantas maravillas de la ciencia y la técnica moderna. Creo que con la velocidad a la que van las cosas pronto habrá mucho más que ver y no quiero perdérmelo. Pero, a pesar de que no todo en mi vida ha sido «coser y cantar», y he tenido grandes penas, me gustaría seguir algún tiempo sobre y no bajo la tierra.

La pena más grande que aún tengo y que no termina de cicatrizar del todo en mi corazón es haber visto morir a mi primera hija, María Blanca, antes de cumplir un año. Eso ocurrió el fatídico año de mil ochocientos ochenta.

Su prematura y dolorosa muerte afectó mucho a Rosario, mi mujer, y aunque no lo diga a menudo, a mí también. Estábamos casi recién casados, llevábamos un poco más de un año de vida en común, cuando María Blanca nació y nos llenó de felicidad, pero a pesar de parecer una niña sana y saludable, antes de cumplir un mes de vida, falleció. Durante un tiempo, Rosario se abandonó a la tristeza y casi muere de pena. Por su edad, treinta y dos años, ella pensaba que no podría concebir nuevamente y me reprochaba haber esperado tanto para casarnos. Lo que la salvó fue su sólida formación católica y la tenue alegría que le trajo su siguiente embarazo al cabo de más de un año de la partida de María Blanca, del cual nació nuestro único hijo, el treinta y uno de agosto del año mil ochocientos ochenta y dos, Arístides Ramón.

Yo resistí ese vendaval espiritual que nos trajo la visita de la parca como pude, no sé si un poco mejor o peor, pero tengo clara conciencia de que Rosario y yo luchamos cada uno por separado y que nuestra relación matrimonial, por decirlo en forma suave, se deterioró enormemente.

Fue en esa oscura y turbia época de mi vida cuando conocí a Emilia Estupiñán, una guapa morena de busto generoso, de cuyos padres aragoneses, provenientes de la ciudad de Zaragoza, había heredado unos grandes y seductores ojos verdes, sensuales, muy expresivos y desafiantes que hacían perfecto juego con un cuerpo joven, precioso y bien proporcionado, como también con su genio —que era mucho y pronto—, con su salero y gracia y con una aparente alegría desbordante, aunque a veces también con una fina ironía y una gran crueldad que, al menos casi siempre, desembocaba en una sonrisa encantadora de dientes perfectos.

Emilia Estupiñán me deslumbró. Parecía que estaba llena de vida y despedía una especie de embrujo que, como me di cuenta a poco de conocerla, ejercía como un imán para los hombres y que ella sabía usar y manejar a la perfección. Las demás mujeres al verla intuían una amenaza, y no estaban del todo erradas. Yo no me percaté del peligro hasta que ya era tarde. No pude resistir su atracción, no fui capaz de alejarme, estaba totalmente indefenso frente a su ataque directo y la seguí como si fuera un adolescente estúpido a pesar de tener ya mis cuarenta años cumplidos y el hogar estable que tanto había anhelado.

Fruto de esta relación tuvimos un hijo, al que Emilia, a mi juicio, con su peculiar y macabro sentido del humor del que solía hacer gala, insistió en bautizar con el nombre de Cornelio Aguirre Estupiñán y que lamentablemente nació muy débil y enfermizo, falleciendo de tuberculosis antes de llegar a ser un hombre. Nunca tuve la completa certeza de que ese niño fuera hijo mío, pero tampoco me atrevía a preguntar al respecto. Era difícil hablar del tema con Emilia, pero en todo caso lo reconocí como propio, pues no quería que sufriera lo que yo debí pasar por la inoportuna muerte de mi padre.

Debo admitir que a Emilia Estupiñán no la quise realmente. Me atrajo como nunca otra mujer me había atraído, es posible que me enamorara, sin duda me volvió loco, pero no sentí nunca un verdadero amor por ella, sino, y sobre todo al comienzo, una fortísima atracción sexual, casi animal, y luego, lo que experimenté junto con la atracción que no se apagaba del todo, aunque me cueste reconocerlo, fue miedo. Un miedo visceral y profundo, que era comparable con una de esas situaciones extremas en la que uno no puede dejar de mirar, ni cerrar los ojos, a pesar de que lo que está viendo lo horroriza y le gustaría no haberlo visto nunca. Sí, la guapa Emilia Estupiñán me daba miedo, pero también me atraía enormemente y la deseaba como nunca había deseado a otra mujer.

No era capaz de apartarme de ella, no tenía la suficiente voluntad para hacerlo, pero no la amé, y el débil equilibrio que vivía entre la atracción y el miedo fue también perdiendo su efímero centro y desplazándose hacia esto último. Tal vez porque nunca es posible conjugar el miedo con el amor. Creo, o mejor dicho intuyo, que para amar se necesita algo más que simple atracción sexual. Pero no lo sé a ciencia cierta.

En cualquier caso, aquello fue un romance o aventura, o como quiera que se le llame a lo que tuve con Emilia, no muy largo, pero si hubo en él, por ambas partes, mucha pasión lasciva. Es más, diría que fue solo lujuria, deseo. Hacíamos el amor, o, aunque suene mal decirlo, y más aún reconocerlo, copulábamos frecuentemente, sobre todo al comienzo, de forma salvaje y desesperada, sin caricias ni ternura alguna, con urgencia animal, como si no existiera un mañana o un futuro posible, como si todo, nuestras vidas y el entorno que nos rodeaba y asfixiaba, pudieran terminar allí, esa noche y para siempre.

Era una unión carnal sin alma ni destino común, que poco a poco fue decayendo y que nunca tuvo realmente vida, por eso quizá que el pobre Cornelio, si es que fue realmente producto de esa extraña relación, nació tan débil y estuvo en este mundo tan poco tiempo.

No soy dado a autoengañarme y tengo absolutamente claro que no debí hacerlo, mi conciencia nunca estuvo errada ni perdida, y a pesar de ello, la desobedecí conscientemente, sabiendo perfectamente lo que hacía. No justifico, ni ahora ni antes, mi proceder, sé perfectamente que hice mal, que no debí serle infiel a Rosario y buscar, desde luego traicionándola, lo que fuera que necesitaba en esos momentos, en los brazos de otra mujer, pero también creo que, gracias a esa experiencia extrema, en que me asomé al borde del abismo, que mi corazón pudo dejar de sangrar y empezó a cicatrizar (aunque estoy seguro ahora, con la perspectiva del tiempo transcurrido) y que así me fue entonces posible seguir adelante, aunque fuera tirando malamente de mi agujerada alma, y no me volví loco del dolor.

Cuando pienso en esto, recuerdo que siendo niño frecuentemente me daban ataques de hipo, esos espasmos involuntarios del diafragma, y que mi hermano José María me lo quitaba con un pequeño susto. Se acercaba por detrás silenciosamente y sin que me diera cuenta y me daba un pescozón al tiempo que ladraba o gruñía como si fuera un perro u otro animal. Yo me asustaba porque creía estar siendo atacado y por el susto se me quitaba el hipo. Después ambos reíamos y asunto arreglado. Con Emilia Estupiñán me pasó algo parecido. Tal vez, el estar con ella durante ese corto tiempo, fue el susto que me quitó el gran espasmo que tenía mi corazón.

Soy absolutamente consciente de que todo esto, pero incluso para mí, es difícil de entender, por eso jamás lo cuento a nadie, solo se queda en mis pensamientos; tampoco yo lo comprendía en aquella época, no sabía —y aún no sé bien— por qué había hecho lo que hice. Ahora, con el paso del tiempo y el sosiego de mis pasiones, creo que entiendo un poco más, o mejor dicho, creo o tiendo a entender que actué casi instintivamente por sobrevivencia, pero a esta conclusión he llegado hace no mucho tiempo, de viejo, y sé por experiencia, que encontrar respuestas inteligibles a lo vivido es mucho más fácil así, cuando han pasado muchos inviernos y se está rumiando sobre el pasado cómodamente sentado en su sillón favorito, intentando encontrar mediante un racionamiento lineal (Aristóteles diría aritmético) algo que me permita comprender mis acciones de aquel entonces, explicación que quizá no exista y que nunca existió, como asimismo creo que esto lo hago cada vez con mayor indulgencia conmigo mismo que la que debería o conviene tener… ¿Es todo esto que pienso y repienso, pamplinas de viejo?... Es posible. ¿Justificación por culpabilidad? También puede ser, pero no tengo ganas de convertir esto en una profunda introspección, pues se me haría muy pesado estar posando para un estúpido retrato y, además, añadirle mortificación por algo que ya no tiene solución.

La relación con Emilia Estupiñán fue corta. No alcanzó a durar seis meses y, ahora que lo pienso, eso, la brevedad, fue lo más afortunado que me pudo pasar. Emilia se cansó de mí a poco andar, tal vez para ella lo importante fue la conquista, el haberme vencido y «ocupado», como se hace con un objetivo militar, pero no buscaba ni quería nada más, una vez que terminó conmigo, ella no tuvo ningún interés en reanudar nuestros encuentros después de que el pobre Cornelio naciera. Todo ese fuego se extinguió muy pronto. Pero también, aunque me cuesta aceptarlo, creo que el asunto terminó porque yo tuve miedo.

Mucho miedo, un terror que no quería seguir sintiendo, y a pesar de que se disimule y oculte, eso al final siempre se nota, y creo que ella lo notó y me despreció por pusilánime y blanducho, abandonándome.

Mi espanto o pavor no era un temor que se centrara en lo que estábamos haciendo, la relación adúltera, como diría un moralista, sino que le temía a ella, a lo que era ella; tenía constantemente miedo a su persona, o, mejor dicho, el canguelo que sentía era porque intuía que ese inmenso vacío que remplazaba a su alma, podía arrastrarme hacía él y perderme para siempre.

Nunca he sido un cobarde, he sentido —y dominado— el miedo bajando por mi espalda y erizándome el pelo muchas veces, he estado a punto de morir en varias ocasiones; me he perdido en el desierto y en las aturas del Altiplano boliviano, incluso una vez en Chiurokho, donde nace el río Pilcomayo, allí, donde falta el aire y se acrecientan el quebranto y las ganas de morir. He soportado también sin perder la cabeza los peligros del Amazonas, sin embargo, lo que en ese momento sentía era diferente, mucho más profundo, no era un miedo que yo pudiera dominar y olvidar, no, ella era quien, como persona, me aterrorizaba.

Notaba o advertía en lo más profundo de mi ser que Emilia tenía mucha maldad, un poder de atracción y de destrucción enorme, que me fue horrorizando pavorosamente cada vez más. Se solazaba causando daño a los demás, no cualquier daño pasajero, sino uno profundo, que deja huella para siempre, que nunca termina de cicatrizar. Tenía una facilidad increíble para buscar el punto débil en un individuo y, una vez encontrado, comenzaba mediante la ironía a escarbar en esa zona del alma de la persona elegida como víctima, ahondándola cada vez más hasta causar el mayor daño y dolor posible, pero lo peor era que disfrutaba enormemente con ello, se reía y no sentía ninguna compasión por aquel o aquella a quien agredía o, mejor dicho, destruía convirtiéndola así en un ser lisiado permanentemente, y lo que es peor, teniendo plena conciencia de lo que hacía.

Al comienzo ese rasgo de su personalidad lo vi como algo inusual, especial, incluso en cierto modo lo consideré como parte de su atractivo, pero poco a poco fui descubriendo su intensidad, su oscuridad malvada absoluta, y con eso llegó el miedo, que, aclaro nuevamente, no era de perder la libertad, ni ninguna de esas tonterías románticas y lugares comunes de las novelas (aunque debo confesar que la primera vez que me metí en su cama y entre sus bien formadas piernas, premonitoriamente me sentí como si estuviera viviendo una proeza increíble, y pensé que así debió de sentirse d'Artagnan la noche que se coló furtivamente en el lecho de Milady de Winter, la maligna agente del Cardenal Richelieu), sino algo mucho más grande, casi físico, amedrentador, estremecedor, yo diría que telúrico, como estar en presencia de una fuerza maligna enorme y desconocida, una especie de vacío o abismo cósmico que si caía en él, podría causar mi aniquilación completa.

No pude resistirlo por mucho tiempo, el balance entre el deseo y el miedo, que al comienzo era favorable al primero o más bien al gozo del deseo satisfecho, se perdió pronto y el segundo ganó terreno rápidamente, no quería estar al borde del precipicio y en el breve plazo que estuve con ella, sobre todo al final, tiempo en el que me asomé más de cerca a la negrura abismal de su alma (creo que era mucho más oscura que la peor versión de la tenaz enemiga del héroe de la novela de Dumas), la tragedia de la muerte de mi hija Blanca pareció no existir, solo hubo lugar en la parte más recóndita de mi interior para el más puro de los miedos, para el horror sin límites y eso produjo, una vez que todo hubo pasado, una especie de alivio en lo más hondo e insondable de mi ser, que tuvo en ese momento un efecto tanto sedante como cicatrizante, y creo que fue lo que me permitió poder rearmar mi vida.

Vislumbré que me había salvado de un peligro enorme, y surgía en mí el consuelo y las ganas de volver a empezar consiguientes.

Aún ahora, al rememorar el olor a jazmín de su abundante pelo negro y brillante, junto con notar todavía cierto temor, un frío estremecimiento me recorre el cuerpo, y también acude a mi mente la sensación de alivio por haberme alejado de ella, logrando recomponer mi corazón y mi alma, aunque nunca se lo dije y no creo que ella —y espero que nadie— lo haya alguna vez sospechado.

Una vez que nos separamos, tuve muy pocas noticias de Emilia Estupiñán. Nos juntamos una vez para llevar al pequeño Cornelio al cura para que lo bautizara y así pudiera constar en los registros parroquiales como hijo reconocido por su padre y su madre, sin que ella demostrara el menor interés en mí, y desde entonces hasta la muerte del niño, a quien prácticamente no conocí, no supe más de ella. Las dudas acerca de mi eventual paternidad, que siempre tuve, de cierta manera, impidieron que yo lo buscara y lo considerara como un verdadero hijo.

Tampoco nunca hablo de esto con nadie. Estoy seguro de que si alguna vez llegara a contarlo, algún necio, de los que no faltan jamás, y que habitualmente parecen ser mayoría, diría, seguramente con un rictus de desprecio mal disimulado, que un hombre no puede temer nada de una mujer. Que las mujeres son seres débiles y otras sandeces por el estilo. ¡Qué enorme y peregrina tontería! Qué falta de conocimiento de la naturaleza humana y de la naturaleza en general, donde fácilmente se puede comprobar que prácticamente en todas las especies, la hembra es siempre y en casi todos los aspectos, muy superior al macho.

En fin, lo mantendré en mi esfera más íntima, igual que el hecho de que a Rosario, mi mujer, aunque no se lo diga, nunca he dejado de quererla, la quiero ahora y la quise aun en el tiempo en que estuve liado con Emilia, pero con la muerte de nuestra querida y esperada Blanquita, entre nosotros se levantó un muro infranqueable de silencio y soledad que tal vez —y digo tal vez porque no tengo ninguna seguridad sobre esto— fue lo que hizo posible que me atrajera como me atrajo Emilia Estupiñán.

Afortunadamente esa valla me parece que ya no existe, o al menos no es tan alta como era, creo que se ha ido desmoronando poco a poco, como el adobe con el paso de los años y la erosión en que consiste la vida, y ahora, cuando Emilia es solo un tenebroso recuerdo lejano, pienso que a veces puedo traspasarla y que Rosario y yo hemos recuperado, aunque sea solo en parte, la amistad.

Rosario, que siempre ha sido una mujer tan inteligente como religiosa y de gran fe en Dios, buscó y encontró allí un refugio a la tormenta que asoló su vida, y su alma halló la paz necesaria para seguir adelante, pero en esa senda, como en otras, nunca pude acompañarla. No tengo esa fe y nunca la he tenido.

Dicen que la fe en Dios es el producto final de un regalo divino, la gracia, aquello que hace que un hombre quiera creer, pero a mí esta no me llegó nunca. Tampoco esperé recibirla alguna vez porque no tuve nunca ningún tipo de instrucción religiosa, y siempre vi a Dios como un ser improbable, omnipotente y lejano.

Mi madre, Rafaela Aguirre, tampoco era una mujer de fe y rechazaba todo lo que viniera de la Iglesia, que, a ella por ser hija «natural» y madre soltera, la despreciaba y por la que fue discriminaba desde niña, como «hija del pecado». Entiendo perfectamente su animadversión a los curas y toda su extraña parafernalia, aunque yo no la sienta, pero sí, creo que allí está la raíz de mi desconfianza con todas las organizaciones que pretenden meterse en la conciencia de las personas.

Para mí de pequeño, ni para ella, en su infancia, nunca llegaron los Reyes Magos ni tampoco la alegría de la fiesta de Navidad o el rigor y la pena que parece tener la Cuaresma para los cristianos. Crecí, o mejor dicho me crie, sin religión alguna. José María Goyenechea tampoco creía en esas patrañas. Podría haber tenido de pequeño alguna instrucción religiosa si hubiera sido aceptado en la escuela La Merced, la más antigua y prestigiosa de Copiapó, regentada por los sacerdotes mercedarios, a la que iban los hijos de los principales de la ciudad, pero el establecimiento no aceptaba a niños como yo —hijos «naturales»—, por lo que fui a la escuela pública, con los hijos de los artesanos y los mineros a quienes siempre me sentí más próximo.

Es cierto que en el Colegio de Minería, al que ingresé después, teníamos, al menos nominalmente, como asignaturas, una que se llamaba Historia Sagrada y otra que tenía el rimbombante nombre de Fundamentos de la Fe, que en realidad no eran más que una especie de catecismo católico, donde debíamos aprender y repetir ciertas consignas y nombres, todo lo cual me pareció bastante ramplón y que no suscitó en mí más que rechazo intelectual, pues yo ya no era un niño para repetir lo que consideraba solo tonterías. Nos hacía clase un cura que no permitía ninguna desviación de lo que él llamaba la «sana doctrina», que era simplemente el consentir y aceptar como válido lo que él sostenía, lo que muchas veces no era más que estupidez, prejuicios y supercherías varias.

No sé realmente si Dios existe o no, a veces pienso que sí, que hubo una creación y que detrás de lo creado hay una inteligencia divina. He leído a Aristóteles y comprendo su raciocinio sobre el movimiento y la necesidad de la existencia de un primer motor inmóvil, pero otras veces creo que todo ha sido fruto de la evolución ciega.

Entiendo que la fe es la adhesión intelectual a una verdad que no se puede demostrar por la razón, pero que tampoco es posible negar. Yo no he podido nunca lograr esa adhesión. Los teólogos dicen que, para eso, la voluntad debe ser movida por la gracia divina y que esta es lo que hace surgir la fe en una persona. No lo sé y mientras me hago más viejo y veo más cerca mi final, tiendo a pensar que lo de la gracia divina no es más que un autoengaño, una especie de fórmula mágica que les permite a quienes dicen tenerla, encontrarle sentido a lo que les ha tocado vivir y muchas veces sufrir, pero tampoco puedo negar que tengo cierta envidia, y un gran respeto, por quienes tienen fe, por quienes creen en Dios y no dudan como lo hago yo.

No sé si siendo creyente o practicante de una religión, la vida puede resultar más fácil y llevadera, pues no puedo hacer la necesaria comparación que validaría la elección de una u otra opción.

Por eso, tampoco entiendo a quienes niegan con vehemencia la existencia de Dios. Creo que esa aparente «certeza definitiva» y la necesidad de hacer manifestación u ostentación de ella es también una forma de fe, no me cabe duda de que es distinta a la que poseen aquellos que postulan lo contrario, pero creo que ambas son equiparables. Aquel que escupe con saña sobre imágenes religiosas, de algún modo se iguala a quien las besa con devoción.

A José María Goyenechea, mi querido hermano mayor —también hijo «natural»—, con quien he vivido desde muy pequeño, por decisión de mi madre, el tema de la religión, lo tenía absolutamente sin cuidado y le molestaba sobremanera la forma que la jerarquía de la Iglesia Católica, y sobre todo los curas, se entrometían constante y persistentemente en la política nacional y en la vida de las personas. A mí tampoco me han gustado nunca los presbíteros ni las ridículas sotanas que usan. Tal vez ese sentimiento adverso no sea espontáneo, sino heredado o aprendido, pero el caso es que lo tengo desde niño.

Sospecho que también influyó en mí para rechazar la religión, y sobre todo a los curas, los sucesivos acontecimientos ocurridos en Copiapó cuando tenía trece años, en mil ochocientos cincuenta y tres, y posteriormente en mil ochocientos cincuenta y seis, época en que ya era un poco mayor, pero que ahora veo que me impresionaron decisivamente.

El veinticinco de diciembre del cincuenta y tres, en la Estación del Ferrocarril, se reunió una muchedumbre para quemar, como protesta por su contenido, un edicto eclesiástico del arzobispo de Santiago, Rafael Agustín Valdivieso, en el que este, con motivo de su próxima visita apostólica a su diócesis y para preparar debidamente este acontecimiento, llamaba a los feligreses a denunciar a los «sospechosos de herejía», lo que fue visto por los copiapinos como algo inaceptable por lo retrógrada que era tal incitación, que parecía una vuelta a la época de la Inquisición.

El edicto del arzobispo fue cuando menos una imprudencia, si no una estupidez lisa y llanamente, pues no se necesitaban muchas luces para darse cuenta de los evidentes efectos perniciosos que tendría por el peligro que entrañaba tal llamado en relación a la paz social, sobre todo considerando que para gran parte del pueblo zafío e ignorante, cualquier extranjero —o quien no fuera católico practicante— era potencialmente un «sospechoso de herejía», como también el hecho de que con la denuncia se podrían satisfacer todos quienes tuvieran cuentas pendientes con sus vecinos, a los cuales se podría acusar de herejes sin mayores consecuencias, pues en el edicto arzobispal, nada se decía para quienes hacían denuncias falsas.

El descubrimiento de las minas de plata de Chañarcillo había convertido a Copiapó en una ciudad llena de extranjeros, cosmopolita, donde el pensamiento liberal y el regionalismo reinaba entre quienes tenían educación, por lo que el edicto preparatorio de la visita del arzobispo a su diócesis se consideró como algo absolutamente inaceptable.

El principal periódico de la ciudad, El Copiapino, le dedicó varios artículos en los que mostraban la indignación ciudadana frente a lo que ellos consideraban un grave atentado a la libertad de conciencia, y fue el mismo diario el que invitó a reunirse ese veinticinco de diciembre en la Estación del Ferrocarril a quemar el documento, logrando reunir, según decían (que yo no creo), a más de cuatro mil personas.

Mi hermano José María y yo acudimos a la manifestación y pudimos ver la alegría reinante. La gente bailaba con los extranjeros que concurrieron y la Policía no intervino en nada, mucho menos disolviendo la reunión, como dicen que pretendía el intendente.

El éxito de los convocantes a la quema del edicto arzobispal se explica también en parte por el ambiente que se vivía; la ciudad se llenó de dimes y diretes, rumores de todas clases que acrecentaban el anticlericalismo que ya existía e incluso se llegó a decir que detrás de todo esto estaban los jesuitas, que pretendían volver al país para recuperar el poder que algún día tuvieron y que había una lista con los extranjeros que serían condenados a muerte.

Asimismo, tres años más tarde de ocurrido todo esto, que se dio en llamar «El Motín Antiarzobispal» cuando se conoció en la ciudad de Copiapó la llamada Guerra del Sacristán, una nueva (y también estúpida) pelea entre el mentado arzobispo de Santiago, Rafael Agustín Valdivieso y el Gobierno de Manuel Montt, que comenzó en enero de mil ochocientos cincuenta y seis como un asunto sin importancia ni trascendencia, pero que pasó a mayores porque el señor arzobispo equivocadamente para defenderse llevó el tema al presidente de la República, pidiéndole su intervención en una cuestión que no era de su competencia, sino que estaba radicado en el Poder Judicial y no en el Ejecutivo.

Todo surgió debido al despido de su trabajo de un sacristán borrachín por parte del sacristán mayor de la catedral de Santiago y que fue subiendo de tono e importancia, pues algunos canónigos rebeldes rechazaban la medida sancionatoria y exigían que el sacristán despedido volviera a su puesto, contienda que fue llevada primero a la justicia eclesiástica y luego a la justicia civil, en razón de una apelación interpuesta por los canónicos que se oponían al despido, apelación que el arzobispo concedió, pero en el solo efecto devolutivo y no en el suspensivo, es decir, negándose a suspender el juicio. Al trasladar la pugna a la justicia civil, la Corte Suprema se vio obligada a intervenir y finalmente ordenó al arzobispo, so pena de confiscarle sus bienes y desterrarlo, suspender el curso del juicio, por lo que el arzobispo Rafael Agustín Valdivieso, ignorando la separación de los poderes del Estado, recurrió, en su auxilio, al presidente de la República.

Mi hermano mayor se reía a mandíbula batiente viendo la molestia e indignación de los curas y de los beatos conservadores porque los jueces de la Corte Suprema, al requerírseles para ello, finalmente mediante una resolución que se publicó en todos los periódicos del país, habían apercibido al prelado santiaguino con el destierro y la incautación de sus bienes si no daba el efecto «suspensivo», es decir, si no paralizaba el juicio mientras se resolvía una apelación pendiente de los canónigos rebeldes, todo esto en el plazo de tres días.

El arzobispo llevó el asunto al presidente de la República, pidiendo su intervención imaginando que esta autoridad le daría ayuda, pero don Manuel Montt socarronamente dijo que el asunto no era de su competencia y se negó a intervenir en favor del prelado, quien, muy a su pesar, debió cumplir lo ordenado por la Corte Suprema.

Lo que yo entendí en ese entonces siendo un ya adolescente y lo que recuerdo por las sesudas explicaciones de José María, era que el trasfondo de la trifulca estaba en que la Iglesia Católica pretendía ser totalmente independiente del Estado, terminando con el patronato regio y en especial con el exequatur, propio de los reyes hispánicos y en cierto modo heredados por la naciente República después de la orfandad de autoridad que fue el final de la época colonial y monárquica, pero también quería o pretendía que el Estado chileno fuera quien mantuviera económicamente a la Iglesia Católica de Chile, al mismo tiempo que exigía que se mantuviera que esta confesión como la única religión oficial, excluyendo cualquier otra manifestación pública de otra fe, y tener de este modo la tuición exclusiva sobre temas como el matrimonio, la familia, la educación, la moral pública, la libertad de conciencia y de pensamiento, etcétera, lo que a todas luces a ambos se nos antojaba como una sinvergüenzura o desfachatez sin nombre, porque consistía en que la Iglesia Católica chilena reclamaba ser independiente para lo que le convenía, pero dependiente del Estado en lo que no. Es decir, siempre salía ganando.

A mi hermano José María no le gustaba nada esto, consideraba a los obispos y curas unos aprovechadores, flojos, vagos y caraduras, y más de una vez, poco después del llamado «Motín» en que se quemó el edicto del arzobispo de Santiago, se paseó por Copiapó vestido con una túnica larga hasta los tobillos, que él llamaba su «chilaba marroquí» y con un Fez colorado, con borla y todo, indumentaria que desde luego ignoro de dónde había sacado, y una alfombrilla persa bajo el brazo en la que se hincaba a «rezar», supuestamente en dirección a la Meca, repitiendo palabras en un lenguaje gutural ininteligible e inventado absolutamente por él que se suponía que tendría algún parecido con las lenguas arábicas, todo ello con el único y perverso propósito de reírse de la pacatería pueblerina que todavía abundaba entre las mujeres mayores de nuestra ciudad y escandalizar al cura y a las beatas vestidas de negro a la salida de misa matinal, con lo que consiguió que su apelativo de El Brujo Goyenechea, con el que lo habían bautizado popularmente por sus experimentos con el alambique realizados para obtener diferentes «pócimas sanadoras», como él denominaba a sus preparados alcohólicos, supuestamente medicinales, que componía con licores y productos de la zona, se asentara definitivamente en la mayoritariamente inculta población copiapina de aquel entonces.

El cura de la iglesia de Nuestra Señora del Rosario, la más importante de la ciudad, que lo amenazaba con la excomunión, era tan obtuso y torpe que no se daba cuenta de que era una pantomima casi ridícula para provocarlo y enfurecerlo, pero no había en ello herejía alguna, sino solo el ánimo de divertirse y pasar un buen rato a su costa y de las escandalizadas viejas que lo acompañaban.

Al año siguiente de esta pelea entre la curia y el Gobierno, que tanta gracia le hizo a mi hermano, en el mes de abril de mil ochocientos cincuenta y siete, impulsado por la Junta de Minería de Copiapó, se fundó en la ciudad el Colegio de Minería, y este hecho indudablemente cambió, o, mejor dicho, determinó, mi vida.

El Colegio de Minería era un proyecto largamente acariciado por los empresarios mineros copiapinos. La idea fue de Domingo Vega, quien en el año mil ochocientos cuarenta y nueve, durante la presidencia de Manuel Bulnes, se lo propuso a la recientemente creada Junta, de la cual era su tesorero y que estaba presidida por Tomás Gallo Goyenechea, lo fue apoyado por el intendente de la época, el general José Francisco Gana.

En esa fecha diligentemente se comenzó a construir el edificio que albergaría al Colegio, pero la construcción del ferrocarril y otras urgencias locales y nacionales determinaron que tuvieran que pasar ocho años antes que este proyecto se pudiera concretar. Finalmente, bajo la segunda presidencia de Manuel Montt Torres, se dictó el decreto correspondiente y el Colegio de Minería comenzó a funcionar en la segunda mitad de año cincuenta y siete, aunque a poco andar, a finales de ese mismo año, murió su director, don Paulino del Barrio, lo que fue un nuevo contratiempo, pues el nuevo director, don Anselmo Herreros, fue nombrado recién a mediados del año mil ochocientos cincuenta y ocho.

Gracias a la generosidad y apoyo de mi medio hermano Emeterio Goyenechea Gallo, quien, además de cubrir los gastos que esto demandaba, me presentó como postulante a la selección de alumnos para el primer curso del Colegio de Minería que efectuó la Junta de Minería de Copiapó, y gracias al entusiasmo e impulso que tuve de parte de José María, ingresé como interno a este excelente establecimiento de educación superior —que, como dato curioso, desde marzo del mil novecientos nueve, funciona en la antigua casona de los Gallo— en ese año de mil ochocientos cincuenta y ocho, con mis recién estrenados dieciocho años, y después de un poco más de cuatro años de arduo estudio, obtuve el título de Ensayador General de Minas, en mil ochocientos sesenta y tres.

Los estudios regulares duraban tres años, luego hacíamos una práctica de seis meses, que siempre se prolongaba un poco más de medio año, y posteriormente los alumnos debíamos rendir un examen de grado ante una comisión que se reunía para ese efecto y que era elegida por sorteo, incluyendo en él a profesores foráneos, la que aprobé con nota máxima. En total tardábamos entre cuatro y cinco años en terminar la carrera. He de confesar que esos años de estudio e introspección fueron los mejores de mi aún corta existencia, pues allí realmente con tesón y paciencia a través del estudio me llegué a conocer y me convertí en mi propio dueño.

En mil ochocientos sesenta y cuatro, esto es, al año siguiente de haber terminado mi carrera y obtenido mi título de Ensayador, por decisión del Estado de Chile, a quienes se hubieran titulado de Ensayadores Generales de Minas en el Colegio de Minería de Copiapó, se les concedieron los mismos derechos y prerrogativas que a los Ingenieros de Minas, quedando ambos títulos asimilados.

El título de Ensayador General de Minas, si bien es antiguo y con raigambre, ya que se usó durante mucho tiempo en la minería colonial, pues el Ensayador era quien tenía la responsabilidad de comprobar el porcentaje de pureza intrínseca del mineral —la llamada ley—, la que anotaba junto con el peso en las barras con un punzón, y de este modo se determinaba la cantidad que le correspondía a la Corona, y al momento de acuñar monedas, el metal, sobre todo el noble, se volvía a «ensayar» para darle al fundidor las instrucciones necesarias para realizar las mezclas, a fin de que las monedas tuvieran la ley exacta, por lo que en la Casa de Moneda había varios ensayadores de gran prestigio.

Pero en realidad en esa época, en el sesenta y cuatro, después de que ya había transcurrido más de la mitad del siglo en que Chile se convirtió en una República, ese título de Ensayador, propio de la época colonial y con sabor a monarquía, ya casi no se usaba y había quedado un poco fuera de lugar, porque además lo que exigía la pujante minería del país era un profesional con un conocimiento integral del área, que supiera no solo de docimasia, es decir, se requería ahora de personas más preparadas, que además de poder determinar, mediante el análisis químico, la ley del mineral, que era lo propio y característico de este oficio de ensayador en tiempos de la dominación de la corona española, tuvieran una adecuada preparación y un mayor conocimiento de la industria minera y sus procesos en general.

Debido a esto, quienes diseñaron los planes de estudio del naciente Colegio de Minería, estimaron como necesario que nuestros estudios comprendieran diversas materias que iban desde la aritmética, pasando por la geometría, la geología, la mensura y explotación de minas, la mecánica industrial y la mineralurgia o fundición de minerales, como también la historia, el dibujo, y los conocimientos más prácticos en el beneficio de los minerales, su extracción y transporte.

El avanzado aprendizaje técnico que daba el Colegio de Minería, con énfasis en las ciencias matemáticas, respondía a las directrices y enseñanzas que el gran sabio polaco —en realidad era lituano, pero en esa época Lituania era parte de Polonia—, don Ignacio Domeyko, había impartido mientras estuvo contratado por el Gobierno chileno como profesor de química y mineralogía en el año mil ochocientos treinta y ocho en el Liceo de La Serena en la provincia de Coquimbo, y después y hasta el año mil ochocientos cuarenta y seis, en Santiago, en el Instituto Nacional.

Ignacio Domeyko trajo a nuestro país las técnicas modernas de la enseñanza de la minería, que aplicó primero en La Serena y luego en Santiago, lugares donde exigió que se construyeran laboratorios y salas para el trabajo práctico con los alumnos, como las que él había conocido como alumno en Francia, ya que después de haber obtenido el grado de licenciado en Ciencias Físicas y Matemáticas en su país natal, había realizado estudios en la École de Mines de Francia, siendo un destacado alumno del sabio Elie de Beaumont.

A su experiencia, Domeyko unía su gran capacidad científica y su inmensa curiosidad, que desde luego trasmitió a sus alumnos, muchos de los cuales fueron mis profesores y maestros, quienes, a su vez, me lo trasmitieron a mí y lograron despertar esa inquietud por el saber y la rigurosidad en la búsqueda del conocimiento, que en definitiva no es otra cosa que amor por la verdad y el trabajo bien hecho. Creo que este es el gran legado de don Ignacio Domeyko, a quien por eso le estoy muy agradecido, a pesar de no haberlo podido conocer personalmente.

El haber estado como alumno interno en esos importantes años de mi juventud, en una institución, que como alguien la definió certeramente, era una especie de «seminario laico» donde reinaban por sobre todo la disciplina y el rigor académico, me permitió madurar como ser humano, adquirir la templanza, la fortaleza y sobre todo la prudencia, indispensables para la vida, así como también crear y desarrollar en mí el pensamiento analítico, y aunque esto suene a frase manida y vana —pero no tengo otra para expresar lo que siento y pienso—, esa fue la época en la que me descubrí como hombre ante mí mismo y supe quién en definitiva era y quién podía llegar a ser.

Pero, como ocurre en casi todas las cosas, hubo también un lado negativo en este proceso, y consistió en que mi relación con el mundo exterior durante ese tiempo fue remota, lejana; tuve muy poco contacto y menos participación con lo que ocurría fuera de los protectores muros del Colegio de Minería.

Durante mi permanencia en ese establecimiento trabé amistad con Carlos María Sayago Moreno, gran estudiante, sobre todo de los ramos humanistas, quien años más tarde se convertiría no solo en uno de mis cuñados, sino también, lo que es más importante, en el historiador de Copiapó, y además fue el primero en publicar, casi recién salido del Colegio de Minería, durante el año siguiente que egresamos, una obra titulada Crónica de la Marina Militar de la República de Chile, que aunque no tuvo gran difusión, es una obra importante y tiene como mérito ser la primera en su materia que abarca desde mil ochocientos diez hasta mil ochocientos sesenta, y que muchos años después él mismo reeditó incorporando la guerra con España y la Guerra del Pacífico. Creo que este trabajo histórico tal vez solo sea comparable con el excelente informe de Antonio García Reyes sobre la primera Escuadra Nacional.

Carlos María Sayago Moreno era —y supongo que sigue siendo, pues no tengo contacto con él— un ávido lector, igual que yo, y nos hicimos amigos poco a poco al intercambiar libros y comentarlos. Nuestra relación continuó después de egresados y en una de las visitas a su casa conocí a sus padres, don José Sayago Anzoátegui y doña María del Carmen Moreno Gómez, como también a sus hermanas, y me enamoré de la menor, Rosario, que es ocho años menor que yo y que Carlos, pues ambos nacimos en mil ochocientos cuarenta.

Rosario Sayago tenía dieciséis años cuando la conocí y me pareció la mujer o la chiquilla más bonita que había visto en mi vida, pero ella no parecía darse cuenta de su belleza y era bastante tímida, sin que su recato pudiera ser considerado una pose para aumentar su encanto, como lo usan muchas mujeres. Siempre ha tenido una infinita gracia en sus movimientos y eso fue lo primero que me cautivó, pues no estaba acostumbrado a la espontánea femineidad de las jóvenes. Yo había vivido siempre entre hombres, y las mujeres que me rodeaban eran viejas, criadas cansadas y artríticas a quienes les costaba más moverse que regañarme.

Las pocas veces que pude hablar a solas con Rosario Sayago, nada más conocerla, pude también darme cuenta de su inteligencia y su gran cultura, que aumentaban enormemente mi atracción hacia ella. Nunca he podido transigir con la estulticia y en una mujer me parece realmente insoportable.

Don José, su padre —quien, por cierto, nunca me quiso y tuve que esperar a su fallecimiento para poder casarme con su hija—, había sido profesor de la Universidad de Córdoba, en Argentina, y huyó a Chile durante la tiranía de Rozas, por lo que en esa casa se respiraba cultura, y a pesar de ser un viejo cascarrabias y estricto, debo reconocer que no descuidó nunca la educación de sus hijos e hijas, preocupándose especialmente de estas últimas, pues no había en esa época en Copiapó establecimientos educacionales dedicados a las jóvenes.

Es curioso que ahora, cuando trato de evocar la imagen de Rosario a sus lejanos dieciséis años, cuando la vi por primera vez, me resulta imposible; solo puedo verla en mi mente como es actualmente, a pesar de que mis recuerdos de aquella época creo que son bastante verídicos y que no los he idealizado con el paso del tiempo, que permite que todo lo malo se diluya y nos quedemos con solo aquello que nos fue grato, pero no logro verla como era en ese entonces, la primera vez que la vi. Solo recuerdo que me encandiló por su gran belleza y cándida frescura.

Nos comprometimos cuando ella tenía veintiún años y yo veintinueve, pero solo pudimos casarnos diez años después, un lunes quince de septiembre de mil ochocientos setenta y nueve, en plena guerra contra Perú y Bolivia, cuando yo me desempeñaba como gobernador de Caldera.

Nos casamos en la iglesia Matriz de Copiapó, Nuestra Señora del Rosario, bonito edificio de madera cuyo interior conocí en esa oportunidad, ante el cura José Antonio Julio (el pariente de las Goyenechea Julio), y a la ceremonia solo asistió la familia, es decir, mis hermanos o «hermanastros» y los suyos, además de un par de amigos, pero nada más, pues su madre había enviudado recientemente y aún guardaba luto por su marido. Los testigos de la boda fueron doña Carmen Moreno, su madre y Carlos María Sayago, su hermano mayor.

Después de la ceremonia, para celebrar comimos todos en casa de José María Goyenechea y, terminado el banquete de bodas, partimos en el tren rumbo al puerto, donde yo ya tenía preparada nuestra vivienda, a la que había dotado de algunas comodidades de las que había prescindido mientras era soltero.

El pintor, José Backhaus, me avisa que terminó por hoy y Rosario se asoma con una sonrisa para preguntarme si necesito algo. Es como si supiera que me estaba acordando de ella. A veces pienso que existe algún tipo de trasmisión del pensamiento, aunque ignoro cómo y cuándo sucede, pero si así fuera, es decir, si la comunicación de ideas o imágenes a distancia entre dos personas fuera verdaderamente una realidad, en algún momento se podrá replicar en un laboratorio y así sabremos cómo funciona.

No creo mucho en las patrañas tan en boga hoy en día, como el espiritismo y otras tonterías de esa laya, pero sí he observado que hay algo misterioso en esto de la comunicación mental y que es un campo que desconozco por completo; sin embargo, por interesante que pudiera parecerme, no es lo mío y, desde luego, ya no tengo tiempo de explorar el tema. A lo mejor en alguna conversación de la Sociedad Científica a la que pertenezco puedo introducir esta materia para que otro la desarrolle y me explique sobre ella.

CUARTA SESIÓN

No tengo muchas ganas de salir, hace frío, amenaza lluvia y me he sentado en mi sillón esperando a que llegue a mi casa José Backhaus, pero estoy cada vez más perezoso, a veces pienso que los años se me han venido encima. Me está costando levantarme en las mañanas; tengo cada vez menos interés en lo que hago y cada vez hago menos. ¿Dónde quedó eso de labor omnia vicit improbus, de Virgilio, que yo solía decirme cuando sentía cerca a la flojera...?

Pero no siempre fue así. Nunca, hasta ahora por lo visto, me he dejado ganar por la desidia. Apenas egresé del Colegio de Minería —que la gente conoce ahora como la Escuela de Minas de Copiapó—, lleno de entusiasmo comencé a trabajar, y trabajé duro, primero en forma independiente como ensayador con los mineros que necesitaban determinar la ley de sus minerales y luego ingresé a la sociedad Ossa y Escobar, que en esa época administraba don Antonio Escobar, y que había sido fundada por él y Gregorio Ossa Cerda en el año mil ochocientos cincuenta y cinco, para explotar las minas de la sociedad en Chañarcillo.

Ossa y Escobar era una gran compañía dedicada a la explotación minera, como asimismo a la entrega de avíos a mineros —que se pagaban a su vez en productos mineros—, a la compra y venta de minerales y barras de minas y al beneficio de minerales en sus propios establecimientos, y, además, como si todo esto fuera poco, otorgaba préstamos de dinero. Esto último a mi juicio que era la actividad más rentable, y fue finalmente lo que hizo posible que la empresa terminara siendo uno de los primeros Bancos comerciales del país.

Como cada mina se dividía en veinticuatro barras o sectores, un minero podía estar explotando una o dos barras y vender las restantes, porque para conseguir una merced de minas del Gobierno era requisito tener un pozo de ordenanza de al menos diez barras, por lo que era necesaria la mano de obra y esto resultaba muy oneroso para los mineros pobres, los que se veían obligados a vender parte de sus minas, esto es, las otras barras, a terceros, para poder sufragar así los gastos que tenían, sobre todo al comienzo.

La práctica común era que una vez que el minero obtenía rédito en su mina, recomprara las barras que había vendido, pero también el minero podía pedir ayuda a un comerciante, un «aviador», quien corría con los gastos de la mina por un tiempo y se pagaba con la misma producción de la mina que era tasada de común acuerdo.

Una vez que el minero hubiera extraído el mineral, este debía «beneficiarse», es decir, refinarlo y prepararlo para su uso, y para ello se empleaba el método tradicional de beneficio de la plata ideado por el sevillano Bartolomé de Medina en México en el siglo dieciséis, llamado «de amalgamación» o «de patio», que consistía, a grandes rasgos, primero en moler en pequeños molinos o «trapiches» las rocas con el mineral, posteriormente esa molienda se «ensalmoraba», es decir, se le agrega sal común y «magistral», que es sal de cobre o hierro, luego se amalgama con mercurio o azogue, proceso que se llama «incorporar», y esta mezcla, llamada «pella», que es como una especie de lodo fino, se deposita por unos dos o tres meses en grandes patios, debiendo revolverla, lo que llaman «repasar» periódicamente y tomar muestras para ver cómo va el proceso.

La «pella», conforme pasa el tiempo, se va oscureciendo a medida que el mineral de plata se descompone por la sal y se forma aleación con el azogue. Después de pasado este plazo, la amalgama o mezcla de plata, sal, magistral y mercurio, se lava en grandes tinas por cuatro días para separar la plata del azogue, luego se cuela o filtra el mercurio o azogue introduciéndolo en una manga de lienzo grueso, por diez o doce horas, de la cual escurre como la arena entre los dedos a unos cofres de madera recubierta con cuero, recuperando de este modo el mercurio que así puede volver a utilizarse, y finalmente se funde para este modo obtener una plata más pura.

El proceso de beneficio de patio tradicional podía llegar a tardar en total unos cinco meses. Los ingredientes de sal común y magistral eran de suministro local, pero el mercurio, en cambio, debía importarse, y era necesario contar con él al comenzar el proceso, pues la mezcla, con la sal y el magistral, se deterioraba al quedar a la intemperie, y si este elemento faltaba no podía llevarse a cabo el beneficio. De manera que la coordinación logística era clave para el éxito de toda la operación.

Siempre me llamó la atención que el azogue o mercurio tuviera el símbolo Hg, y en el Colegio de Minería me enteré de que esta denominación se debe al hecho de que los griegos consideraban que este mineral era una mezcla de agua y plata (hydragyros) y por eso la designaron con esas letras.

La firma Ossa y Escobar a la que entré a trabajar a comienzos del sesenta y cuatro, además hacía beneficio de minerales, fundamentalmente plata en Chañarcillo, mediante el método de amalgamación o patio, al comienzo con el método tradicional, que usó hasta mil ochocientos sesenta y cinco, y luego por medio del método mejorado que había sido ideado por Stevenson, quien había perfeccionado el tradicional «método de patio» reduciendo considerablemente el tiempo que debía estar el mineral en los patios, (los dos o tres meses) introduciendo los buitrones que calentaban la pella para acelerar el proceso, ahorrar azogue y lograr obtener la «plata piña», es decir, la plata pura, con mayor celeridad.

Pero la utilización del método de Stevenson duró más o menos un año, o sea hasta mediados del sesenta y seis, ya que después de ese año comenzamos a usar el sistema que inventó en Chile un danés que era el cónsul del Imperio Alemán en Copiapó, llamado Bertoldo Kröhnke, que produjo una nueva verdadera revolución en la minería de la plata del país, pues reducía aún más el tiempo de patio y con él, además, fuimos capaces de beneficiar metales fríos, que hasta entonces se exportaban en bruto, logrando rendimientos de más de un noventa y cinco por ciento, la que convertíamos en plata piña, con una pureza superior al noventa y nueve por ciento.

En aquella época, el socio principal de la firma, Gregorio Ossa Cerda, ya no vivía en Copiapó, sino en Santiago, donde falleció al año siguiente de mi ingreso a su compañía. Había sido socio en algunos negocios con mi padre Ramón Goyenechea y un buen amigo también de mi hermano José María Goyenechea, incluso tanto que sirvió de testigo a su favor en el juicio de la herencia que hubo entre mi hermano y la viuda de mi padre, Luz Gallo Zavala.

Antonio Escobar, el otro socio, por su parte, era un astuto y duro hombre de negocios, miembro de la Junta de Minería de Copiapó, que había nacido en Colombia y que había llegado a Chile atraído por el descubrimiento de las minas de plata de Chañarcillo e hizo su dinero trabajando arduamente en la minería.

Mi labor principal en Ossa y Escobar consistía en el beneficio o refinamiento de la plata, es decir, en vigilar y comprobar la ejecución de los diversos procesos por los cuales se separa el mineral de la roca y desde luego en determinar, una vez terminado el proceso, la pureza o ley del mineral resultante, pero también debía encargarme del «trapiche» y del «buitrón», además de la «cangalla», esto es, del desperdicio o residuo que quedaba al final del tratamiento, y desde luego evitar a los famosos «cangalleros», personajes siniestros que desafiaban los castigos e incluso las balas, con tal de lograr, sin ser advertidos por los capataces y guardias, robarse un «bolaco» ajeno, o sea, una roca con alto contenido del mineral, o sustraer de las oficinas derechamente un trozo de plata pura, lo que hacían con sus malas e ingeniosas artes, y si eran sorprendidos señalaban que lo habían obtenido de los residuos, de ahí su apodo.

Estos rateros eran para mí un dolor de cabeza permanente y constante en las faenas, sobre todo de plata y oro. A muchos de ellos los conocí y castigué, a pesar de que algunos me resultaban simpáticos por lo caradura que eran y, por lo mismo, cobraron merecida fama en la región.

El trabajo en las minas Descubridora y Mantos de Ossa, ambas de Ossa y Escobar, ricas minas de Chañarcillo, era desde luego agotador, pero para mí fue tan interesante como formador, pues abarcaba todo el tratamiento de los minerales y me permitió conocer realmente lo que eran la minería y la metalurgia, y, sobre todo, a quienes laboraban en ella.

Creo que es posible afirmar que el desarrollo de un trabajo, cualquiera que este sea, no solo es conocimiento de técnicas y adquisición de destrezas, sino que también y en gran medida, conocimiento de uno mismo y de las personas que comparten esa labor, y lo más importante, creo que es el único aprendizaje que existe acerca de cómo lograr que todos, trabajando en conjunto, alcancen el objetivo que nos proponemos. Con los hombres que llegaban a trabajar en el rubro, esta siempre era tal vez la tarea más difícil, pues por lo general eran duros, rebeldes, individualistas y desconfiados, llenos de mañas y con el alma curtida de sinsabores, pero lo que aprendí con ellos —y de ellos— fue lo que algunos años después me permitió formar con estos esforzados mineros, el Glorioso Batallón Atacama.

De las mil historias que me contaban estos hombres una vez terminada la faena, arrimados junto a una fogata en las frías noches del norte y las que había oído desde niño, sobre Atacama, comenzó a germinar en mi interior el deseo de dedicarme a explorar la región.

A diferencia de muchos, no fue la pobreza lo que me empujó al desierto —yo disfrutaba de un buen pasar— sino por una parte mi sed de aventuras, propia de la juventud que entonces tenía, y por otra, la idea de labrarme, mediante mi esfuerzo y tesón, una posición, o mejor aún, una respetabilidad de la que muchas veces sentía que carecía por las circunstancias que rodeaban mi nacimiento o solo por llevar el apellido de mi madre y no el de mi padre.

En fin, las cosas nunca ocurren por una sola razón sino por muchas, y, a veces, a la mayoría de ellas ni siquiera las advertimos o conocemos. El caso fue que, al cabo de tres años de trabajo para la sociedad Ossa y Escobar, renuncié, tomé mis ahorros, compré algunos avíos, unas mulas y decidí partir rumbo al norte por el Camino del Inca, que atravesaba los diferentes valles existentes entre Copiapó y el desierto.

El llamado Camino del Inca en realidad no es un único sendero, sino más bien una red compuesta de varias calzadas que recorre desde el Cusco hasta el sur de Chile y durante la época de dominación incaica era transitado por «chasquis» o correos humanos, como asimismo por caravanas de llamas que llevaban los diferentes productos y por los grupos humanos, llamados «mitimaes», que el gobernante del Imperio trasladaba de una región a otra con fines políticos y didácticos, pues tenían como función fomentar la paz en el territorio, el sometimiento al inca y enseñar a los aborígenes del lugar al cual eran destinados, algún tipo de arte o técnica útil para el desarrollo del Imperio, que ellos tenían y los locales carecían.

Me fui solo y creo que allí estuvo mi primer error. Al muy poco tiempo, caí en la cuenta de que no debería haberlo hecho así. Que me había equivocado enormemente. Comencé mi recorrido en el tramo que hay entre Copiapó y el pueblo de Tres Puntas que queda unas veinte leguas al norte de la ciudad y tardé tres días en llegar a ese pueblo, es decir, recorrí en ese periodo la distancia que separa ambos poblados, caminando por medio del desierto. Quedarme en el pueblo de Tres Puntas fue mi segundo error.

Después de Chañarcillo, que ya comenzaba de declinar, las zonas de Tres Puntas y Chimbero constituían el segundo gran establecimiento minero de plata en Atacama. Entre las muchas minas que había en el sector —hoy después de la baja del precio de la plata quedan muchas menos—, se destacaba la mina Buena Esperanza, que aportaba más del ochenta por ciento de la producción, que llegaba a casi sesenta y ocho toneladas métricas de plata fina y daba empleo a dos mil trabajadores.

El mineral de Tres Puntas fue descubierto en mil ochocientos cuarenta y ocho, según dicen, siguiendo el derrotero indicado en su lecho de muerte a su confesor, por un arriero llamado Fermín Guerra, para poder llegar a un gran filón de plata que estaba en el desierto de Atacama. José Joaquín Vallejo había tratado sin éxito de descubrirlo y lo cuenta en uno de sus artículos periodísticos bajo el pseudónimo de Jotabeche.

La población flotante de ese asentamiento minero, que ya era un pueblo, alcanzaba las cuatro mil personas, entre mineros, personal administrativo, rateros y prostitutas. El pueblo era realmente un asco. Tanto, que los indios atacameños en general, salvo unos pocos arrieros y comerciantes de ganado, le hacían el quite. Sabían que allí no había nada bueno.

Estaba situado en medio de un descampado, y desde luego allí no había agua, de modo que para sobrevivir era necesario comprarla y el precio que se cobraba por ella era muy alto, por lo que la gente prefería usar la ropa hasta que se llenaba de suciedad y tirarla cuando ya no daba más de sí en lugar de lavarla. Resultaba más barato comprar una camisa nueva que lavarla, por lo que las calles estaban llenas de suciedad, despojos de animales y harapos humanos inmundos y malolientes.

Un cuarto de los habitantes de Tres Puntas, o tal vez un poco más, eran mujeres de mala vida, prostitutas, tanto chilenas como extranjeras llegadas por el embrujo de la plata y con el propósito de obtener una ganancia que se veía como fácil y rápida. El alcohol corría a destajo y las juergas duraban muchas veces hasta el amanecer. Los rateros y proxenetas hacían su agosto y fui a caer a ese inmundo lugar en mi primera parada en una «ciudad» o pueblo, después de varios días con sus noches caminando entre cerros y valles.

Me robaron algunas herramientas, pero milagrosamente y creo que gracias al revólver inglés que portaba al cinto en su visible cartuchera, logré conservar las mulas y gran parte del dinero que llevaba conmigo.

Digo gran parte, no porque lo demás lo hubiera perdido o me lo hubieran robado, sino por los altos precios que tuve que pagar por el agua y el alojamiento. Dormí en una fonda, al costado de la «plaza», la única que había y que recibía alojados. Tuve que pagar también un precio exorbitante para poder comer algo de dudosa higiene, procedencia y calidad, y aperarme de algunos alimentos para continuar el viaje. Después de terminar de comer, me dispuse a dormir, aunque lo hice poco y malamente en el duro suelo de una especie de establo, tapado con mi manta, al lado de mis avíos que descargué de las mulas y siempre cogiendo las riendas de mis animales y a su lado. Con el frío de la noche y la desconfianza que sentía en medio de esas personas, no pude más que descabezar un poco el sueño, pero no logré descansar realmente.

Apenas amaneció, tomé mis bártulos, los cargué nuevamente en las mulas, que estaba dispuesto a defender a todo trance, como si fueran oro, y partí nuevamente caminando con paso cansino hacia el noreste, esperando llegar al mineral de La Ola, situado a más de tres mil metros de altitud y aproximadamente a treinta leguas de Tres Puntas.

A poca distancia de Tres Puntas está la localidad de Inca de Oro, donde existen minas de oro y faenas de este mineral. Obvié este campamento pues el oro atrae a la peor calaña de gente y ya había tenido bastante en el pueblo anterior y me desvié un poco más hacia el este, llegando después de caminar bastante tiempo al oasis de Chañaral Alto, donde encontré agua y comida para mí y las mulas.

Este oasis, que se explota agrícolamente y cuenta entre sus árboles, además de algarrobos y chañares, con unas higueras extraordinarias, grandes y frondosas, está ubicado aproximadamente a unas diez leguas de Tres Puntas y se divisa algunas leguas antes, desde el comienzo de la quebrada donde se encuentra, apareciendo ante el caminante como un lejano vergel entre los cerros, y en los cuales comienzan a verse algunos árboles que anuncian la proximidad del agua.

La excelente finca que allí se encuentra, donde fui muy bien recibido, es de propiedad de Eduardo Miller, un antiguo minero que es dueño, además de una fundición de cobre de Chañaral, de varias minas en El Salado, localidad situada a unas pocas leguas al oeste de Pueblo Hundido, y que antes, durante largo tiempo, había sido administrador de la Compañía Inglesa de Minas de Copiapó, que fue la primera y más famosa empresa minera de Atacama.

Después de retomar fuerzas en el oasis, donde estuve un día y una noche, continué marchando hacia el este, creyendo al poco andar que ya estaba muy cerca de la cordillera, pero esto se debía a una ilusión visual propia de la zona, merced de ese aire prístino que la caracteriza y que hace engañosas las distancias. La travesía, tal vez por ello, se me hizo eterna, y más de una vez creí que me había perdido, o que daba vueltas en círculo o no avanzaba, pues no llegaba nunca a pesar de lo cercanas que parecían estar aquellas montañas, pero al cabo de una semana contada desde que salí de oasis, finalmente pude ver el campamento minero que buscaba, La

Ola, cuyo nombre se debe al río de ese mismo nombre, que tiene un caudal considerable y cuya proximidad obviamente era necesaria para la explotación del yacimiento.

La Ola no era yacimiento de plata, sino de cobre. Había filones de buena ley y me interesó aprender sobre este mineral, por lo que decidí quedarme y trabajar allí un tiempo. La explotación del mineral era parecida a la de la plata, con algunas variantes pues estaba más atrasada y era absolutamente artesanal, sin uso de ningún tipo de maquinaria; la parte minera, es decir, «el desmonte», se hacía mediante «pirquenes», que eran los puntos de extracción bajo tierra, que podían pertenecer a la mina o a pirquineros independientes, túneles estrechos dentro de los cuales trabajaban los «barreteros», que avanzaban por el interior de la mina rompiendo las paredes rocosas con sus barretas o palancas, siguiendo las vetas del mineral, y los llamados «apires», quienes sacaban el mineral a la superficie en «capachos», que podían llegar a pesar hasta ochenta kilos, y depositaban el contenidos de sus capachos en las llamadas «canchas de mineral», lugar en el cual se separaba el mineral del desecho, procediéndose a su selección, y luego las rocas con contenido mineral eran trituradas con golpes de combos de madera o hierro, por los llamados «canchamineros».

Se trabajaba allí, en la faena, doce horas, desde las seis de la mañana a las seis de la tarde, había además dentro de la jornada un tiempo para almorzar en la misma obra, pues el administrador de la mina o, en su caso, el pirquinero, tenía la obligación de repartir a los operarios o a quienes trabajan con él una ración de comida que habitualmente estaba constituida por legumbres con charqui y una telera de pan de una libra, además de un galón de agua para beber. Los «barreteros» tenían un sistema diferente, pues ellos trabajaban por metros corridos, o por tiros, o por pulgadas, o al día, según el trato que tuvieran con el pirquinero o con el mayordomo de la mina, por lo tanto, ellos por regla general corrían con el suministro de agua y su alimentación. Una vez extraído y seleccionado el mineral, este era transportado en carretas, mulas y burros hasta Pueblo Hundido y de allí hasta Chañaral, donde fundía y se exportaba.

El campamento de La Ola era como cualquier otro asentamiento minero en el desierto de Atacama, pero desde luego estaba más limpio y mejor organizado que Tres Puntas; sin embargo, las habitaciones tanto de los operarios a jornal como de los pirquineros eran paupérrimas y carentes de toda higiene, generalmente hechas de pirca, esteras, latas y barro.

Las dependencias de los administradores de la mina y de los mayordomos eran un poco mejor, pero de todas maneras pobres y con bastante suciedad, hechas de adobe y donde las pulgas, garrapatas y piojos se alojaban en las murallas y suelos y por las noches hacían de las suyas sin descanso.

Pregunté si existía algún lugar donde me pudieran dar alojamiento y me refirieron a la casa de la mujer de un antiguo mayordomo que había quedado viuda recientemente, que vivía al final de lo que se podría llamar la calle principal del campamento y, por su estado, era posible que quisiera alquilarle un cuarto a un recién llegado.

Me presenté a la viuda, de nombre Violeta Cifuentes, una mujer aún joven, pero gastada por la vida dura que llevaba, tal vez en la treintena, que regateó conmigo inflexiblemente el precio de la habitación y la comida, exigiéndome que pagara por adelantado una semana. La habitación estaba limpia y tenía una cama con colchón de lana que se veía confortable, pero lo principal era que se notaba la limpieza de su dueña. No había allí chinches, pulgas o garrapatas. Y el suelo de tierra dura estaba tan barrido, que parecía pavimentado. Me quedé allí y creo hasta hoy que fue una estupenda decisión, además, con el pasar del tiempo, Violeta fue tomando confianza conmigo, nos hicimos amigos y conversábamos largamente.

Ella era una mujer honesta con una gran bondad natural, inteligente y de carácter, valiente y sacrificada, oriunda de Valparaíso, y había llegado al puerto de Chañaral siendo un poco mayor que yo, hacía aproximadamente dos años, siguiendo a su marido, quien decidió probar suerte y fortuna en estos andurriales como mayordomo de la mina cordillerana. No tenía hijos y su marido había fallecido a los diez meses de llegados en un accidente y ella quedó atrapada en este desierto sin poder volver a su tierra por la falta endémica de dinero.

Violeta Cifuentes aún guardaba luto riguroso por la pérdida de su marido y muchas veces lo recordaba entre suspiros, repitiendo algo, probablemente su nombre en voz muy baja, que yo no alcanzaba a oír. No me atreví nunca a preguntarle nada sobre él y ella tampoco se refirió a su anterior vida matrimonial. Era un tema demasiado íntimo. Nuestras tertulias ocurrían generalmente en cerca del fogón que servía de cocina, después de la jornada de trabajo, cuando ya comenzaba a caer la noche y el frío, que a esa altura llegaba abruptamente en cuanto se ocultaba el sol por el oeste, pues era el sitio más caliente de la pequeña casa, que solo tenía dos habitaciones y la cocina, donde había una mesa con dos sillas, que servía de comedor y era donde nos sentábamos con una taza de té o un ulpo a darle al palique. Lo único que hicimos fue conversar y nuestra relación por eso fue solo de una gran amistad; entre ella y yo siempre hubo bastante aprecio, respeto mutuo y consideración, pero nada más.

Tal vez, ahora que lo pienso, no sea del todo cierto que no hubo nada más. Aunque me cueste reconocerlo, ahora me doy cuenta de que Violeta Cifuentes me cuidaba, me aconsejaba y trataba con su inteligencia y su buen tino de hacerme la vida más fácil y segura. Creo que incluso llegó a quererme o a enamorarse de mí y a abrigar alguna esperanza o ilusión de que yo finalmente me quedara con ella o que la sacara de allí. No lo sé realmente. Nunca he sido bueno para darme cuenta de esas cosas.

Por ese entonces, además, yo era muy joven para entenderlo, y tampoco tenía la madurez suficiente para darme cuenta de lo que había en su generoso corazón, pero la cercanía que sentí con ella, el bálsamo que fue para mi alma durante el tiempo que estuve en el mineral de La Ola, pocas veces la he vuelto a experimentar en mi vida. Es cierto que no tuvimos relaciones sexuales, aunque confieso que más de una vez pensé en proponérselo, pero era tal su pudor y delicadeza de espíritu, y mi respeto y admiración por ella, que nunca me atreví ni siquiera a insinuárselo ni menos a plantearme seriamente la posibilidad de llevarlo a cabo. Quizá fue eso lo que fortaleció nuestra unión y cimentó el cariño que nos tuvimos.

Al llegar como pensionista a la casa de Violeta, había dejado las dos mulas amarradas en el pequeño patio que tenía detrás de la construcción, donde estaba el retrete, pues no quise deshacerme de ellas hasta no tener claro si iba a quedarme o no un tiempo más o menos largo en esta faena. Compraba un fardo de heno, que me duraba unos cuantos días, a los dueños de las carretas que llevaban el mineral, primero hasta Pueblo Hundido y de ahí después hasta Chañaral, y quienes, ya de vuelta, traían al campamento, supongo que para aprovechar el viaje y no venir con las carretas y las mulas vacías, los avíos y las herramientas que necesitaban los habitantes de La Ola, pero todo era muy caro y el precio de mantener a los animales me resultaba exorbitantemente alto, por lo que, al poco tiempo, decidí vender las mulas a los mismos carreteros a quienes compraba su alimento.

El mineral se llevaba finalmente a Chañaral, puerto donde Eduardo Miller —el mismo dueño de la finca donde había pernoctado de camino hasta La Ola— tenía una fundición de cobre con seis hornos de reverbero a carbón, a semejanza de los que había introducido en Coquimbo algunos años antes el ingeniero de minas francés, nacionalizado chileno, Charles Lambert. La fundición de Miller se ubicaba en el límite sur del puerto y competía con otra más moderna, de mayor tamaño, que era propiedad del empresario minero copiapino Federico Varela Cortés-Monroy y que contaba con trece hornos, que también funcionaban a carbón, de los cuales nueve eran de reverbero, tres de calcina para producir bronce y uno de manga o viento. Las dos fundiciones recibían el mineral proveniente de La Ola, pero la de Varela se surtía principalmente de sus propias minas. El carbón para los hornos de ambas compañías era traído en barco desde el sur o desde Inglaterra y desembarcaban en cada uno de los muelles que ellas poseían.

Después de mi partida de La Ola, supe que, a la muerte de Eduardo Miller, sus herederos le habían vendido la fundición a Agustín Edwards y que poco más tarde, Federico Varela también había vendido sus minas y la fundición, las que quedaron en manos de la Compañía de Minas y Fundición de Chañaral, empresa que quebró al poco tiempo por la dura competencia con la fundición de Edwards y la baja del precio del cobre, que obligó a que también este debiera parar sus operaciones. En mil ochocientos treinta y tres la antigua fundición de Varela, que fue durante un corto tiempo de la Compañía de Minas y Fundición de Chañaral, se vendió a la Compañía Inglesa de Minas.

Antes de la introducción de los hornos de reverbero, traídos a Chile por Lambert, los minerales de cobre se beneficiaban exclusivamente en los llamados «ingenios» o «haciendas de beneficio», situados generalmente en lugares próximos a las minas, en los cuales se construían unos rudimentarios hornos de viento que se accionaban mediante fuelles. Este procedimiento tradicional, que era bastante primitivo, hacía que solo se fundieran minerales de alta ley, es decir, solo podían aprovecharse los carbonatos y los óxidos de cobre, por lo que la explotación quedaba limitada a las primeras capas del mineral, las más superficiales, y se perdían los sulfuros que se encuentran a mayor profundidad. Con la innovación introducida por el ingeniero francés, se pudo procesar incluso la escoria que se encontraba depositada en los suelos nortinos y abandonada desde la colonia, sextuplicándose la producción de cobre en Chile.

El puerto de Chañaral de las Ánimas —su nombre original— es sin duda un producto del empuje de la actividad minera de la provincia de Atacama. Su fundador fue el copiapino Diego de Almeida en el año mil ochocientos veintinueve, y lo fundó para poder embarcar y exportar a Europa el mineral que sacaba de sus minas de cobre ubicadas en el sector de Las Ánimas, situado a unas cinco leguas al sur de la bahía donde estableció el puerto; sin embargo, cuatro años más tarde, el día veintiséis de octubre de mil ochocientos treinta y tres, por decreto del entonces Presidente de la

República, Joaquín Prieto, se creó oficialmente el distrito de Chañaral de las Ánimas, por lo que esta última fecha es considerada por muchos como la de la fundación de la ciudad y puerto.

En la bahía donde se emplazó el puerto, situada a su vez un poco más al sur de la desembocadura del río Salado, había una caleta de pescadores chonos que fueron los primeros pobladores. El descubrimiento de nuevas minas de cobre en el sector, que alcanzaron a más de veinte, y la declaración de puerto mayor habilitado para el comercio internacional en el año mil ochocientos treinta y siete, hicieron que en apenas un poco más de treinta años, el puerto de Chañaral se convirtiera en un poblado importante de la provincia de Copiapó, que contaba con varias calles y una plaza por las que circulaban los más de dos mil habitantes, tenía también las fundiciones de Miller y de Varela, además de varios establecimientos comerciales, escuela, y una iglesia católica y otra protestante, y dos cementerios, uno de ellos para los llamados «disidentes», que no podían ser enterrados en suelo supuestamente consagrado, en donde solo podían yacer los católicos fallecidos.

La posterior llegada de la línea férrea acrecentó el desarrollo de Chañaral, transformándolo, al decir de muchos, en un puerto de estilo europeo, donde se veían siempre barcos de varias banderas y nacionalidades. Hoy en día, me han comentado que ya no queda ni la mitad de los habitantes y que la baja de la producción de cobre está produciendo un decaimiento importante en este puerto.

Según también he sabido recientemente, poco antes o al comienzo de la guerra en Europa que estamos viviendo, un ingeniero norteamericano de nombre William Braden, dueño de la mina El Teniente, cerca de Rancagua, habría organizado perforaciones de exploración en un lugar cercano al que se ubicaba el mineral de La Ola, llamado Potrerillos, me parece que queda ubicado un poco más al suroeste (pero no estoy seguro de esto) para ver la calidad del mineral, y aunque dicen que solo encontró cobre de baja ley, al parecer decidió seguir adelante con su proyecto, pero, a raíz del conflicto mundial, que ya dura más de tres años, pues comenzó en mil novecientos catorce, las faenas que habían iniciado fueron suspendidas. Ojalá que cuando finalice esta guerra nuevamente comiencen y con ello pueda revivir Chañaral.

Trabajé en La Ola, como ingeniero de minas un poco más de dos años y medio, y si bien al cabo de ese tiempo había decidido partir otra vez hacia el norte, me di cuenta de que echaba de menos a mi hermano José María y preferí antes volver a Copiapó y pasar unos días con él. Como era de esperar, al poco tiempo de estar allí volví nuevamente a sentir, pero ahora con mayor insistencia, el llamado del desierto, y muy pronto me preparé a partir.

Esta vez, a diferencia de las anteriores, no tenía un destino fijo y tampoco quería cometer los mismos errores por los que había sufrido en mi venida hasta La Ola, por eso esta vez conversé y logré llegar a un acuerdo con un viejo cateador, Olegario Mansilla, que había conocido antes, en el que confiaba y que se disponía también a partir al desierto en búsqueda de minerales, de modo de no tener que aventurarme solo esta vez.

En La Ola, para volver a Copiapó me había hecho de unas buenas mulas y como en la ocasión anterior me premuní de los avíos necesarios para poder catear y el viaje a mí ciudad natal no fuera en balde si podía sacar algún provecho.

Después de haberme dado de baja en la mina al término de la jornada de un viernes y despedirme de algunos amigos que había hecho, volví a casa y se lo conté a Violeta Cifuentes, mi patrona, quien soltó sus lágrimas silenciosas por mi partida, asegurándome que después de que me fuera ella se sentiría muy sola y me obsequió, como regalo de despedida, un morral de cuero en muy buen estado y una chaqueta gruesa de buena tela, casi nueva, que habían pertenecido a su difunto marido, del cual nunca supe el nombre.

Partí de madrugada el sábado. En el morral encontré esa mañana un pan probablemente recién horneado, una caramayola con agua, y un buen pedazo de charqui, de los que disfruté a media mañana. «Es para el camino», me había dicho Violeta Cifuentes, y deseándome mucha suerte, cuando ya habíamos salido a la calle, me abrazó con los ojos brillantes.

Recuerdo que no supe cómo reaccionar a sus regalos y menos a su inesperado abrazo (nunca he sido capaz de expresar mis emociones) y por ello, con un poco de vergüenza y mucha congoja, mientras el sol recién estaba apareciendo entre los montes, tomé las riendas de la mula y en presencia de un vecino, que miró mi despedida de Violeta calladamente y esbozó una sonrisa torcida que yo no atiné a discernir si era o no de ironía, comencé mi nuevo recorrido hacia la ciudad de Copiapó.

Este largo rato que he estado sentado, esperando la llegada de José Backhaus, me ha servido para recordar a mi querida Violeta y al viejo Olegario (que supongo está bajo tierra hace tiempo) e incluso mi recua de mulas a las que mimé con devoción, pues un buen animal, bien tratado y obediente, puede llegar a significar en algún momento, en el desierto, la diferencia entre la vida y la muerte. Hacía mucho tiempo que no me acordaba de ellos y ha sido muy grato traerlos al presente. ¿Qué habrá sido de la vida de cada uno? Sobre todo, ¿qué será de mi buena Violeta Cifuentes, a quien no volvía ver nunca más desde nuestra despedida en la puerta de su casa? ¿Estará todavía viva…? ¿Se volvería a casar? ¿Tendrá hijos y tal vez nietos…? ¿Habrá podido volver alguna vez a sus queridos cerros de Valparaíso o estará aún en la trampa que significó para ella La Ola…?

QUINTA SESIÓN

José Backhaus, mi retratista finalmente no llegó. Esperé sentado listo para posar largo rato y nada. Me llamó después por el teléfono para pedirme disculpas por su ausencia. La idea de tener este moderno aparato que permite hablar directamente con otra persona a pesar de la distancia que haya entre ambas, fue de mi hijo Arístides Ramón, a quien siempre le interesaron los inventos y las novedades científicas, incluso antes de entrar a estudiar Medicina. Para él era importante poder contar con este nuevo y sorprendente sistema de comunicación, y lo contratamos a comienzos del presente siglo, a The Chili Telephone Company, empresa inglesa que se hizo cargo del servicio hace algunos años, pero el teléfono ya estaba en el país desde mil ochocientos setenta y nueve, es decir, tan solo tres años después de que Alexander Graham Bell patentara en Nueva York el genial invento de un italiano avecindado en Norteamérica llamado Antonio Meucci, a quien se lo robó. En el año mil ochocientos ochenta y nueve, los ingleses, actuales dueños del servicio, sucedieron a la norteamericana The West Coast Telephone Company en varias ciudades, entre las cuales están Santiago y Valparaíso.

Me hubiera gustado poder contar con el teléfono cuando estaba de gobernador de Caldera, al comienzo de la guerra con Perú y Bolivia, y así tal vez podría haber evitado la captura del transporte Rímac ese fatídico veintitrés de julio de mil ochocientos setenta y nueve, y quién sabe si todo habría sido distinto, o qué diferente resultado hubiese tenido el remesón político que este desafortunado hecho provocó.

Durante ese mes de julio de mil ochocientos setenta y nueve, las naves peruanas, el monitor Huáscar y la corbeta Unión estuvieron realizando incursiones de hostigamiento en los puertos y caletas chilenos que van desde Taltal por el norte hasta Huasco por el sur. No tuve noticia sobre cuándo llegaron a Chañaral, que en ese momento dependía de la gobernación de Caldera, pero posteriormente al arribar al mismo puerto de Caldera, donde fueron vigilados desde nuestros fuertes y por los soldados del Batallón Cívico Movilizado Atacama, tomaron contacto con la dotación del transporte Colombia, nave de bandera inglesa, por el cual probablemente se enteraron del eventual zarpe sin escolta desde Valparaíso a Antofagasta del transporte chileno Rímac, que venía con pertrechos para el Ejército del norte.

Al amanecer del domingo veinte de julio, le envié en forma inmediata un telegrama a mi primo Guillermo Matta Goyenechea, que en ese momento estaba de intendente de Atacama, contándole los hechos ocurridos y señalándole el peligro que entrañaba para nuestros buques.

Coincidiendo conmigo en lo peligroso de la situación, Guillermo Matta, en cuanto recibió mi telegrama, a primeras horas de la mañana de ese mismo día veinte de julio, telegrafió al intendente de Valparaíso que además ejercía como Comandante General de Marina, Eulogio Altamirano, un mensaje que, según recuerdo, decía que tenía noticias de que el Huáscar y la Unión habían estado recientemente en Chañaral y que el gobernador de Caldera —es decir, yo— le informaba que en ese mismo momento estaba entrando al puerto de Caldera la corbeta Unión, seguida del temido monitor, al parecer dispuestos al combate.

Pero el señor Altamirano lamentablemente había salido de su despacho temprano esa mañana, sin dejar dicho dónde estaría —estaba inspeccionando las reparaciones efectuadas en el Fuerte Callao— y no recibió el telegrama hasta su regreso, cuando eran ya pasadas las dos y media de la tarde, y el transporte Rímac había zarpado de Valparaíso dos horas antes, pues se hizo a la mar a las doce veinte de ese día, llevando a bordo el Regimiento Carabineros de Yungay, que sumaba más de doscientos cincuenta hombres con su comandante, el Teniente Coronel Manuel Bulnes, y doscientos quince caballos, un cañón de trescientas libras, con sus mulas de arrastre y gran cantidad de armas y municiones, además de otras vituallas, para el Ejército en campaña en el norte.

Esta fue la segunda comisión que se le encomendó al vapor de transporte Rímac, que era propiedad de la Compañía Sudamericana de Vapores, empresa que, dando cumplimiento al convenio de subvención que existía, fue puesta a disposición del Gobierno para utilizarla durante la guerra pagando el Estado un canon de arriendo mensual por su uso, pero el mando del buque continuó radicado en el capitán mercante empleado por la compañía naviera, un ciudadano danés de apellido Lautrup, que era un débil anciano de más de setenta años, con la obligación de entregar el mando de la nave, en caso de aparecer el enemigo, al capitán de fragata de la Armada de Chile, Ignacio Gana, único oficial de línea que se había embarcado, con este objeto, en este vapor.

Ninguno de los marineros, que eran en su mayoría extranjeros, pertenecía a la Marina de guerra chilena, no estaban preparados para el combate y desde luego carecían de la disciplina, lealtad, sentido del honor y espíritu de cuerpo, propias de quienes son parte de esta.

El miércoles veintitrés de julio, a la cuadra de Antofagasta, aproximadamente a las diez horas, el buque de transporte Rímac fue capturado por las naves peruanas y conducido al Puerto de Arica.

En los momentos previos al apresamiento y ante su inminencia, hubo un motín a bordo del buque y los marineros asaltaron la cámara de oficiales, destruyendo muebles y enseres que allí había.

Debido a la captura por el enemigo, el Gobierno de Chile, además de perder un regimiento con sus armas y caballos, en gran parte debido a la desidia, estupidez, miedo e indisciplina de la marinería y la torpeza del capitán mercante como también del oficial naval que estaba a bordo, quien tenía la obligación de asumir el mando de la nave en caso de peligro, pero que tardó en hacerlo, tuvo que indemnizar a la compañía naviera dueña del barco.

Pero además, por si fuera poco, el buque apresado prestó servicios para la Armada del Perú, durante parte de la guerra, hasta el diecisiete de enero de mil ochocientos ochenta y uno, día en que fue hundido por los mismos peruanos a causa de la entrada en Lima del Ejército chileno, para impedir que fuera ahora reutilizado por nuestro país; sin embargo, este objetivo peruano afortunadamente no se cumplió totalmente, pues el buque fue reflotado en junio de ese mismo año y rematado por su anterior dueño, la misma Compañía Sudamericana de Vapores y nuevamente puesto en servicio al año siguiente, ahora bajo el nombre de Lautaro.

Según señaló el presidente Aníbal Pinto en su carta dirigida al intendente Guillermo Matta, de fecha siete de agosto, que mi primo y superior jerárquico me mostró y cuyo recuerdo aún tengo fresco, la captura del vapor Rímac se habría debido a la conjunción de una serie de incidentes desafortunados, que es dable esperar en tiempo de guerra, sin que por ello lo ocurrido deje de ser para cualquiera un espectáculo vergonzoso.

Es cierto que el buque debía haber zarpado el sábado diecinueve de julio, y no lo hizo por miedo a los buques peruanos y que recién zarpó al día siguiente, porque se creyó erróneamente que la flota peruana había tomado rumbo norte para retornar al Callao.

Pero, a pesar de no haberse realizado el plan original de zarpe, el vapor de transporte Rímac tuvo una buena navegación y podría, si su capitán así lo hubiera querido, haber arribado a Antofagasta el martes veintidós por la tarde, pero no lo hizo, pues disminuyó su andar para no entrar a puerto de noche, creyendo además equivocadamente que, en la mañana del día siguiente, el blindado Cochrane saldría de puerto a protegerlo y que la mar estaba libre de enemigos. De hecho, cuando vieron los buques peruanos en el horizonte, al amanecer del miércoles, los marineros extranjeros que servían de vigías, los confundieron con naves chilenas.

En todo caso, sobre lo ocurrido, Gonzalo Bulnes publicó en el diario El Ferrocarril una versión en la que contaba que había ido a Valparaíso para despedir a su hermano Manuel y que por eso tuvo conocimiento de las circunstancias que rodearon el zarpe del transporte Rímac.

Según él, más o menos una hora después de la partida del vapor se habría recibido en Valparaíso la noticia de la presencia de la escuadra peruana en Caldera, pero esta importante noticia fue conocida por Eulogio Altamirano recién a las cinco y media de la tarde.

A las seis, Gonzalo Bulnes señala que se presentó en la intendencia y solicitó a Altamirano tomar alguna medida para evitar el apresamiento del vapor de transporte Rímac, pero este se excusó, alegando razones que dejaron de manifiesto que el intendente confiaba la suerte de la nave a «los azares de la más ciega fortuna» (esta última frase es textual, pues la recuerdo perfectamente por lo rebuscada de la misma).

En definitiva, Bulnes sostiene que el buque, en el que iba su hermano con su regimiento, fue despachado sabiéndose la presencia del enemigo en las cercanías de Antofagasta, pues los partes correspondientes fueron recibidos oportunamente (refiriéndose al telegrama enviado por Guillermo Matta debido a mi aviso) y se hubieran podido evitar la catástrofe, pero las comunicaciones oficiales, si bien existieron y fueron oportunas, lamentablemente no llegaron a quien iban dirigidas por un descuido incalificable e inexplicablemente, ni tampoco se adoptaron oportunamente ninguna de las medidas que la Comandancia General de Marina podría haber tomado una vez que el buque había zarpado (como podría haber sido telegrafiar a Coquimbo y que desde allí se hubiera enviado alguna embarcación que interceptara al vapor y lo previniera).

El refrán popular dice que no hay mal que por bien no venga, pues bien, la captura del transporte Rímac causó una gran conmoción social y acrecentó una crisis política que ya había comenzado y terminó siendo de grandes proporciones, por lo que junto con la esperada renuncia de Eulogio Altamirano y del almirante Juan Williams Rebolledo, hizo que el gabinete entero debiera ser cambiado y con ello se modificó también la estrategia de la guerra, lo que, en cierto modo, permitió posteriormente la captura del Huáscar y la destrucción de la flota peruana, obteniendo así Chile el dominio del mar y, de este modo, finalmente la victoria sobre Perú y Bolivia.

Qué distante me parece ahora esa época y sin embargo han pasado poco más de treinta años desde que terminó la guerra, pero es que el mundo ha cambiado y lo ha hecho a una velocidad vertiginosa. Basta comparar «nuestra guerra», la del setenta y nueve, con la actual que asola el viejo mundo y que comenzó ya hace tres años y de la que no se vislumbra cuándo podremos celebrar su término. Creo, además, que nunca se había visto, en la historia de la humanidad, el uso de armas tan mortíferas como las que se están usando, gases tóxicos que matan indiscriminadamente, los llamados buques terrestres o carros de combate artillados, submarinos y aeroplanos qué bombardean ciudades, sin importarles si hay allí mujeres y niños.

En fin, la guerra actual parece no estar circunscrita a los soldados y al campo de batalla, tal como lo conocíamos y entendíamos, es decir, la guerra ya no se desarrolla en una zona delimitada donde se enfrentan los Ejércitos combatientes, sino que abarca la totalidad de lo que nos rodea, nada ni nadie queda al margen o fuera de la contienda. La Guerra del Pacífico, nuestra guerra, fue desde luego una guerra cruenta, pero comparada con la gran guerra que estamos viviendo ahora, es casi como un paseo por el parque.

Se han dicho muchas mentiras acerca de la Guerra del Pacífico, que a quienes la vivimos y sufrimos nos resultan no solo incomprensibles, sino incluso irrisorias cuando no grotescas o estrafalarias.

La primera de ellas es que nuestro país buscó la guerra y la desencadenó para apoderarse del territorio boliviano. Tengo la plena certeza de que esto no es cierto, pues está a la vista de todos que la República de Chile nunca deseó un conflicto para el que ni siquiera estaba preparada y que, desde luego, trató por todos los medios de evitar que se produjera, pero no le quedó otro camino que ir a la guerra por la conducta contumaz de las autoridades de Bolivia. Si se afirma que la política chilena era expansionista y pretendía apoderarse de los territorios bolivianos por su riqueza, no resulta comprensible que Chile promoviera y firmara los dos tratados sucesivos de límites, en fechas bastante posteriores al descubrimiento de los yacimientos salitreros en esos territorios.

En los dos tratados de límites se establecía como deslinde entre ambos países el paralelo veinticuatro, desde el mar hasta la cordillera de los Andes, pero también hay que recordar —y que siempre olvidan quienes sostienen que Chile deseaba la guerra— que en el segundo de esos documentos internacionales, firmado por ambos países en mil ochocientos setenta y cuatro y que reemplazó y derogó el primero, de mil ochocientos sesenta y seis, Bolivia se comprometía, entre otras cosas, a que por veinticinco años, las personas, las industrias y los capitales chilenos no quedarían sujetos a más contribuciones de cualquier clase que fueran que las que ya existían al momento de firmarse el tratado, y, sin embargo, tan solo tres años más tarde, Bolivia decide cobrarle un nuevo impuesto a la Compañía del Salitre y Ferrocarril de Antofagasta, que era mayoritariamente de capitales chilenos, violando de manera artera e intencionadamente su compromiso.

Tanto es que Chile y los chilenos no queríamos ni pensábamos remotamente en la posibilidad de una guerra, que las autoridades nacionales habían ido disminuyendo progresivamente el número de efectivos del Ejército y la Armada, al punto que la última reducción se realizó el mismo año mil ochocientos setenta y nueve, año en que el Ejército de Línea llegó a tener, al mes de abril de ese año, menos de dos mil quinientos miembros activos y, consecuentemente, se habían cerrado también las academias, tanto militar como naval, destinadas a formar oficiales. La primera de ellas, la Militar, se cerró en mil ochocientos setenta y uno, y la segunda, que preparaba a los mandos de la Marina de guerra, en mil ochocientos setenta y seis, debido precisamente a que cada vez había menos soldados y marinos y se pensaba que, por tanto, no era necesario seguir formando oficiales.

Una de las razones que tuve para formar el Batallón, que bautizamos como Atacama, cuando era gobernador de Caldera, con los hombres que llegaban expulsados del territorio boliviano y después del Perú, fue precisamente esta. No teníamos soldados para hacer frente a dos países que nos superaban con mucho en número de habitantes y desde los cuales venían fuertes vientos de guerra.

Sin duda, esta es la misma razón que tuvo mi primo Guillermo Matta, que estaba desde el setenta y cinco como Comandante General de Armas e intendente de Atacama, para llamar al servicio activo en febrero de mil ochocientos setenta y nueve, a todos los oficiales, suboficiales y soldados del Batallón Cívico de Copiapó, mientras aún estaban en curso las gestiones del diplomático peruano José Antonio Lavalle, que pretendía falsamente «mediar» entre Chile y Bolivia teóricamente para evitar la guerra. (Menudo hipócrita fue el señor diplomático).

Una vez fracasada esta «misión de paz» peruana, que duró entre el cinco de marzo y el cinco de abril de mil ochocientos setenta y nueve, y durante la cual el señor Lavalle falazmente negó siempre la existencia del tratado secreto de su país con Bolivia, Chile no tuvo más remedio que declarar la guerra.

Otro dato que avala la postura chilena de rechazo a la guerra es el siguiente hecho: Durante la presidencia de Federico Errázuriz, el Estado de Chile había encargado a Inglaterra la construcción de dos modernos buques blindados, que serían bautizados como Cochrane y Valparaíso. El primero de ellos llegó en mil ochocientos setenta y cuatro y el segundo dos años después, coincidiendo con la muerte del almirante Manuel Blanco Encalada, por lo que se le cambió el nombre de Valparaíso y pasó a llamarse Blanco Encalada. Al asumir la presidencia de la república Aníbal Pinto, quien sucedió a Federico Errázuriz y gobernó entre mil ochocientos setenta y seis y mil ochocientos ochenta y uno, es decir, la mayor parte de la guerra, el novel presidente de la República decidió vender esos buques para obtener fondos, debido a la gran depresión de la economía que sufría el país.

En el año mil ochocientos setenta y ocho ya se había cerrado la venta de una de estas naves a Inglaterra, pero afortunadamente los ingleses se arrepintieron y no concretaron la compra. ¿Alguien podría pensar seriamente que el presidente Aníbal Pinto deseaba o buscaba la guerra, y al mismo tiempo, querría vender los buques más modernos con los que contaba el país, sabiendo que en un eventual conflicto armado en el norte el dominio del mar sería un factor absolutamente decisivo?

Creo sinceramente, además, que tampoco la quería el Perú, pero su gobernante, el general Mariano Ignacio Prado Ochoa —quien había vivido varios años en Chile, dedicándose a la minería del carbón— se vio obligado a entrar en guerra con Chile, en primer lugar, por el tratado secreto suscrito con Bolivia en mil ochocientos setenta y tres, que era ley peruana y que Prado tenía la obligación de respetar, salvo que el Congreso de su país lo autorizara para no hacerlo y, en segundo, por las presiones internas de la élite económica del Perú, la cual había realizado el frío cálculo mercantil de que la guerra les permitiría quedarse con el monopolio del salitre. (Nótese que el tratado secreto peruano-boliviano se suscribió un año antes del segundo tratado de límites firmado con Chile y cuya existencia Perú negó hasta el final).

Otra de las tonterías que aún se oyen es que la ocupación de Antofagasta por fuerzas militares chilenas fue completamente innecesaria e inoportuna, pues todo podría haberse arreglado diplomáticamente. Esto es absolutamente falso. Fue necesaria y además se llevó a cabo en el momento preciso. Basta leer las cartas del gobernante boliviano, Hilarión Daza, dirigidas al prefecto de Antofagasta, que ahora son conocidas, para darse cuenta de que sabía perfectamente que con el impuesto aprobado en violación expresa al tratado de límites, estaba desafiando a nuestro país, pero se sentía seguro, pues, por una parte tenía el pacto secreto con el Perú —a quien le interesaba sacar a nuestro país del negocio del salitre y obtener así un monopolio de este material estratégico— y, por otra, veía en la conducta de Chile con Argentina una muestra de su debilidad e impotencia, por lo que daba por sentado que no actuaría, a pesar de que diplomáticamente ya se había advertido a Bolivia que de persistir en esta conducta que violaba lo acordado, quedarían sin efecto los tratados de límites suscritos y que Chile reivindicaría estos territorios. Pero esta advertencia no tuvo ningún efecto y por ello fue necesario y oportuno el desembarco de las fuerzas chilenas el catorce de febrero de mil ochocientos setenta y nueve. Hilarión Daza apostó fuerte y creyendo que con toda seguridad ganaría sin disparar un tiro, pero equivocó la apuesta.

Yo viví y trabajé en Antofagasta antes, durante y después de la guerra (de hecho, una de las causas por las que decidí venirme a vivir definitivamente a Santiago, fue que en la revolución del año noventa y uno, los partidarios del congreso, triunfadores de la asonada, asaltaron mi casa en esa ciudad y la que tenía en Calama, quemaron mis muebles y destrozaron mis laboratorios, pues se sabía que yo apoyaba al Gobierno de José Manuel Balmaceda) y desde luego conocí perfectamente cómo vivíamos en esa ciudad en tiempos de las autoridades bolivianas.

En el año mil ochocientos setenta y cinco, el municipio de Antofagasta, recientemente creado hacía tan solo tres años, realizó un censo de población que determinó que la ciudad tenía un poco menos de cinco mil quinientos habitantes, de los cuales solo un poco menos del ocho por ciento eran bolivianos, correspondiendo fundamentalmente a quienes desempeñaban cargos políticos y más del ochenta y cuatro por ciento, éramos chilenos; sin embargo, desde poco antes de un año antes del comienzo de la guerra, la presión antichilena se había acrecentado enormemente y se notaba la violenta prepotencia con la que actuaban con nosotros las autoridades bolivianas.

La alta cantidad de chilenos en Antofagasta se debía a que muchos de los mineros que antes trabajaban en Atacama, venidos a su vez desde diversas partes del territorio nacional, esperanzados en lograr mejorar su situación, habían tenido que emigrar cada vez más al norte, por el progresivo agotamiento de los minerales en la zona y los efectos de la gran depresión económica que se vivía en Chile en la década de los setenta, y trabajaban ahora en las salitreras y sufrieron, ellos y sus familias, los efectos de este trato injusto y vejatorio.

El embargo de los bienes de la Compañía del Salitre y Ferrocarril de Antofagasta por no pago de un impuesto, a todas luces arbitrario e ilegal, pues era contrario a los tratados internacionales suscritos y el anuncio de su confiscación y posterior remate, se hizo dentro de una elaborada estrategia y plenamente calculada; no surgió como producto de una casualidad o de la torpe decisión de un funcionario subalterno sin criterio. Hilarión Daza fue quien movió esas piezas en su peligroso juego. Por ello, sostener que la ocupación de Antofagasta fue innecesaria o inoportuna me parece simplemente una ingenuidad o derechamente una soberana estupidez.

No me gustan la mentira ni la estulticia, me falta el aguante necesario para soportarlas, nunca he tenido esta virtud, y a pesar de que traté de cultivarla, ahora de mayor veo que de lo poco que había logrado adquirir de ese hábito, la paciencia, ya no me queda casi nada, no soy un hombre paciente y además me molestan e indignan los embustes, la falsedad y la tontería; tampoco tengo muchas ganas de pensar, ni menos hablar de la guerra; me trae recuerdos que no son gratos, aunque con el tiempo, que todo lo suaviza, han ido perdiendo un poco su amargor, pero todavía, a pesar de que han pasado tantos años, hay algunas imágenes que me resultan aún difíciles y dolorosas de traer al presente.

La guerra, por necesaria que hubiera sido —y yo creo que lo fue—, sigue siendo en mi memoria, por sobre todo, la visión de los soldados muertos en los campos de batalla, con el sol del atardecer alumbrando sus cadáveres, los perros merodeando entre ellos, los jotes y los buitres arriba en el cielo, el grito desgarrador de las mujeres al encontrar entre los caídos en combate a un hijo, hermano o marido; ese olor nauseabundo mezcla de la putrefacción, la pólvora, la sangre seca, la ropa sudorosa y sucia, y las tripas llenas de heces desparramadas en la tierra yerta que se te pega en la nariz y sentir en el alma ese silencio siniestro y sobrecogedor que trae la muerte. No me gusta la guerra y me ha tocado vivir varias, unas de cerca y otras, como la actual, desde lejos.

No creo que exista nadie mentalmente sano al que le guste la guerra. Recuerdo cuando era gobernador del Puerto de Cadera, en el setenta y nueve, al comienzo del conflicto al que nos arrastró Bolivia (poco antes de que se declarara la guerra, fui nombrado gobernador de Caldera por el Presidente Aníbal Pinto), haber conversado con varios militares cuando se me ocurrió formar el Batallón Atacama, y con los marinos que atracaban en este puerto por ser el último de la frontera norte, y en casi todos ellos, que sabían lo que es la guerra, había un sentimiento de rechazo, en especial de los marinos que habían participado en la guerra contra España, a la que nuestro país había acudido para defender al Perú, haciéndole frente a la escuadra del almirante Pareja y después del suicidio de este, a la flota comandada por el capitán de navío Casto Méndez Núñez.

Muchos habían visto la destrucción del Valparaíso por el bombardeo español y la pérdida casi completa de la naciente Marina mercante nacional, además de lamentar la muerte de camaradas, aliados y enemigos. No sentían más que aversión por la guerra, a pesar de saber claramente que, en caso de conflicto, ellos defenderían hasta la muerte a nuestro país.

Uno de esos marinos con el que conversé, cuando recaló la escuadra en Caldera, fue el entonces comandante de la corbeta-cañonera Covadonga, Arturo Prat, quien había sido enviado a Valparaíso y comisionado especialmente por el almirante Willians para traer ese buque que estaba en reparaciones en ese puerto e incorporarse a la escuadra. Como me desempeñaba en el cargo de gobernador, invité a almorzar a los oficiales a mi casa y una de las cosas que me contó este joven Capitán de Fragata, serio y sencillo, con el que simpaticé rápidamente, fue que mientras navegaba hacia el norte, con una dotación bastante bisoña, habían venido haciendo prácticas de artillería y de zafarrancho de abordaje, pues él sostenía que la única forma de vencer a los blindados peruanos, por la disparidad de condiciones en que se encontraba la cañonera que comandaba, de tan solo cuatrocientas toneladas, dos cañones y con unas calderas en regular estado, aún con fallas, a pesar de que se le habían efectuado recientes reparaciones, era el abordaje y la captura de la nave enemiga.

El comandante Prat, quien en su modestia no me contó que además era abogado ni que había sido nombrado secretario del ministro de Guerra en campaña Rafael Sotomayor, tenía claro, desde mucho antes de que sucediera el combate del veintiuno de mayo —y así me lo dijo expresamente—, que, al enfrentar al enemigo, poder obtener la victoria iba a depender del éxito de esta arriesgada acción: abordar el buque contrario y dominarlo.

Me explicó que esa maniobra táctica era habitual en la Marina inglesa y que Lord Cochrane la había usado muchas veces con éxito. Por eso Prat hizo acopio en cubierta de todo lo necesario para poder realizar el abordaje, dispuso los ganchos, cables y jarcias que serían necesarios y, en el corto tiempo que tuvo desde que recibió el mando de su nuevo buque, la vieja corbeta Esmeralda de ochocientas toneladas, con las calderas en estado ruinoso, había preparado a la dotación para el eventual abordaje.

Prueba de ello es una carta de un soldado del mar, que ahora se ha conocido y donde le cuenta precisamente esto a su familia, diciéndole que «toda la tripulación va a pelear a abordaje». El héroe de Iquique saltó a bordo del Huáscar, buscando tomarse el barco enemigo, esperando que sus hombres lo siguieran y vencieran, pero el buque peruano retrocedió rápidamente a toda máquina y se separó del buque chileno, antes de que muchos marinos chilenos pudieran seguir a su comandante.

Me da una rabia tremenda y me molesta muchísimo que varias historias peruanas señalen, faltando a la más elemental verdad histórica, que producto del choque del espolón del monitor de la corbeta Esmeralda, el comandante chileno habría caído en la cubierta del buque peruano.

Otra de las cosas sobre las que se ha escrito y que desde luego es otro embuste, es que el almirante Willians le tenía ojeriza al comandante Prat. Eso no es cierto, ni lo que yo percibí cuando tuve a ambos en mi casa; creo sinceramente que lo consideraba un buen oficial y por eso le encargó el bloqueo de Iquique.

En el almuerzo al que invité a los oficiales de la Escuadra, pude darme cuenta de la estimación y respeto mutuo. La inquina o la malquerencia no es algo que se pueda esconder fácilmente. Por lo demás había sido el mismo almirante quien le había solicitado que fuera secretario del ministro Sotomayor y antes lo había enviado a Argentina, para tener una visión clara de en qué estaba la Marina de ese país. El papel aguanta todo y de embusteros está bastante lleno este mundo y parece que los hay en mayor cantidad en la época en que nos tocó vivir.

No solo conversé con el comandante Prat en ese almuerzo que les ofrecí a los marinos que arribaron a Caldera, sino también con muchos otros oficiales y en especial con quien lo acompañaba, que resultó ser mi coterráneo, el teniente primero Luis Uribe Orrego, que había nacido en Copiapó, pero según me contó, vivió muy poco tiempo allí, pues su familia se trasladó a Valparaíso en el año mil ochocientos cincuenta y tres, luego de enfermar y fallecer su padre, cuando él tenía tan solo seis años. Uribe también me resultó muy simpático, se notaba un hombre cultivado, como Prat con el que se podía que tenía gran amistad, y después, una vez terminada la guerra, supe de sus obras, entre las cuales está un Tratado de Hidrografía, y también caí en cuenta de que era hijo de la escritora Rosario Orrego, a quien había leído en varias revistas, como La Semana, la Revista del Pacífico, donde publicó la novela Alberto el Jugador y en la Revista de Sudamérica, y otras publicaciones que ya no recuerdo .

El teniente Uribe fue el segundo comandante de la Esmeralda ese veintiuno de mayo del setenta y nueve; su figura y su valentía han quedado tal vez un poco opacadas para la mayoría precisamente por el heroísmo de Arturo Prat, sin embargo, hay que recordar que fue él quien soportó los dos espolonazos del Huáscar, que siguieron a la muerte de su comandante y camarada en la cubierta del buque peruano y más de dos horas de duro combate hasta que la Esmeralda finalmente se hundió.

Fue Uribe quien ordenó clavar en el pico de mesana el pabellón patrio, siguiendo las órdenes de su comandante de luchar hasta vencer, y no rendirse jamás. Fue él quien también alentó con su ejemplo de valentía a sus hombres, mientras la cubierta del buque, ahora bajo su mando, se llenaba de cabezas, brazos y piernas de los tripulantes que caían destrozados por la metralla disparada a corta distancia por el cañón giratorio de Huáscar y la sangre de los marinos tornaba resbaladizas las tablas de la vieja corbeta chilena. Mientras eso ocurría, en la rada de Iquique, su madre fallecía en Valparaíso, sin el consuelo de poder ver a su hijo.

El teniente Luis Uribe Orrego sobrevivió al combate y fue tomado prisionero y trasladado al interior del Perú. Ocho meses más tarde, pudo volver a Chile gracias a un canje de prisioneros. No he vuelto a ver nunca más a este simpático marino. Sé por los periódicos que su carrera ha sido muy exitosa y que falleció hace tres años en Valparaíso por las esquelas fúnebres que se publicaron, en la que lo llamaron «el glorioso almirante».

Por mera curiosidad he levantado el paño que cubre el bosquejo de mi futuro retrato. He visto cómo va apareciendo en la tela un hombre viejo, en el que me cuesta reconocerme.

Es cierto, y estoy racionalmente consciente de ello, que ya tengo muchos años, y aunque lo acepto y asumo, también a veces eso me solivianta un poco e incluso puede llegar a enfurecerme, pero a pesar de todo —o tal vez precisamente por eso mismo—, cuando pienso en mí, y lo hago como podría pensar o recordar a otro, a un tercero cualquiera, a una figura familiar, me veo a mí mismo, en cuanto a imagen me refiero, no como el anciano —o mejor dicho el viejecillo— que está siendo pintado por Backhaus, y que ahora veo, sino como el hombre ciertamente maduro pero fuerte que me siento y con el que me identifico.

Ahora me doy cuenta de que la imagen que uno tiene de sí mismo puede ser completamente diferente de la que tienen los demás. No solo en cómo crea ser y cómo lo perciben los otros en cuanto a carácter y actitudes, sino incluso en el aspecto físico.

Siempre he oído que quienes comienzan a tratarme han dicho que les parezco que soy un hombre «peleador» y yo nunca he sentido que lo sea, pues nunca he buscado entrar en pleitos o peleas con nadie, pero veo que muchas veces las personas que me rodean piensan que ese es uno de mis rasgos distintivos.

He mirado, después de ver cómo va la pintura de mi retrato, los daguerrotipos y las fotografías en las que aparezco, y ciertamente en casi todas, tengo el ceño fruncido, como si algo me disgustara, y sin embargo, a pesar de que no recuerdo la situación en que cada una de ellas fue tomada, tengo la certeza, aunque no sea plena, de que no tenía motivo para estar enfadado, ni menos dispuesto a discutir o a reñir por algo o con alguien. ¿Qué pensará Rosario sobre esto?… ¿También ella creerá que soy un hombre pendenciero y malhumorado?... ¿Su vida conmigo habrá sido muy difícil para ella?...

No me gustaría que me tuviera miedo, ni menos que la vida a mi lado para ella hubiese sido difícil debido a mi mal carácter o a mi terquedad. Me apenaría muchísimo que así fuera. Alguna vez leí que el verdadero amor consiste en desear el bien del otro, del que se ama, aun en desmedro del bien propio, e incluso de la vida de uno mismo.

Siempre la he amado. Me enamoré de Rosario en cuanto la vi por primera vez, pero tuve que perseguirla cinco años para que me aceptara como novio y nos comprometiéramos. No fue sencillo, para nada fácil. Es más, tengo claro que conquistarla ha sido el objetivo más difícil de lograr que he tenido en mi vida, aunque esto no lo reconoceré jamás ni a ella ni a nadie.

Cuando estaba en Copiapó, en el tiempo que mediaba entre una exploración de cateo en busca de yacimientos de mineral, y otra, me hice el encontradizo muchas veces para verla y que me viera. Estuve muchos días esperando el momento cuando salía de la iglesia en las mañanas junto a su madre y sus hermanas para «aparecerme», así de improviso, como por casualidad, y saludarlas. Quería que me «descubriera», pero tardó bastante en darse cuenta de mi enorme interés por ella, o es posible que no tenía gran interés en que yo la cortejara, teniendo otros pretendientes.

Cuando la conocí, poco después de haber salido del Colegio de Minería, no me atreví a hacer ni a decirle nada, quería y necesitaba que se fijara en mí, pero no sabía cómo hacerlo, y también era conocedor del hecho cierto que que en ese entonces tenía muy poco que ofrecerle, ni siquiera un buen nombre —del que carecía—, ni posición social, ni una futura vida cómoda y sin pesares; por eso creía que era necesario que me hiciera de una situación social y económica que me permitiera acercarme más a su familia y conquistar su corazón. Lograr esto último, repito, fue la tarea más difícil que recuerdo haber tenido y, desde luego, me costó mucho más que cargar con el capacho lleno de un «apire» o realizar el trabajo de un «barretero» que alguna vez tuve que hacer. Por eso, pasaron varios años antes de hacernos novios y muchos más hasta que finalmente pudimos casarnos.

Tal vez por ese motivo, es decir, para que ella y su familia se sintieran orgullosos de mí, fue que terminé aceptando el cargo de gobernador de Caldera al comienzo del mismo año en que empezó la guerra, durante el cual, finalmente, un quince de septiembre, contrajimos matrimonio, yo ya tenía treinta y nueve años y ella ya contaba con treinta y uno, pero al final de ese año, Rosario estaba embarazada de nuestra hija María Blanca, y quería estar más cerca de su madre y sus hermanas, por lo que renuncié a dicho cargo y volvimos a vivir a Copiapó.

Guillermo Matta, que estaba en esos años de intendente de Atacama, actuando siempre de acuerdo con José María Goyenechea, mi hermano mayor, me había insistido, quería que hiciera carrera en el servicio público; me pidió primero que fuera a la elección municipal porque decía que así podría dejar de oír las sandeces de Carlos María Sayago, y frente a mi negativa, en razón de que pudiera llegar a existir siquiera la más mínima posibilidad de pelearme con el hermano de la mujer que amaba, me ofreció a nombre del Presidente de la República la gobernación del puerto; me explicó que su hermano Manuel Antonio ya lo tenía «apalabrado» con su amigo Aníbal Pinto, quien conocía de noticias mías y me consideraba una «persona de mucho valer».

Guillermo Matta Goyenechea, entre otras cosas, había fundado en Copiapó la logia masónica Orden y Libertad, y antes de ofrecerme este cargo, me había invitado a formar parte de ella, pero yo, aunque, compartía plenamente los postulados e ideales que preconizaban los «hermanos masones», nunca me sentí del todo cómodo con sus rituales y ceremonias, y si bien me integré a la logia, no pude pasar del grado de aprendiz.

Nunca me tragué completamente las alabanzas que me dispensaba el buenazo de mi primo Guillermo Matta cada vez que nos veíamos, estimo que en realidad era él, como intendente, quien necesitaba en ese puesto estratégico de gobernador de Caldera a alguien en quien pudiera confiar, y creo que le serví lealmente, aunque fuera por corto tiempo. Durante el año anterior a mi aceptación utilizó para convencerme todos los argumentos posibles con la finalidad de que me fuera a Caldera.

Yo sabía, y así se lo repetí hasta el cansancio, que la administración pública no era lo mío —nunca quise ser un «chupatintas»— pero mi primo Guillermo Matta, además de simpático, era un gran poeta lírico, un buen literato y sobre todo un político de fuste, realmente bueno con las palabras e hilvanando argumentos, podía usar el lenguaje como nadie, mezclaba racionalidad con sentimientos magistralmente y de forma oportuna, y además usaba mi admiración por él y su desbordante personalidad para lograr convencerme, de manera que me habló muchas veces del servicio a la Patria, de mi capacidad desperdiciada, y del gran amor que yo sentía y de las posibilidades que se me abrían como gobernador, precisamente porque sabía, por lo que le había confidenciado José María Goyenechea —a pesar de que este lo negara como un bellaco y se sonriera—que suspiraba como un adolescente por Rosario Sayago y que ya llevábamos demasiado tiempo de novios.

Incluso, como conocía mi situación con la familia Sayago, alguna vez Guillermo Matta se ofreció a ir a hablar por mí con su padre —cosa que desde luego no acepté— para que, de una buena vez, don José le otorgara el permiso a Rosario y diera su bendición a nuestro matrimonio. En todo caso, antes de que yo aceptara la gobernación, José Sayago falleció, dejándome el camino libre. Confieso que suspiré aliviado cuando lo supe. Había por fin llegado mi momento. Pero debí esperar que se terminara el duelo y acepté el cargo de gobernador de Caldera, mientras se recuperaba mi futura mujer y su parentela de la muerte del cabeza de familia.

Reconozco también (a pesar de que tampoco no lo haría en público) que siempre he sido torpe y tímido en materias de relaciones sociales y en especial si se trata del sexo opuesto; aún ahora, ya siendo un hombre mayor y de experiencia, por no decir viejo, que no tengo mucha idea en tratar a los demás, ni menos cómo se conquista a una mujer. (Soy plenamente consciente de que en mi amorío con Emilia Estupiñán no fui yo quien escogió ni conquistó).

Y aunque esto no sirve de justificación a mi extrema torpeza y cortedad de genio en este plano, podría alegar, tan solo como una posible explicación, que no conviví con hermanas ni con una madre, salvo las mujeres mayores que servían en casa de mi hermano, y que poco se ocupaban del niño que había llegado a interrumpir su apacible tranquilidad, prácticamente no tuve contacto con el llamado «sexo opuesto», así, el mundo que conocí mientras crecía, fue siempre masculino, y después entré interno a un establecimiento educacional donde tampoco había mujeres.

Las que conocí antes de casarme, e incluso después de casado, con las que tuve lo que un moralista llamaría «relaciones carnales» y yo simplemente sexo, tampoco me ayudaron mucho a desentrañar el enorme misterio que es una mujer; tal vez la existencia de esa zona o realidad secreta e inaccesible para el hombre sea parte de su atractivo. No lo sé a ciencia cierta, y creo que ya es un poco tarde —y por lo demás he perdido gran parte del interés— para averiguarlo.

Mis modelos femeninos fueron solo aquellos que vislumbré y equivocadamente creí llegar a conocer en los personajes de las novelas que leía, pero no eran seres reales, sino literarios, entelequias, invenciones del autor, que rara vez era femenino, y a veces sus enredos me resultaban tan extraños y complejos de entender, como ellas, las protagonistas de aquellas historias inverosímiles, fáciles de amar y admirar. Eran, desde luego y recién ahora lo entiendo, meras idealizaciones, heroínas de cuentos, etéreas y hermosas, cultas, inteligentes, llenas de recursos, valientes, sufridas y audaces, pero inventadas por hombres, grandes ignorantes del alma de la mujer, al igual que yo.

Cuando Carlos María me presentó a su hermana menor y me resultó físicamente tan atractiva con sus ojos claros del color del cielo del desierto, su piel tan blanca, su largo pelo entre rubio y castaño claro que resplandecía con el sol y su sonrisa perfecta, sentí que se me paralizaba el corazón, y al recuperar el resuello, ella pasó a ser, en forma casi inmediata, la heroína de mi propia novela no escrita; aquel ideal que había forjado durante años en mi mente tomó entonces cara y cuerpo. Se podría decir que en ese instante se materializó. Dejó de ser una figura indeterminada, borrosa y lejana, para tener un nombre que desde ese momento adoré y una identidad absolutamente definida y clara.

A partir de entonces yo comencé a soñar dormido o despierto con ella —con mi Rosario— aunque a esa bonita chiquilla, llamada Rosario Sayago, de carne y hueso, no la conocía realmente, y por supuesto que, en mi insensato delirio inmaduro y aún juvenil, adorné su personalidad con todas las virtudes que poseían mis queridos personajes femeninos. No solo era una mujer joven y bella; era todo lo que yo creía que debía ser una mujer: audaz, inteligente, intrépida, tierna, etcétera; llegó a ser en mi mente un ideal, mi amada, mi Dulcinea del Toboso, con la pasión e ilusión del primer amor y me empeciné —porque esa es la palabra justa— con la fuerza que da la impericia y la inmadurez, al igual que el Caballero de la Mancha, en hacerla mía algún día.

Mi noviazgo duró diez largos años, en los cuales poco y nada pude llegar a conocer sobre quien sería mi futura cónyuge. Sabía —o más bien intuía y en eso no me equivoqué— que Rosario era una mujer inteligente, honesta, religiosa y de gran bondad natural, pero casi nada más, y me parecía, sobre y ante todo, muy bonita. Durante todo el tiempo de nuestro noviazgo, tuvimos muy pocas oportunidades de conversar a solas. Contadísimas.

Siempre junto a nosotros había alguien más presente, que generalmente era su madre o una hermana, y además su natural timidez y recato le impedían a ella expresar libremente sus ideas y darse a conocer. Aún ahora, luego de casi treinta y ocho años de matrimonio, cuando ya he visto más a Aldonza Lorenzo que a la imaginaria Dulcinea, todavía me cuesta mucho llegar a saber lo que piensa o qué opinión tiene sobre un sinnúmero de cosas y muchas veces me resulta sorprendente conocer una nueva faceta de personalidad.

Acude, aunque borrosa, ahora a mi mente su imagen de joven y pienso en este momento en nuestro primer año de casados, en Caldera y luego en Copiapó, donde nació y murió nuestra hija.

Nada más casarnos, Rosario quedó embarazada de inmediato y María Blanca nació y murió en junio del año siguiente. No sé realmente si sin María Blanca, o si ella hubiera vivido más tiempo, las cosas hubieran sido diferentes, pero tengo la certeza de que, a partir de su muerte, todo cambió.

Un día simplemente nuestra pequeña María Blanca, que aún no tenía un mes de vida, no despertó. Fue una mañana como cualquiera, con la camanchaca de esa hora, en la que no recuerdo nada más que a Rosario llorando en la habitación con nuestra hija en brazos y luego sentí que el mundo, o mejor dicho el nuestro, aquel que ambos, frágilmente recién comenzábamos a construir, se vino abajo; nos asoló un cataclismo universal de total devastación que se llevó todo, incluso nuestro matrimonio.

Ambos naufragamos en esa terrible oscuridad y cada uno, arrastrado por esa ola gigantesca y feroz, trató de alcanzar la playa como pudo para no ahogarse, pero no sabíamos dónde estaba y solo llegamos a esa especie de marasmo físico e intelectual que, al menos a mí, se me hizo insoportable. ¿Salimos realmente adelante o todavía seguimos nadando, viendo la orilla cada vez más lejos?

A estas alturas, aun después de tantos años, todavía no lo sé a ciencia cierta. No tengo una respuesta clara y pienso entonces en lo que vino después y tampoco logro aclarar mis dudas. Intentamos arreglar nuestro matrimonio durante un tiempo y ella quedó nuevamente embarazada. Se veía entonces más contenta y en mil ochocientos ochenta y dos nació Arístides Ramón, nuestro segundo y único hijo.

Después de su nacimiento, que fue para ambos un gran momento de felicidad, ella volvió a apartarse de mí, se encerraba en su dormitorio con el recién nacido, dedicándose en cuerpo y alma al niño y yo al poco tiempo partí nuevamente a recorrer el desierto; otra vez nos alejábamos espiritual y físicamente —no volvimos a dormir juntos— y me sentí una vez más a la deriva, como flotando solo en el mar enorme y lejano…aunque estuviera al medio del desierto.

Rememoro la infancia de nuestro hijo, Arístides Ramón lo veo de niño y siento que le fallé. Yo decía que quería que el pequeño fuera duro, necesitaba que pudiera convertirse en un hombre hecho y derecho, capaz de resistir los embates de la vida y tal vez por eso no le demostraba mi cariño, ni permitía que él lo hiciera conmigo, pero quizá no era él quien necesitaba esa fortaleza, esa resistencia inaudita, sino yo mismo; era mi corazón el que había sucumbido, no el de ese pobre niño, pero en ese tiempo no era del todo consciente de lo que hacía. Solo huía de la infelicidad y la tristeza internándome en el desierto y me engañaba diciéndome que buscaba yacimientos mineros que mejorarían nuestra vida. Su madre, mi Rosario, en cambio lo cuidaba y protegía, tal vez en exceso (por eso decidí enviarlo a Santiago a la Escuela Militar) pero ahora veo que así le daba el amor que yo le negaba, creyendo que de ese modo alejaba, o al menos distraía, a la muerte, que pensaba podía volver a visitarnos en cualquier momento y llevarse a nuestro segundo hijo.

No quiero seguir pensando en esto, me lleno de pena, se me anega el alma y me doy cuenta de lo mucho que me he perdido por mi torpeza y cortedad de visión, por mis equivocaciones e inflexibilidad para asumirlas, de modo que dejaré en paz mi retrato e intentaré no ver ni exponer el espíritu del viejecillo que va surgiendo de la tela.

Saldré a dar un paseo. Quizá llegue hasta el nuevo edificio donde se instalarán definitivamente la Biblioteca Nacional y el Museo Histórico Nacional, que se está terminando de construir y que comenzó en mil novecientos trece en el sitio donde estaba el convento de las monjas clarisas junto el paseo de la Alameda de las Delicias y muy cerca del cerro Santa Lucía, convertido ahora en un bello paseo por el intendente Vicuña Mackenna, del que quedará separado por la calle de Las Claras, teniendo además al oriente una bonita plaza.

Conocí el proyecto arquitectónico del edificio que iré a ver y me parece magnífico. Es obra del arquitecto Gustavo García del Postigo. Espero que se construya completo, pues ya hay voces que dicen que una parte correspondiente al ala poniente se construirá después, aduciendo razones presupuestarias.

Ese vicio nacional de decir que se dejarán las cosas para más adelante es simplemente un eufemismo más, una manera «elegante» de señalar que nunca se hará. Los chilenos tenemos muy mala memoria y, a veces, creo que nos conformamos con poco y demasiado rápido.

Ejemplo de esto es lo que pasó con el estupendo edificio que alberga el Museo y la Academia de Bellas Artes. Para que la entrega fuera coetánea con la celebración del Primer Centenario de la Independencia, se abrió al público antes de que estuviera terminado, y debido a la gran afluencia se produjo un gran deterioro, precisamente porque las obras hechas a medias y a la rápida, no duran. La visita de sorpresa del presidente de la República, hace ya dos años, hizo que esto saliera a la luz y algunos creyeron que pondría las cosas en su lugar, y se otorgarían los fondos necesarios para la debida terminación de la construcción, pero hasta la fecha, según me ha contado mi hijo Arístides, que hace clases de anatomía allí en la Academia de Bellas Artes, esto aún no ocurre y ya nadie se acuerda del tema… ¿Alcanzaré yo a ver terminado esto…?

También siento mucho que Luis Montt, uno de los hijos de mi prima Rosario Montt Goyenechea, quien por muchos años fue el director de la Biblioteca Nacional, creador del depósito de documentos y que modernizó y mejoró enormemente este servicio, no esté para ver esta monumental construcción, donde, además del Museo Histórico Nacional, se instalarán sus tan queridas instituciones, porque, a pesar de ser ocho años menor que yo, falleció en mil novecientos nueve. Estoy seguro de que le habría gustado mucho ver y conocer este nuevo gran edificio.

En fin, me gusta caminar, sé perfectamente que no es lo mismo caminar por Santiago que hacerlo por los senderos del desierto, donde uno va viendo cómo cambia el color de los cerros a medida que avanza el día y el cielo es completamente azul en el día y en la noche está lleno de estrellas y baja la camanchaca al amanecer. Aquí solo se ven las estrellas después de un día de lluvia, cuando se despeja, el resto del tiempo solo se ve la capa de humo de las chimeneas. Aun así, camino diariamente solo por el placer de hacerlo y así he podido percibir el cambio enorme que ha dado la ciudad desde la celebración del Primer Centenario de la Independencia en adelante.

SEXTA SESIÓN

—Por favor, don Cesáreo, gire un poco la cabeza hacia la derecha —me dice el pintor para que la luz me ilumine el rostro.

Lo hago y pregunto: ¿Así está bien? —Tratando de sonreír un poco forzadamente; no quiero quedar retratado como el anciano cascarrabias que parece que soy. ¡Pura pretensión, vanidad y nada más! Sin embargo, creo que nunca fui engreído ni vano, pero parece que ahora lo estoy siendo. ¡A buenas horas! Me ha gustado siempre hacer bien mi trabajo y pasar desapercibido si ello es posible, que me lo reconocieran sí, pero jamás busqué homenajes, ni puse el pecho para recibir medallas, ni esperé palmaditas en la espalda o figuración en nada de lo que hice a lo largo de mi vida.

Más aún, cuando el periodista y profesor del Liceo de Copiapó, Hilarión Marconi Dolarea, quien además en esa época, al comienzo de la guerra, también se desempeñó como obsecuente secretario privado de Guillermo Matta Goyenechea, cuando este estaba en la Intendencia de Atacama, publicó en el año mil ochocientos ochenta y dos una obra en tres tomos, titulada El Contingente de la Provincia de Atacama en la Guerra del Pacífico, en el que le otorga todo el crédito de la formación del Batallón Atacama a su jefe de entonces, o sea, a mi primo Guillermo, que ya había terminado su periodo, sin nombrarme para nada, yo ni siquiera me molesté en decirle algo o pedirle alguna explicación por haberme omitido conscientemente.

Pero no lo hice por soberbia, aunque fuera disfrazada de modestia, como muchas veces ocurre, sino porque realmente no me importó mucho que me ignorara absolutamente al pretender dar cuenta de lo sucedido, aunque con esa omisión faltara a la verdad, debido a que creo sinceramente que su recopilación, desde luego, constituye un esfuerzo importante y un buen aporte a la historia, como también un justo reconocimiento a los bravos soldados de Atacama que combatieron por nuestra patria.

Es cierto que mi primo Guillermo Matta, como intendente y Comandante General de Armas, por una parte, era mi superior directo y a él le manifesté la idea de formar un Batallón de soldados que se sumara al Ejército de Línea, con los hombres expulsados de los territorios bolivianos y peruanos que comenzaron a llegar desde el inicio de las hostilidades y que continuaron llegando durante todo el primer semestre del año mil ochocientos setenta y nueve a Caldera; yo conocía perfectamente a esos hombres, eran mineros, sabía de su valor, de su sufrido aguante, pues había trabajado más de veinte años con ellos, y por otra, en razón de su cargo, era Guillermo quien debía hacer la solicitud para que fueran llamados a filas esos ciudadanos.

Así nació el Batallón Atacama, que fue al comienzo muy criticado, pues los timoratos de siempre y las viejas beatas copiapinas decían que quienes lo componían debieran estar en la cárcel y no sirviendo al país.

Es verdad también, como dice Hilarión Marconi, que mucha de esa mezquina maledicencia estaba motivada por el deseo de causarle un daño o perjuicio en el plano político al intendente y que Guillermo Matta defendió la formación del Batallón Atacama ante sus detractores, y ante quien se opusiera, con la fuerza, coraje y pasión que siempre tuvo y que, sin él, su creación y desarrollo no habría sido posible. Pero no fue su idea, sino la mía, ni estuvo en el día a día de su organización y progreso, aunque su secretario privado así lo diga.

Siempre quise a mi primo Guillermo Matta Goyenechea, a quien, además, le debo también mucho, y fui su leal amigo hasta el final, a pesar de tener diez años de diferencia de edad, acompañándolo y apoyándolo con cariño en muchas de sus aventuras, y lo habría seguido, de poder haberlo hecho, en su destierro a Inglaterra en mil ochocientos cincuenta y nueve, pero él era un apasionado hombre de letras, un literato por antonomasia, un hombre que manejaba magistralmente el lenguaje, y aunque se había metido en la política y la diplomacia, seguía siendo, por sobre todo, un excelente poeta lírico que ya tenía cincuenta años cuando comenzó la guerra, y se había dedicado desde joven a su vocación literaria, y realmente creo que, salvo honrosos excepciones —como es el caso de Vicente Pérez Rosales, que era un gran aventurero y llegó a la literatura de mayor—, esa especial vocación por las letras, es tan fuerte y marcada, que no se lleva bien con ser un hombre de acción, y aquel a quien yo quería y admiraba, no lo era, a pesar de que en su juventud fue miembro fundador del Cuerpo de Bomberos de Santiago, pero nunca se dedicó, pudiendo haberlo hecho como su padre, a las labores relacionadas con la minería, ni tampoco a explorar lugares remotos o a algún otro tipo de aventura, como no fuera el conocimiento intelectual.

Guillermo no sabía cómo eran esos hombres que llegaban expulsados de Bolivia, o aquellos que provenían de las minas, con mucho enojo y sin nada más que su rabia, que se emborrachaban sin pagar en las cantinas y buscaban pendencias y mujeres. No los conocía por la sencilla razón que nunca había tratado con ellos. Manejar y organizar a los duros mineros del norte para convertirlos en buenos y disciplinados soldados, y lograr que en realidad llegaran a serlo, definitivamente creo que no era lo suyo.

A esos hombres no les bastaba —sino más bien les sobraba— un buen, florido y bello discurso de un poeta, que la mayoría, además, no habría entendido en toda su integridad; no, ellos requerían algo más que bonitas palabras, necesitaban algo distinto, concreto, real, que aplacara su sed de venganza y encauzara positivamente toda esa enorme furia y la convirtiera en la energía necesaria para conseguir la victoria.

En febrero del año mil ochocientos setenta y nueve, cuando el Ejército chileno desembarcó en Antofagasta, se creía que no habría guerra y desde luego que, si llegaba a haberla, terminaría muy pronto. Por ello, el general Basilio Urrutia, a la sazón ministro de Guerra y Marina, quien ocupó dicho cargo hasta la caída de gabinete por causa de la captura del Rímac, no creyó necesaria la formación de un Batallón propio de Atacama y con fecha veintidós de ese mes solo se llamó a servicio activo a algunos de los miembros del antiguo Batallón Cívico de Copiapó.

Las plazas se llenaron rápidamente, sin ningún esfuerzo, y los hombres fueron muy pronto enviados por vía marítima a Antofagasta para integrar el Segundo de Línea. Entre los enviados desde Copiapó que se incorporaron al Segundo de Línea, estaba el oficial Jorge Cotton Williams, marido de Úrsula Valenzuela Goyenechea, hermana de Filomena, quien se enroló en el Batallón Atacama.

Pero hubo muchos otros que querían ser voluntarios que se quedaron fuera y sin poder ir al norte. La presión en la provincia era alta para aumentar el número de soldados y sobre todo para formar un cuerpo que llevara el nombre de Atacama.

El cinco de abril de ese mismo año, Chile le declaró la guerra a Bolivia y Perú y diez días más tarde, el día quince de ese mes, si no recuerdo mal, Guillermo Matta recibió la orden de la Inspección General de la Guardia Nacional de llamar a servicio a dos compañías de ciento cincuenta hombres cada una del Cuerpo Cívico de Copiapó, y posteriormente, el seis de mayo, se nombra comandante de estas compañías al Teniente Coronel Juan Martínez Bustos, quien se desempeñaba hasta ese momento como ayudante del comandante general de armas e intendente de Copiapó.

Con esta base, le sugerí a mi primo el formar el Batallón Atacama, pues ya habían llegado hombres de todas partes de la provincia e incluso desde Coquimbo y de los territorios entregados a Bolivia, como también de las salitreras peruanas, y no solo de Copiapó, como capital, que pedían incorporarse a las filas para combatir, y me parecía justo que tuviera un nombre que los representara e incluyera a todos.

Esta idea comenzó a germinar rápidamente en la mente de Guillermo Matta, a quien le pareció excelente, así como también pasó a ser un pensamiento compartido por la mayoría de las personas que desempeñaban algún puesto de responsabilidad en la provincia.

Así, la «creación» del Batallón Atacama en cierto modo puede considerarse que fue colectiva, pero no me cabe duda alguna de que, sin el entusiasmo y tesón del intendente

Matta, y el cabal profesionalismo del comandante Martínez, no se habría podido concretar.

Aprovechándose de esta situación, el pasquín tradicionalista dirigido por el nefasto cura Guillermo Juan Carter, que además tiene el presuntuoso nombre de El Amigo del País, que se publica en Copiapó, en un artículo referido a la creación del Batallón Atacama, primero le niega a Guillermo Matta cualquier participación en su formación y después, con una falta de lógica asombrosa y propia de tan ultramontana coyunda eclesial, lo acusa de apropiarse de la idea de su creación, la que se atribuye a sí mismo, y a los regidores Carlos María Sayago, Joaquín Calderón, Nicolás Igualt y Anselmo Carabantes, señalando que ellos habrían manifestado esta iniciativa en una sesión del Consejo Municipal de Copiapó, «siendo desechada por una imbécil mayoría», para decir, a reglón seguido, que el intendente Guillermo Matta, en su calidad de presidente del Consejo Municipal, «supo apropiarse de tan feliz idea y en la sesión siguiente a aquella en que tuvo lugar el rechazo, presentó a la consideración de la Municipalidad un proyecto sobre organización de un cuerpo que llevara el nombre de Batallón Atacama».

Sin duda es esta una forma muy curiosa de actuar de quienes llaman al demonio «el príncipe de la mentira», pues pareciera que pertenecen al séquito de dicho príncipe, ya que casi todo lo que afirman es una soberana falacia, tan grande como su catedral. Todavía no conozco un «beato» bueno y honesto.

El día diez de mayo se solicitó autorización al supremo Gobierno para elevar en número de dos a cuatro compañías con un total de seiscientos efectivos, autorización que se concedió prontamente, el día trece de ese mes, ordenándose además que estas compañías fueran segregadas, y que con ellas se formara un nuevo batallón que, según se indica en el decreto respectivo, pasara a denominarse Atacama, debiendo ponerse inmediatamente en servicio activo, al tiempo que cuatro días más tarde salía el decreto por el que se nombraba Comandante del Batallón recientemente creado, al Teniente Coronel Juan Martínez Bustos.

Cuando supimos de esto, por la lectura que el intendente hizo del decreto, a los pocos días de haber sido dictado, reunión a la que fui convidado especialmente, todos lanzamos al unísono un grito de «¡Viva Chile! ¡Viva el Batallón Atacama!» y la emoción hizo que, en muchos de los presentes en el salón de la Intendencia, aparecieran lágrimas de alegría junto a la sonrisa franca que todos teníamos. Mi primo Guillermo Matta nos abrazó a todos y nos instó a redoblar los esfuerzos para que nuestro Batallón fuera el mejor de todos y dejáramos en alto el nombre de nuestra provincia.

El trabajo comenzó de inmediato, teníamos los voluntarios y las ganas de hacerlo bien, pero nada más. Había que conseguir el equipamiento y armas necesarios para los hombres, pero además convertir, al más breve plazo posible, a esos duros mineros y sufridos artesanos y campesinos en soldados. Terminado el reclutamiento, en menos de quince días después del nacimiento oficial del Batallón logramos reunir más de cuatrocientos cincuenta voluntarios, incluidos Juan Guillermo Matta, hijo de Guillermo, y mis sobrinos Juan Segundo y Filomena Valenzuela Goyenechea, hijos de mi medio hermana Ramona. Filomena estudiaba canto y dejó su futuro de cantante lírica para enrolarse como cantinera sanitaria del Batallón. El veintisiete de mayo trasladamos al contingente en tren a Caldera, lugar donde, junto con iniciar la instrucción militar y como parte del entrenamiento, decidimos que los soldados dedicaran parte de su tiempo a fortificar el puerto, a fin de que las incursiones a la costa que pudieran hacer los buques peruanos, en especial el monitor Huáscar y la veloz corbeta Unión, que se pensaba que podían atacar el puerto para tratar de destruir la maestranza de ferrocarriles y el cable submarino, no lograran tener éxito y causaran el menor daño posible.

Mientras maduraba la formación de un Batallón con el nombre de nuestra provincia, y se iban incorporando hombres como voluntarios, se creó en Santiago la Junta Central de Donativos, encargada de recaudar fondos y erogaciones entre personas particulares o entidades, destinados a la causa de la guerra, pero el hecho de que estuviera en la capital hizo que la entrega de tales fondos a las distintas unidades militares que se creaban en las provincias fuera lenta en extremo. En Copiapó, asimismo se realizaron diversas actividades como funciones de teatro y ópera para reunir fondos para ayudar a cubrir el equipamiento de los soldados de la provincia, pero su distribución de esos dineros no fue tampoco lo rápida que debiera haber sido considerando las enormes carencias que el Batallón debió soportar durante demasiado tiempo.

Guillermo Matta acompañó a los soldados enrolados en el Batallón en su viaje en tren al puerto y yo los recibí en Caldera, pues me había regresado un poco antes para hacer los preparativos pertinentes. La despedida de Copiapó congregó prácticamente a toda la población en la Estación del Ferrocarril. Había un arco de flores en la calle Atacama y todo era alegría, a pesar de que esos muchachos partían a la guerra y que muchos no regresarían jamás.

Los noveles soldados —según me contó Guillermo—, todavía sin uniforme ni armas, marcharon marciales por la ciudad al son de la banda de música y entre los vítores de sus conciudadanos hasta llegar a la Estación y, una vez formados en sus patios, en silencio y ordenadamente a las órdenes de sus mandos subieron a los carros. Los jóvenes oficiales, que se habían incorporado a las filas, iban con ellos, entre los cuales estaban los subtenientes Matta y Valenzuela, y una vez que el tren salió de la ciudad, todos comenzaron a cantar himnos patrióticos y canciones populares.

Además, acompañaban al Batallón dos compañías de bomberos de Copiapó, que tenían por misión sofocar los posibles incendios que se produjeran por los eventuales bombardeos a la ciudad por parte de la escuadra peruana.

La llegada a Caldera de los casi seiscientos hombres, incluidos los bomberos y aun sin contar con aquellos que después se engancharon al Batallón, podría haber representado un problema serio, pero la buena voluntad de los vecinos y el esfuerzo desplegado por los soldados, los oficiales, como también por todos nosotros, las autoridades, hizo que las dificultades se superaran al menos momentáneamente de la mejor forma posible. Nunca oí, ni entonces ni después, queja alguna proveniente de los miembros del Batallón o de los vecinos de Caldera.

A pesar de todo eso, y del hecho de que su hijo Juan Guillermo era uno de los oficiales del Batallón, la prensa enemiga del intendente Guillermo Matta otra vez se solazó lanzando difamatorias calumnias en su contra y también en la mía, a propósito del viaje, la vestimenta y la alimentación del contingente. Nuevamente las fuerzas del oscurantismo, dirigidas por el cura Carter, que se agrupan en la asquerosa publicación mal llamada El Amigo del País, se quejó lastimeramente señalando que «los soldados iban casi desnudos y sin tener ni siquiera una frazada para dormir», todo ello según el cobarde «periodista» que no se dignó a consignar su nombre en el artículo, y se atrevió a decir que «se trata a los pobres soldados peor que a los perros», usando además un supuesto telegrama que yo habría enviado señalando que carecía de fondos para prepararles comida y que entonces «las señoras de Copiapó se habrían dirigido a mi diciéndome que ellas respondían por los gastos y que se les diera comida».

Desde luego, es cierto que la gobernación de Caldera, a mi cargo, carecía de fondos, pero eso no es ni ha sido novedad en Chile, y, desde luego, no fue nunca un obstáculo insalvable sino el acicate para buscar soluciones ingeniosas que nos permitieran solucionar el tema de la alimentación del Batallón; tampoco es verdad que yo haya telegrafiado sobre el particular, ni el supuesto telegrama de las damas copiapinas dándome tal respuesta, ni menos aún que fuéramos indolentes frente al sufrimiento de quienes se habían enrolado. ¡Menuda estupidez!

Una parte del Batallón se acomodó en el cuartel de la Guardia Cívica, y la otra lo hizo en el local de la Escuela de Varones. Ciertamente que las condiciones no eran las óptimas, pero era tal el entusiasmo de los hombres que no hubo protesta alguna. Los habitantes de Caldera, de Copiapó y de los demás pueblos de la provincia donaron frazadas y mantas y prendas de ropa para la tropa, pero, aun así, a los soldados les hacían falta muchas cosas, debido a que muchos voluntarios partieron solo con lo puesto y no tenían ni siquiera otra muda de ropa.

Uno de los donativos, que me pareció curioso y lo agradecí por escrito, consistió en dos cajones que contenían doscientos saquitos de curación, con vendas y otros artículos, que como expresó la donante, doña Mercedes Alcalde de Rondizzoni, en la amable carta que los acompañaban, eran «para distribuirlos a los soldados para que cada uno de ellos pueda por sí mismo darse un tratamiento conveniente a la primera herida que reciba en el combate».

Las necesarias caramayolas, por ejemplo, las fabricó y donó el pueblo de Chimbero en dos tandas de trescientas cada una; doña Carmen Cortez de Rojas donó tres docenas sombreros de brin y seda y tres camisas de hilo, y así muchos otros implementos fueron llegando a Caldera, poco a poco.

Pero a pesar de la buena voluntad imperante, había que solucionar en forma urgente cómo darles agua y tres comidas diarias a las cuatro compañías del Batallón y a las dos compañías de bomberos provenientes de Copiapó, sin que la gobernación a mi cargo tuviera presupuesto para ese objeto. El día de la llegada al puerto, muchos soldados que solo tenían en sus estómagos el desayuno, recorrieron sus calles buscando una fonda donde comer, sin encontrarla, y fueron los vecinos quienes acudieron a socorrerlos, pero eso no podía ser permanente.

El avituallamiento de comida del Batallón fue uno de mis problemas más grandes, pero logré solucionarlo y todos los miembros del Batallón tuvieron un rancho decente mientras estuvieron acantonados en Caldera. Poco a poco fuimos también reuniendo ropa y equipo, aunque contábamos solo con un centenar de antiguas carabinas marca Minié, y solo un par de docenas de los modernos fusiles marca Comblain. La munición también era escasa y estaba en malas condiciones o no correspondía al calibre de los fusiles y las carabinas, por lo cual le envié una nota al intendente y comandante General de Armas, advirtiendo este hecho y solicitándole los tiros necesarios, pero este problema, como muchos otros, no pudo solucionarse hasta septiembre.

Los uniformes que pudimos conseguir eran de levita larga y negra, diferentes a los que usaban los soldados de línea, pero los hombres se sentían orgullosos de llevarlo y lo hacían con el aplomo y la gracia correspondientes. Después supe que soldados de otros regimientos y batallones llamaban jocosamente a nuestros hombres «los padrecitos» o «los curitas». ¡Hay que ver cómo combatieron «los curitas» y el miedo que inspiraban en el enemigo! Vaya padrecitos que les mandamos...

El estandarte del Batallón Atacama fue una iniciativa de las señoritas copiapinas, Beatriz Matta, Elena Salazar y mis sobrinas María Luisa y Clarisa Manterola Goyenechea, quienes, junto a las señoras Carlota Láinez, Margarita Meléndez de Mandiola, Filomena Picón de Garín y Petronila Saavedra de Merino, se encargaron de confeccionar. Nuestro estandarte era la bandera, como ellas bien lo señalaron en su elocuente nota dirigida al intendente con la que acompañaron ese precioso regalo, que «debe guiarlos a la victoria». La gloriosa enseña del Batallón Atacama no pudo bendecirse en Caldera para convertirlo en el emblema oficial y lo fue en Antofagasta el veintiséis de octubre de mil ochocientos setenta y nueve.

Otro de los desafíos que debí enfrentar como gobernador de Caldera fue cómo mantener a los soldados en una tarea común que los ayudara a llegar a ser grupo con cohesión y confianza entre ellos, y la fortificación del puerto nos fue de gran utilidad para lograr ese objetivo.

Los fuertes se emplazaron en tres distintos puntos estratégicos de la bahía, formando una alineación triangular, es decir, una figura defensiva estratégica desde donde se podía cubrir completa dicha rada. Un vértice de este triángulo estaba en la punta norte, el otro en la punta sur y el tercero en el centro. El fuerte del norte se llamó Arturo Prat, que fue el que primero se construyó, pensando que desde esa dirección vendrían las naves peruanas, luego vino el fuerte del centro, a un costado del muelle fiscal, se le denominó Atacama, y el del sur, que se había construido con ocasión de la guerra contra España, se encontraba en mal estado, por lo que se le tuvieron que hacer importantes reparaciones y modificaciones, se le rebautizó con el nombre de Esmeralda en honor a la corbeta comandada con el valiente Prat en Iquique.

Las construcciones y reparaciones fueron realizadas por los soldados del Batallón y supervisadas por el oficial encargado de ello en todo el país, el teniente coronel de Ingenieros, Tomás Walton, y en aquellas que se levantaron al norte y al centro, se contó además con la inestimable y entusiasta ayuda de los jóvenes subtenientes del Batallón, José Andrés Wilson y Rafael Torreblanca. Este último había terminado sus estudios de Ingeniería en Minas en el Colegio de Minería y por ello poseía los conocimientos necesarios para llevar a cabo la tarea de levantar los fuertes con gran acierto.

José Andrés Wilson, por su parte, era un simpático muchacho, hijo de extranjeros nacido en Copiapó, que venía del Perú y que se enroló como sargento y al poco tiempo por sus méritos fue ascendido a subteniente, y aunque no había terminado aún sus estudios, sabía lo suficiente como para resultar de gran ayuda en la construcción de los fuertes. José Andrés Wilson, estando acantonando en Caldera, se enamoró perdidamente de la directora de escuela de niñas de la ciudad, la señorita Carmela Vera Pineda, casándose con ella el seis de septiembre, poco antes de partir al frente en el norte, desde el que no pudo regresar para conocer al hijo que Carmela esperaba a su partida.

El fuerte Esmeralda, ubicado al sur de la bahía, contaba con dos antiguos cañones giratorios, marca Low Moor, de sesenta y ocho libras, montados en sus cureñas de madera con ruedas metálicas, cuyo giro era difícil y requería además de los artilleros, de varios sirvientes de pieza para poder moverlos rápidamente, en caso de ataque por ese flanco. El fuerte Atacama, sito al centro, que tenía una forma circular, pudo contar con un único pero nuevo cañón de gran calibre marca Parrot, de doscientas libras —o sea, que sus proyectiles pesaban más de nueve kilos— que giraba sobre un pivote central desplazándose mediante rieles parecidos a los de ferrocarril. Creo recordar que en la década que va de los años setenta a los ochenta, Chile compró a Estados Unidos más de cuarenta cañones de esta marca, de distintos calibres, que se instalaron a lo largo de la costa del país.

El fuerte Arturo Prat, ubicado al extremo norte de la bahía, recibió un moderno cañón inglés de avancarga marca Armstrong de ciento cincuenta libras que se ubicó en la parte central del fuerte que tenía una forma de media circunferencia y así el cañón podía girar sobre su cureña en dicho radio.

El montaje de los cañones de los fuertes norte y central en ejes rotatorios y rieles estuvo a cargo del teniente primero en retiro de la Armada Carlos Porter Wilkinson, quien tenía grandes conocimientos de ingeniería y artillería y se desempeñaba como ingeniero en la Maestranza de la Empresa del Ferrocarril de Copiapó en Caldera al momento de declararse la guerra, siendo reincorporado al servicio activo como Oficial del Cuerpo de Artillería de Costa y designado comandante del Fuerte Prat.

Fue Carlos Porter quien propuso el nombre del fuerte norte, y al serle aceptado muy contento me contó que había sido compañero de curso de Arturo Prat, Carlos Condell y Luis Uribe en la Escuela Naval, aunque había egresado como guardiamarina sin examen, e ingresado al servicio un poco antes que ellos, el cinco de marzo de mil ochocientos sesenta y uno, junto a Luis Anacleto Castillo, Francisco Javier Molina y Guillermo Peña, y en cambio, Arturo Prat, junto a sus demás compañeros, egresó un poco después, en junio de ese mismo año, siendo la primera antigüedad. También nos relató que había sido parte de la dotación de la Covadonga, buque en el que había participado en el Combate de Abtao y que se había acogido a retiro de la Armada en el año mil ochocientos setenta y tres, debido a los bajos sueldos que se pagaban a los oficiales. Se había venido al norte recién casado, en busca de mejores perspectivas económicas.

Carlos Porter tenía toda una tradición marinera, pues era hijo de un marino norteamericano que sirvió en la Armada de Chile durante la época de la independencia y un hermano de su padre, David George Porter, fue comodoro de la Marina de los Estados Unidos, uno de los héroes navales más grandes de su país.

Una vez ocurrido el combate naval de Iquique, en el que se inmoló Arturo Prat, Carlos Porter y el alcalde de Caldera, Germán de la Piedra, se acercaron a mí para que citara a sesión extraordinaria al cabildo municipal. De inmediato accedí a lo solicitado y la reunión se realizó bajo mi presidencia el treinta y uno de mayo de mil ochocientos setenta y nueve.

Nada más abrir la sesión, a la que asistieron la totalidad de los regidores, Porter tomó la palabra e hizo un brillante panegírico de la hazaña del veintiuno de mayo y luego se acordó, con los regidores de pie y emocionados, que la Municipalidad de Caldera adoptara para efectos de su educación al primogénito del héroe de Iquique, e invitara a las demás municipalidades para que en conjunto le solicitáramos al Congreso Nacional un premio especial consistente en una gratificación destinada a las viudas y huérfanos de quienes murieron en el combate, como asimismo que se construyera un monumento público para recordar a estos héroes. Enviamos las respectivas cartas y con fecha treinta de agosto de ese año, obtuvimos respuesta de doña Carmela Carvajal, viuda de Prat, quien nos agradeció el gesto señalándonos que consideraba un gran honor aceptar nuestro ofrecimiento.

Durante el tiempo dedicado a montar los cañones, Carlos Porter trabó una gran amistad con el subteniente José Andrés Wilson, y por ello, él y su mujer, Emilia Mossó Luna, fueron los padrinos en su matrimonio.

El pobre José Andrés tuvo un matrimonio muy corto, pues falleció en la batalla de San Francisco o Dolores, el diecinueve de noviembre de mil ochocientos setenta y nueve, la segunda batalla en la que participaba el Batallón Atacama, siendo sepultado en el mismo Cerro San Francisco, junto a sus camaradas oficiales de Batallón, el subteniente José Vicente Blanco y el capitán Ramón Rosa Vallejo.

Su amigo y compañero, el subteniente Rafael Torreblanca, en una rústica cruz de madera que marca su tumba y la de sus compañeros, escribió: «Cayeron entre el humo del combate, víctimas del deber y el honor, denodados y heroicos camaradas, ¡valientes del Atacama! ¡Adiós, Adiós! …».

Cuando aún no estaban totalmente terminados los fuertes, el día veinte de julio recibimos la infausta visita del monitor Huáscar y la corbeta Unión, buques que fueron vigilados en todo momento por los soldados del Batallón Atacama y por el teniente Porter, que se apostó en el Fuerte Arturo Prat, ubicado al norte de la bahía, que a esa fecha ya contaba con su cañón. Pero ninguno de los buques peruanos se acercó suficientemente a la costa como para poder quedar al alcance de la artillería del fuerte o de los fusiles de nuestros hombres, que estuvieron toda esa noche movilizados en estado de alerta, esperando el ataque, y se comportaron, a pesar del poco tiempo de entrenamiento, con el aplomo y la serenidad de un veterano, es decir, como se espera de un soldado.

Los peruanos abordaron un transporte de bandera inglesa que se encontraba fondeado a la gira y al amanecer del día siguiente se retiraron rápidamente a alta mar, sin haber disparado a las instalaciones portuarias. Frente al fuerte norte se había colocado un blanco para hacer prácticas de artillería a poco menos de una milla de la costa, que, al parecer, los peruanos confundieron con un torpedo y tal vez por eso no se acercaron más.

En todo caso, para evitar futuras sorpresas de esta índole, y estando el transporte Lamar en la bahía, dispuse que todas las noches saliera una chalupa del puerto con el subteniente Torreblanca a bordo, y cinco soldados buenos para la boga, que recorriera los alrededores, provisto de bengalas con orden de lanzar una en cuanto avistara algún navío enemigo en las cercanías. Rafael Torreblanca me dijo que le gustaba esta tarea que no duró mucho, ni tampoco creo que hubiera sido muy efectiva, llegado el caso, pero que dio tranquilidad a los habitantes del puerto.

Una vez terminados los fuertes, al comienzo de su operación, estuvieron provisoriamente a cargo de los mismos soldados del Batallón Atacama, pero pronto se vio la necesidad de formar, con personal de la maestranza de ferrocarriles y voluntarios de la zona, la Brigada Cívica de Artillería de Caldera, que en conjunto con los bomberos, tendría el propósito y la misión de operar los fuertes una vez que el Batallón Atacama partiera al frente, lo que ocurrió el catorce de octubre de mil ochocientos setenta y nueve.

Durante los casi seis meses en los que el Batallón Atacama estuvo acantonado en Caldera, tuvo un exhaustivo entrenamiento que comenzaba a las cinco y media de la madrugada, cuando la camanchaca todavía humedecía el rostro de los soldados. No hubo descansos ni tiempo para holgar. La actividad frenética de preparación militar y la construcción de los fuertes ocupaban prácticamente todo el día.

Por eso me pareció tan injusta la acusación lanzada otra vez por la zafia beatería copiapina, que se autodenomina «las damas de Copiapó», que los oficiales del Batallón habían «caído en el vicio del juego». Nada más lejos de la realidad. Maledicencia para obtener algún dividendo político, sin importar a quién se ofende, privándolo de la honra a que tiene derecho.

Es triste recordar todo esto puesto que conocía y apreciaba prácticamente a todos los oficiales del Batallón y a varios de sus suboficiales y soldados. Siempre me sentí, aunque sabía que no pertenecía, parte del Batallón; lo veía como algo mío. Tuve amistad con algunos de ellos, muchos de los cuales murieron en combate, como el teniente coronel de la Guardia Nacional y Comandante del Batallón, Juan Martínez Bustos, porque él había vivido anteriormente en Copiapó, y antes de ser nombrado Comandante del Batallón Atacama, llevaba ya dos años como ayudante del Comandante General de Armas e intendente de Copiapó, Guillermo Matta Goyenechea, de quien se había hecho muy amigo y, como era de rigor, Guillermo me lo había presentado y habíamos compartido muchas veces en comidas y almuerzos en casa de este o en la de mi hermano José María.

El teniente coronel Juan Martínez era un hombre correcto, cabal, de pocas palabras y grandes afectos, pero con mala suerte, poco amigo de adulaciones y, descontando a Guillermo Matta y por él a su hermano Manuel Antonio, sin ningún otro amigo con influencia política en las altas esferas, lo que le jugó muy en contra a lo largo de su carrera. Había partido como simple soldado en el Regimiento Cuarto de Línea y fue ascendiendo por sus méritos, paso a paso, hasta que, siendo sargento mayor, es decir, en el grado anterior al de teniente coronel, fue dado de baja del Ejército de Línea y posteriormente reincorporado para servir en la Guardia Nacional en varias provincias del territorio nacional.

Mi buen amigo Juan Martínez Bustos combatió contra las huestes del llamado Ejército constitucionalista de mi primo Pedro León Gallo Goyenechea, en la batalla de Cerro Grande, en el cincuenta y nueve, a pesar de lo cual, una vez en Copiapó, supo granjearse el afecto de sus antiguos adversarios, a alguno de los cuales, como, por ejemplo, Elías Marconi, tuvo a su mando.

Y es que el comandante Martínez poseía una hombría de bien, una autoridad y un señorío innegables, al tiempo que dispensaba un trato amistoso, incluso diría que paternal, a sus oficiales y soldados.

Por ello, no solo era admirado por los hombres bajo su mando, era también querido por ellos y estaban dispuestos a seguirlo adonde él los guiara. Juan Martínez Bustos murió como un héroe en la batalla de Miraflores, al día siguiente de haber sido herido, luchando por la patria a la que había entregado ya a sus dos hijos, el capitán Melitón Martínez y el subteniente Walterio Martínez, ambos oficiales del Batallón Atacama, que cayeron en la batalla de Tacna, que sin duda fue uno de los combates más cruentos de la Guerra del Pacífico, en las que el Batallón Atacama combatió contra el regimiento boliviano con fama de ser el más aguerrido y duro, pues eran la guardia personal de Hilarión Daza, los famosos «Colorados», y el Regimiento peruano «Zepita», de gran tradición guerrera.

Cuando tiempo después leí en un periódico la arenga que mi amigo, el comandante Martínez, dirigió a sus hombres en dicha batalla, ante los cadáveres aún tibios de sus dos hijos, cuando el triunfo era aún incierto y parecía inclinar la balanza hacia el lado del enemigo, comprendí el secreto de su liderazgo. Él gritó a sus hombres, con voz ronca por la emoción y conteniendo sus lágrimas, desde su puesto en la primera línea: «Nada importa la muerte de mis hijos ante la gloria de la patria: ¡Adelante muchachos no es posible que vosotros los vencedores de Pisagua, de Dolores y de los Ángeles, retrocedáis ante aquellos que habéis rendido siempre!».

En esa batalla de Tacna o Alto de la Alianza, las balas enemigas y las bayonetas peruanas se llevaron también a otro amigo, Rafael Torreblanca Dolarea, a quien siempre recordaré. La vida de Rafael y la mía, aunque con muchos años de diferencia, tenían varias similitudes que nos unieron, ambos estudiamos en el Colegio de Minería, ambos trabajamos de ensayadores y fuimos cateadores en el desierto, durmiendo muchas noches bajo el cielo estrellado de Atacama, sufrimos el frío de la camanchaca al amanecer, tuvimos que buscarnos la vida por nuestra cuenta, nos gustaban las matemáticas y éramos buenos lectores.

Rafael Torreblanca, además, a diferencia mía, que carezco de ese don, era un poeta y uno bueno. Congenié con él casi inmediatamente de conocerlo cuando llegó a Caldera con el Batallón. Conocía además a su familia, que eran parientes de los Marconi por el lado materno, aunque nunca tuve amistad con ellos, pero a él no lo localizaba, pues, según supe después, era el undécimo hijo y entre tantos chiquillos uno se pierde. Sentí su pérdida como si se me hubiera muerto mi propio hijo.

Nunca pensé que estar sentado posando en silencio suscitaría en mí esta cantidad de recuerdos de la vida que me tocó vivir, pero así ha sido y, en cierto modo, siento el temor de que toda esa pena que me ha traído esta reminiscencia vital se plasme de algún modo en mi retrato. ¿Alguno de mis eventuales descendientes, descontando así a mi hijo Arístides Ramón, si es que llego a tenerlos, será capaz de ver algo de esto al mirar al viejo del cuadro?

En todo caso, creo que ellos no podrán ver en mi rostro la complacencia o satisfacción que dicen que otorga el tan anhelado éxito, pues no siento haberlo obtenido, ni tampoco grandes logros en mi vida, y es que ahora, ya viejo y casi al final de mi vida, me doy cuenta de que lo único que siempre quise fue que me aceptaran; no creo haber buscado la fama ni el prestigio que pude obtener como recompensa de nada, sino tal vez como un medio para obtener esa aceptación social que necesitaba por lo que muchos consideraban como un espurio nacimiento.

Por más que haya sentido el enorme cariño de mi hermano José María, e incluso el de Emeterio Goyenechea Gallo, quien siempre estuvo dispuesto a ayudarme, fueron muchas la veces que debí explicar la razón por la que no tenía el mismo apellido que ellos; el hecho que mi padre se hubiera muerto sin haber podido reconocerme como hijo suyo, me resultaba injusto, a pesar de que me empeñara en negarlo y decir —casi siempre molesto y con enfado— que me sentía orgulloso de llevar primero el apellido de mi madre, lo que no era cierto, pues casi no la conocí, ni tampoco a su extensa familia. Creo que después de tanto empeño, poco a poco, he ido logrando esa aceptación, pero no lo considero para nada un triunfo, sino una condición necesaria para solo ser uno más y no sentirme excluido, como me he sentido gran parte de mi vida.

No me gusta mentir, ni menos mentirme a mí mismo, pues creo que quien lo hace termina creyendo en sus propias mentiras, pero, a pesar de ello, nada de esto se lo he contado a Arístides, mi hijo. No sé si él sabe algo al respecto, pero podría ser que le haya contado su madre. Nunca me ha preguntado nada, pero tampoco hemos tenido la cercanía necesaria para hacerlo. Yo con mi silencio quería evitarle un posible e innecesario sufrimiento, por algo que no puedo cambiar y con lo que yo debí vivir y, tal vez, padecer. No quise nunca que esa fuera mi herencia.

Los recuerdos y pensamientos no siempre son gratos, aunque muchas de las cosas malas y amarguras que antaño viví ya se han suavizado, han perdido la dañina relevancia que tuvieron en su momento, solo son ahora como viejas cicatrices, que a veces incluso olvidamos que tenemos y regresan a nuestra memoria cuando el frío o el sol nos tensan la piel produciendo la leve molestia que nos permite recordarlas y revivir tenuemente aquello que las causó…

Siento que la vida se me está escurriendo, poco a poco, muchas veces me sentí inmortal y no pensaba en el final. Ahora lo veo cercano y añoro todo lo que no hice, lo que dejé para más adelante y que ya es tarde para hacerlo, porque veo que me fallan las fuerzas. Soy viejo, aunque no me guste y me cueste reconocerlo.

Miro a José Backhaus y veo que me sonríe mientras comienza a limpiar sus pinceles y me dice que terminamos por hoy. Me alegro de que así sea, pues yo también estoy un poco cansado y probablemente me duerma una siesta. No le he dicho que levanté el paño y vi la pintura. Todavía me pregunto si es cierto que me veo como él me ve.

SÉPTIMA SESIÓN

He cogido una vez más el libro que se necesita para el retrato, es el mismo de la última sesión, lo miro, no lo leo y dejo que mi mente comience a divagar y entonces ya sentado en la postura solicitada me interno en mis recuerdos.

Terminada la guerra mi familia y yo nos mudamos de Copiapó a Antofagasta. Yo ya había vivido allí esporádicamente de soltero, desde unos ocho o quizás siete años anteriores a la ocupación chilena y hasta poco antes de que esta se produjera, cuando la ciudad y el puerto estaba recién naciendo en el lugar llamado hasta entonces caleta La Chimba y comenzaba a desarrollarse el salitre, aunque todavía no como era la gran industria que ha llegado a ser. En aquella época, previa a la guerra, creo que como al segundo o tercer año de vivir en la zona, establecí una casa compradora de minerales y un pequeño laboratorio de ensayo que debí abandonar poco antes de comenzar la contienda con Perú y Bolivia, para asumir como gobernador de Caldera.

Si bien el salitre, como componente de la pólvora, era conocido desde muy antiguo, su importancia se vio acrecentada con el descubrimiento de este mineral como abono en la agricultura, pues permitía recuperar el nitrógeno, que cosecha a cosecha iba perdiendo la tierra, al ser absorbido por las plantas.

Al comienzo la explotación del nitrato de soda fue muy rudimentaria, se hacía manualmente mediante las llamadas «paradas» y los mineros recorrían los diversos yacimientos en el desierto en forma itinerante. Se partía extrayendo el llamado caliche, mediante tiros de dinamita puestos en la roca de un sector delimitado del desierto, y luego se determinaba su ley, es decir, el contenido de nitrato. Si el mineral valía la pena, se registraba y solicitaba a las autoridades el permiso de explotación. Realizado este trámite, se comenzaba con la extracción propiamente de la costra o caliche que luego se partía o trituraba manualmente, mediante pesados mazos, y se introducía en grandes fondos o marmitas de hierro —las paradas— con agua que se ponen a hervir sobre un horno o directamente al fuego. Al hervir se formaba el llamado «caldo gordo», líquido saturado, que se dejaba decantar para luego sacarlo y dejarlo enfriar y secar en una batea, donde se cristalizaba por el calor del sol, obteniéndose así más o menos un veinticinco por ciento de nitrato de sodio, que se metía en sacos y se llevaba a los puertos para venderse. Posteriormente, el ingeniero porteño Pedro Gamboni cambió el sistema para calentar el caliche y utilizó vapor, en lugar del fuego directo, lo que aceleró un poco la producción y se tuvieron mejores porcentajes de aprovechamiento.

Fue en esa etapa del incipiente desarrollo del salitre cuando dejé Antofagasta y regresé primero hacia Copiapó, y luego, poco antes de comenzar la guerra, me nombraron gobernador de Caldera, y mi mundo se volvió vertiginoso; me casé, nació mi hija, María Blanca, que murió al poco tiempo de nacida, vino el descalabro de mi matrimonio y volvimos a vivir en nuestra ciudad natal; después vino allí la llegada de un nuevo hijo, Arístides Ramón, en mil ochocientos ochenta y dos, y una vez terminada la guerra, regresé a Antofagasta, ahora con una familia a cuestas.

Al retomar mis actividades como ensayador y volver a abrir mi casa en Antofagasta y un precario laboratorio mediante el cual determinaba la ley de los minerales que me llevaban, pude constatar que la industria del salitre se había desarrollado enormemente, doblando su producción, y esto se debió a la introducción por parte del ingeniero inglés James Thomas Humberstone (llamado Santiago en Chile) de un sistema que había sido ideado en su tierra natal para la elaboración de carbonato y bicarbonato de sodio, un proceso que se realizaba en frío, pero que él lo adaptó al salitre, aplicando calor.

Este sistema se llama de «lixiviación metódica» o «sistema Shanks», y se realiza vertiendo gran cantidad de agua sobre el caliche triturado y se lo hace pasar de un estanque a otro, mientras, usando como combustible el carbón, se va elevando la temperatura del líquido hasta la ebullición, para obtener la evaporación y condensación del agua, de modo que con este método se aumenta por una parte la concentración del salitre y por otra se logra la total disolución de la materia sólida, es decir, del caliche, aprovechando de mejor forma los residuos, Después se deja secar en canchas y se ensaca, quedando listo para su venta y transporte.

Esta innovación hizo que el aprovechamiento del mineral se elevara significativamente, obteniendo ahora, al final del proceso, un sesenta por ciento de nitrato de sodio o salitre, pero además tuvo otra consecuencia importante, que para entenderla es necesario conocer que la extracción del salitre requería —y aún necesita— una gran cantidad de obreros, pues la labor se realiza mayoritariamente en forma manual; se necesitan «barreteros», «chancadores», «desrripiadores», «ensacadores», etcétera. En la época anterior, cuando el sistema de producción era el de las «paradas», estos trabajadores se desplazaban como nómades por el desierto de Atacama y la pampa deTarapacá buscando los yacimientos en los que trabajar, y luego, terminada la explotación, partían en busca de otro, de modo que muchos hombres y mujeres recorrían en forma itinerante estas grandes extensiones de territorio desértico, sin establecerse permanentemente en ninguna parte.

Con la adopción del sistema Shanks esto cambió, la explotación del salitre se hizo de forma estacionaria, lo que permitió la incorporación de grandes maquinarias, hecho que antes resultaba impensable, tecnificando aún más su producción y, además, permitió que quienes trabajaban en estas faenas pudieran asentarse y vivir con sus familias, creándose en torno a las instalaciones salitreras pequeños villorrios permanentes, en lugar de los campamentos transitorios.

Aparecieron así las llamadas «Oficinas Salitreras», que paulatinamente fueron incorporando lo requerido para desarrollar la vida en estos inhóspitos lugares, es decir, una administración estable, una capilla, una pulpería o almacén general, cantina, prostíbulo, e incluso teatros, pero no había en ellas, al menos en la mayoría hasta que no se produjo la huelga de tan trágicas consecuencias, escuelas para los niños, ni hospitales, y muchas veces tampoco había médicos estables, cosas elementales que pedían los obreros pampinos.

Mi buen amigo el doctor Nicolás Palacios, autor de Raza Chilena, por ejemplo, llegó a la provincia de Tarapacá en mil ochocientos noventa y cuatro y durante algunos años recorrió como médico itinerante varias Oficinas Salitreras. El conoció la vida de los trabajadores, a quienes atendía, y aunque fue siempre un enemigo acérrimo del socialismo, redactó varios artículos periodísticos describiendo la dureza de la vida de los trabajadores salitreros, bajo el pseudónimo de El Roto, hasta que fue descubierto y fue despedido, por ser considerado un elemento peligroso.

En todo caso, recuerdo que el sueldo de Palacios, según él mismo me contó —aunque solo lo supo al final—, lo obtenían los administradores descontándoselo del salario a los obreros que atendía, de manera que a los dueños de las Oficinas Salitreras tener un médico —además de la categoría y experiencia de Palacios— les salía gratis.

Tengo claro asimismo que las administraciones y los «pulperos» como se llamaba a los almaceneros o tenderos de las distintas Oficinas Salitreras suelen o más bien solían abusar de sus trabajadores pampinos, a quienes además de exigirles jornadas extenuantes, a veces de más de doce horas, pagaban, y creo que aún ahora algunas pagan todavía, con fichas para evitar que se fueran y abandonaran ese trabajo, pues esa forma de «dinero», solo tiene valor allí.

El sobreprecio cobrado por las «pulperías» o tiendas también cooperaba a que los obreros nunca reunieran una cantidad de fichas suficientes para poder cambiarlas por dinero de verdad, de modo que los administradores no solo toleraban el monopolio abusivo del comercio en el interior de las Oficinas, sino que lo propiciaban. Por eso no me extrañan las huelgas que se desarrollaron en Tarapacá en el año siete y que terminaron con la matanza de los obreros salitreros en una escuela de Iquique, llamada Santa María, que fue presenciada por Nicolás Palacios, pues se había afincado en Iquique una vez que fue despedido como médico de las salitreras y condenó con todas sus fuerzas la masacre.

Y eso me trae a la memoria al presidente José Manuel Balmaceda, porque Palacios perteneció al bando de los «Congresistas», es decir, el sector de quienes se alzaron en contra del gobierno. Lo he hablado muchas veces con él y creo que al final de su vida —murió hace unos seis años con solo cincuenta y seis años— se desencantó bastante de los ganadores.

Balmaceda ha sido el único presidente de la República que se tomó la molestia de ir al norte y visitar una Oficina Salitrera, la Oficina Primitiva, curiosamente propiedad de John Thomas North, el mismo funesto personaje que después sería su principal enemigo y financista de la revolución del año noventa y uno. José Manuel Balmaceda llegó a Iquique el siete de marzo de mil ochocientos ochenta y nueve, donde fue recibido y aclamado por una multitud, lugar donde pronunció, dos días después, un discurso sobre la industria salitrera y la importancia de que las riquezas nacionales estuvieran al servicio del país, que probablemente fue lo que selló su suerte futura.

La vida allí en plena pampa, en medio de la nada, no era fácil, pero a veces, pocas desde luego, tenía algunas curiosas compensaciones, por ejemplo, recuerdo que los trabajadores de la Oficina Salitrera Santa Rosa tuvieron la oportunidad en mil ochocientos noventa y nueve de ver el espectáculo que dio el aeronauta francés, monsieur Lasaille, quien ascendió unos trescientos metros en su globo y desde esa altura tiró una buena cantidad de fuegos artificiales y cohetes e incluso envió a tierra, en un paracaídas, una gallina que aleteaba y cacareaba del susto, pero que para asombro de los atónitos espectadores, llegó sana y salva a las cercanías de la plaza de la Oficina.

Recorrí el despoblado de Atacama y la pampa de Tarapacá en innumerables direcciones, antes, durante y después de la guerra que empezó en febrero o abril de mil ochocientos setenta y nueve y terminó, después de cuatro años y medio, en octubre de mil ochocientos ochenta y tres, con la victoria de Chile.

En una de esas exploraciones que hice antes de la guerra de mil ochocientos setenta y nueve, debe de haber sido en el año mil ochocientos setenta y cinco mas o menos, siendo soltero, y en busca de nuevos yacimientos de salitre, para lograr la fama y fortuna que me permitiera casarme con Rosario Sayago, me topé a medio camino del mineral de Caracoles, con algo curioso que me llamó la atención desde lejos, y que se encontraba a unas veintitrés o veinticuatro leguas de Antofagasta, subiendo hacia la zona altiplánica del desierto, esto es, rumbo al nororiente, calculo que como a unos mil trescientos metros de altura, un poco alejado del camino de las carretas, pero que se podía ver desde la línea férrea que estaba recién procurando unir Antofagasta con Calama, en el sector denominado Las Salinas por los costrones de sal del terreno, y se trataba, según supe un poco más tarde, de una planta desaladora de agua, mediante la energía solar, diseñada por un gringo llamado Carlos Wilson (aunque su nombre real no era Carlos, sino Charles).

En Antofagasta había una «resacadora» que sacaba agua del mar y la destilaba desalándola en alambiques alimentados con carbón, pero no daba abasto a la creciente población que año a año acudía a la ciudad.

Existían vendedores del agua, llamados «aguateros», que la recorrían en mula o en carretas con unos toneles donde llevaban el agua comprada a la «resacadora», que ofrecían a gritos, siendo al parecer un buen negocio, pues el precio de este elemento era alto.

Pensando en eso, me interesó de inmediato conocer un poco más acerca de esta extraña instalación que se extendía por casi media hectárea en una planicie con un pequeño declive o inclinación casi imperceptible, yo calculo de no más de un dos por ciento, siguiendo el curso de al parecer un extinto y prehistórico río, pues el gran tema del norte y en especial en Antofagasta y sus pueblos cercanos como Caracoles era, y aún es, el tema del agua.

Desde lejos, cuando divisé aquel establecimiento de Las Salinas, me percaté de que no se parecía en nada a cualquier otra cosa que yo conociera y menos a una destiladora de agua (la «resacadora» de Antofagasta que yo conocía), es más, ni siquiera sabía qué podía ser aquello cuyo brillo veía en medio de la nada. Por eso, llevado por mi curiosidad, aunque me desviara de mi camino, me acerqué hasta allí y solicité hablar con el dueño al encargado que encontré en el lugar, pero este me explicó que el gringo, que era el dueño, no vivía ni estaba ahora allí, pues trabajaba en el Ferrocarril, por lo que le solicité a él que me mostrara la instalación y, si podía, me explicara su funcionamiento.

Lo primero que pude constatar mientras recorría la media hectárea que ocupaba la extraña instalación junto al encargado, era que efectivamente se trataba de una planta destiladora de agua en base a energía solar. Su materia prima, el agua —desde luego salobre, como la que puede haber en esa zona—, se extraía de unos pozos próximos a la planta, a través de bombas accionadas mediante unos molinos, que aprovechaban el abundante viento existente y, una vez extraída, se almacenaba en un estanque metálico que estaba ubicado en altura, cuya capacidad —según me explicó— alcanzaba para suministrar, mediante gravedad y a través de una cañería metálica, durante tres o cuatro días, el agua a los curiosos destiladores, que consistían en unas bateas de madera, iguales a las usadas por las mujeres para lavar la ropa, pero pintadas de negro para acelerar la evaporación, y que estaban dispuestas levemente inclinadas hacia el lado donde se encontraba un tapón y cubiertas por arriba con una tapa de vidrio.

El vidrio, según me dijo el administrador encargado, se mantenía frío por los mismos vientos que se aprovechaban en los molinos y el agua destilada por evaporación del calor solar, se condensaba en esas tapas de vidrio, precipitándose luego en unas canaletas que discurrían también por gravedad, aprovechando nuevamente la pendiente del terreno hacia los estanques de almacenamiento de agua destilada o desmineralizada, que se encontraban al final de la instalación, en la parte más baja enterrados para evitar que esta se volviera a evaporar.

Las bateas de destilación estaban montadas en bastidores alineados en la misma dirección del declive del terreno y ocupaban casi la totalidad de este, formando paños de un poco más de ciento veinte bateas cada uno. Las bateas o cajones evaporadores se limpiaban interiormente con agua salobre para eliminar los residuos minerales con una frecuencia de dos días, lo mismo que los vidrios que las tapaban, pues el viento que los mantenía fríos también acarreaba bastante arena, que al cubrirlos impedía o dificultaba la destilación.

Los destiladores, es decir, las bateas negras con tapa de vidrio, donde se producían la evaporación y la condensación, estaban dispuestas en grandes paños simétricos y unidas entre sí mediante canaletas de mediacaña, de aproximadamente una pulgada y media, de modo que actuaban como vasos comunicantes. El agua salobre llegaba a cada una por la parte superior y las bateas tenían un tapón en el fondo para facilitar la limpieza.

Finalmente, al agua ya destilada se almacenaba y se le incorporaban los minerales necesarios para hacerla adecuada para el consumo humano y animal. Terminado el proceso de producción referido, el agua se vendía en el pueblo de Caracoles, localidad esta última que tenía una población que, al término de la década de los setenta, antes de que se agotara el mineral del mismo nombre, llegó a duplicar la de Antofagasta. La planta de Las Salinas tenía una producción diaria promedio de cerca de veintidós mil litros de agua bebestible.

Al no usar carbón, que en Bolivia se traía desde Inglaterra, lo que resultaba bastante oneroso, ni ningún otro combustible sino solo el viento, el sol y la gravedad, este ingenioso sistema inventado por Wilson era bastante más barato que el tradicional usado en las llamadas «resacadoras» instaladas en la costa. Aquí, el costo más alto que se tenía era la renovación de los vidrios, que se quebraban frecuentemente por la arena empujada por el viento.

Además, la planta destiladora Las Salinas requería de muy poca mano de obra. Solo tenía un encargado o administrador, que fue quien me enseñó la planta, que era quien llevaba los libros, vendía el agua, y bajo su mando estaban un vidriero y dos obreros para limpieza y reparaciones menores, en total eran cuatro personas, y de vez en cuando se contrataba a un carpintero para reponer las bateas que se rompían o comenzaban a filtrar agua.

Pero este novedoso —y a mi juicio genial— invento para obtener agua dulce del agua salada, en una zona en que lo más abundante desde luego era el sol, y lo más escaso, el agua, elemento más indispensable tanto para el desarrollo de la minería como de la vida humana, tenía dos inconvenientes importantes: el primero era que el agua así destilada, a partir de los pozos de agua salobre, no resultaba adecuada para el uso de las calderas de las locomotoras por su alto contenido, superior al catorce por ciento, de cloruro de sodio y sulfatos de calcio, sodio y magnesio (de hecho, si estos minerales se cristalizaban en las bateas por falta de buena limpieza, terminaban quebrando la madera y había que reemplazar la caja completa); y el segundo de los grandes problemas del nuevo método era que ponía en riesgo el lucrativo negocio del agua en el norte, el de las «resacadoras» de agua de mar, del cual vivía mucha gente, que sin duda no estaba dispuesta a perder, unos su inversión y otros sus beneficios por el «maldito invento de un gringo» y que estaban dispuestos a hacer lo que fuera por terminar con esta forma de obtener agua. El invento lamentablemente había puesto a su inventor en una situación de extremo riesgo.

Me contaron que esto último fue tal vez la causa que hizo que este tipo de plantas desaladoras solares no proliferaran y que Carlos Wilson, amenazado de muerte y con un intento de asesinarlo mientras se dirigía en su coche a la mina Dulcinea, decidiera vender la planta Las Salinas y emigrar, no sé si dentro del país o fuera de él.

Según supe también, el ingeniero inglés de apellido Wilson que inventó esta novedosa y económica forma de desalar agua, estaba casado con una chilena y tenía trece hijos. Razón demás, creo yo, para abandonar la idea de producir agua a bajo precio, si en ello le va la vida, y también para vender la planta e irse del norte, antes de que los dueños de las «resacadoras» costeras, la destruyeran o pusieran precio a su cabeza.

Muchos años después de haber visitado la planta Las Salinas, ya viviendo en Santiago y siendo profesor de la Facultad de Ciencias Físicas y Matemáticas, tuve la oportunidad de leer en un número atrasado (creo recordar que era el cuatrocientos cinco de la revista Scientific American Supplement, del mes de octubre de mil ochocientos ochenta y tres u ochenta y cuatro), un completo artículo sobre la planta de Las Salinas, titulado «Apparatus for Solar Distillation of fresh water from salt water», escrito por un ingeniero neozelandés, llamado Josiah Harding, que también había vivido en Chile y trabajado en los ferrocarriles, que describía perfecta y entusiastamente el invento de Charles Wilson, a quien él había conocido, señalando al final de su estupendo y documentado artículo descriptivo, que debido a la falta de reparaciones, la desaladora solar había ido perdiendo productividad.

Su inventor, el ingeniero inglés Charles Wilson Scott (recién entonces conocí su verdadero nombre), respondió en una edición del año siguiente de la revista, que también leí con bastante retraso, y mediante una carta al editor explicaba que aunque él ya no era el propietario de la planta, esta seguía funcionando perfectamente, y que lo último que aseveraba Harding respecto a la disminución de producción no era cierto, señalando que durante los once años contados desde su creación, la planta Las Salinas había mantenido el mismo buen rendimiento que tuvo en su inicio y que con ello había ahorrado la no despreciable cantidad de dieciséis mil toneladas de carbón.

Según supe por alguien que vino no recuerdo si a la Sociedad Nacional de Minería o a la Facultad de Ciencias Físicas y Matemáticas desde el norte, mucho después de leer el artículo de Harding y la carta de Wilson, que la planta Las Salinas funcionó hasta el año mil novecientos siete pero ignoraba la razón por la que ya no estaba en servicio, y después tuve alguna noticia, aunque no confirmada, acerca de que se habría replicado, no sé si con éxito o no, una desaladora mediante energía solar en la Oficina Domeyko y otra en Sierra Gorda, pero quien me lo contó me señaló que eran rumores que había oído y que personalmente no conocía ninguna de estas plantas, ni tampoco alguna otra de destilación de agua por el calor del sol tanto en la región de Antofagasta, como de Copiapó. En fin, siento que este estupendo invento no haya prosperado, pues habría sido tal vez una buena solución para esas zonas.

Tengo perfecta conciencia de que no solo para Charles Wilson el desierto resultó ser peligroso, sino también para todos los que se aventuraban en ese entonces y también ahora, en sus hermosos parajes, pero no debido a lo agreste y difícil para el desarrollo de la vida humana que podría parecer, situación por lo demás que todos damos siempre por descontado al hablar de un desierto; sino justamente por lo contrario, es decir, creo que el mayor peligro son allí precisamente los seres humanos, o sea, los hombres y mujeres que lo habitan o recorren.

La dureza del medio y la posibilidad de hacer fortuna rápida en la minería o con los mineros han llevado hasta allí aun hasta hoy en día, a personas muy disimiles, pero con algunas características comunes, como la fortaleza física, la ambición, el marcado individualismo y muchas veces la temeridad.

En la mayoría de los caminos había —y aún hoy hay— bandidos dispuestos a quitarles a los mineros con tres rápidas puñaladas traicioneras, lo que estos habían conseguido con su esfuerzo, trabajo y tesón. En los campamentos mineros se cuenta todavía con una cantidad nada despreciable de embaucadores y prostitutas con sus correspondientes proxenetas, además de «cangalleros» y diversas clases de rateros y gente de mal vivir, todos ellos dispuestos a quedarse de la forma más fácil y segura con el dinero o los bienes ajenos.

Recordaba antes de irme por las ramas, como nos pasa a los viejos, que había recorrido el desierto y la pampa con anterioridad a la guerra, durante los años que esta duró y después de terminada.

Después de renunciar a la gobernación de Caldera, volvimos Rosario y yo a vivir en Copiapó; allí nació y falleció nuestra primera hija, María Blanca, y nuestro matrimonio se quebró, me enredé con Emilia Estupiñán, con quien tuve un hijo, luego intentamos arreglar las cosas y Rosario nuevamente quedó embarazada, y desde entonces no pude volver a entrar en su dormitorio, que a partir de entonces fue distinto que el mío.

Decidí entonces volver al desierto y me ofrecí al Ejército en campaña como explorador. Así, como si fuera uno más de los muchos cateadores que recorrían la pampa en busca de nuevas vetas de minerales, con mis mulas y un arriero, pues de Olegario no tenía noticias, a finales de mil ochocientos ochenta y uno me adentré en esas tierras nuevamente, para poder descubrir y avistar dónde estaba el enemigo.

En mil ochocientos ochenta y uno, después de las batallas de Chorrillos y Miraflores, el Ejército chileno ocupó Lima el día diecisiete de enero. Muchos creían que con eso la guerra se acabaría, se pensaba erróneamente que el Perú no sería capaz de resistir más y había quedado impotente para tomar la revancha, pero no fue así, estaba vencido, pero no derrotado.

Sin embargo, esos primeros momentos de desconcierto del enemigo tuvieron un efecto comprensible pero muy negativo en el lado chileno y fue que después de los rápidos triunfos, el Ejército ocupante se relajó. Desde los jefes más altos hasta los soldados. Con la victoria vino la modorra propia de quien ha hecho un esfuerzo tremendo y ha logrado su objetivo. Los generales y oficiales querían volver a su tierra, donde verían a su familia y amigos, serían aclamados y felicitados por sus triunfos, y la tropa veterana también buscaba el pronto regreso por las mismas razones y sentimientos. Oficiales y subordinados fueron prontamente reemplazados por nuevo personal, que llegaba del sur.

En poco más de dos meses se sucedieron tres generales en jefe a cargo de la ocupación: Manuel Baquedano, Cornelio Saavedra y Pedro Lagos. Soldados jóvenes y bisoños sin experiencia sustituyeron a quienes habían combatido. La dura disciplina impuesta por el general Baquedano ya no se respetaba, precisamente cuando era más necesaria. Hasta que llegó el contralmirante Lynch, las cosas no se estabilizaron. Incluso se cuenta que cuando llegó Patricio Lynch a Lima, el general Lagos ni siquiera lo sabía y hubo que salir a buscarlo para que hiciera entrega del mando al nuevo comandante en jefe.

Era tal el relajo y la desorganización, que el correo y el telégrafo siguieron siendo operados por ciudadanos peruanos recién vencidos y con bastante antipatía y rencor en contra de Chile, de modo que las comunicaciones solo beneficiaban al enemigo. Eso hizo posible que la resistencia en contra de los ocupantes se organizara rápidamente y muy pronto aparecieron los montoneros en las sierras al oriente de Lima.

Por su parte, en el sur quedaba todavía un gran contingente de cerca de cuatro mil soldados peruanos, el Ejército de Arequipa, que no había participado en las batallas recientes y podía entrar en acción, a pesar de la desorientación y el desaliento moral característico de quienes sentían que habían perdido la guerra.

A su vez, el dictador Nicolás de Piérola, apodado El Califa, quien se tomó el poder después de derrocar a traición al general Mariano Ignacio Prado, mientras este se encontraba de viaje al comienzo de la guerra, había huido a Ayacucho y desde allí convocó a una Asamblea Nacional que lo nombró presidente provisional y en dicha calidad intentó por todos los medios revivir la alianza con Bolivia para poder atacar a Chile desde la retaguardia. Sin embargo, afortunadamente esto no le resultó, por lo que pronto debió dimitir y viajó a Europa. Pero, aun sin contar con Bolivia como aliado, la paz definitiva con Perú estaba aún lejos y tardaría tres años en llegar, pues Chile conquistó Lima, mas esto no quebrantó la férrea voluntad de los peruanos de continuar la lucha.

El general Andrés Avelino Cáceres, quien había sido herido probablemente en las batallas de San Juan, en Chorrillos o en Miraflores, se restableció y organizó prontamente, en la región andina central, a mediados del mes de abril de mil ochocientos ochenta y uno, la resistencia armada en contra del Ejército chileno, para hostilizarlo y desgastarlo mediante una guerra de guerrillas, causándole con sus acciones grandes pérdidas humanas y materiales. Fue lo que nosotros llamamos la «Campaña de la Sierra», aunque en el Perú se la nombra de otra forma.

El año anterior, el día veintiséis de mayo de mil ochocientos ochenta, había ocurrido la batalla de Tacna, que, según mi parecer, marcó en forma definitiva el triunfo final de nuestro país en la guerra. Allí perdí a varios queridos amigos, entre ellos Rafael Torreblanca, quien había sido ascendido a capitán después de la batalla de Los Ángeles.

Siento mucho que el ministro de la Guerra, Rafael Sotomayor Baeza, el gran organizador de la marcha de esos doce mil hombres por el desierto, no hubiera podido disfrutar del triunfo de las tropas chilenas, pues a él se le debe que los soldados fueran con todo su equipo y que tuvieran agua, alimento y forraje para sus animales durante todo el tiempo que duró esta campaña. Sotomayor murió de un ataque cerebral a los cincuenta y siete años, seis días antes de la batalla, el veinte de mayo de mil ochocientos ochenta,

Uno de mis amigos del Batallón Atacama me contó entre risas y con una copa de vino en la mano, que en la sangrienta batalla de Tacna tuvimos tres importantes aliados, el primero fue la orina, pues el polvo fino del desierto se metía en el mecanismo de los fusiles Grass y los trababa, impidiendo el disparo, por lo que mis queridos mineros, que conocían del tema, idearon que cuando eso ocurriera, los soldados debían orinar sobre el cerrojo de sus fusiles, los que así volvían a poder disparar.

El segundo fue la «camanchaca» que hubo en la noche previa a la batalla, pues el jefe de la fuerzas aliadas de Perú y Bolivia, el presidente boliviano, general Narciso Campero, había decidido atacar por sorpresa a las fuerzas chilenas que acampaban en un sitio llamado Quebrada Honda, pero las fuerzas aliadas se perdieron y dispersaron porque no podían ver prácticamente nada por la densa y baja neblina nocturna que cayó, por lo que se vieron obligados a volver a su campamento después de haber caminado en la oscuridad casi toda la noche, cansados y molestos con sus jefes.

El tercero fue la discordia permanente entre los oficiales y jefes peruanos y bolivianos. Esto fue lo que obligó al presidente boliviano a bajar desde La Paz a Tacna para tratar de apaciguar los caldeados ánimos de los aliados. El almirante peruano Lizardo Montero y el coronel Camacho, a cargo de los efectivos bolivianos, tenían tal pugna, que Camacho estuvo a punto de insubordinarse y llevarse a sus fuerzas, lo que se evitó con la llegada del general Campero, pero luego las vacilaciones de este personaje no hicieron más que ahondar las diferencias entre los aliados.

El lugar donde se libró la batalla se denominó pomposamente por peruanos y bolivianos como «Campo de la Alianza», pero debió llamarse en realidad «Campo del Fin de la Alianza», porque después de la derrota, lo que quedaba del Ejército boliviano huyó hacia el altiplano y los peruanos se dirigieron a Arequipa y nunca se les vio combatiendo juntos.

Los bolivianos no volvieron nunca más al campo de batalla y abandonaron a sus aliados en la guerra, pero eso no lo sabíamos ni sospechábamos entonces y puesto que oficialmente Bolivia seguía en guerra con Chile y que no hubo ninguna declaración de parte de las autoridades de esa república que nos permitiera siquiera suponer que dejaría solos a sus aliados peruanos, era necesario vigilar de cerca qué estaba pasando con las fuerzas bolivianas, las cuales podrían reagruparse, bajar del altiplano y contraatacar.

De ahí que se necesitaran exploradores que informaran al Ejército chileno, el estado de alistamiento, la disposición y en general los movimiento de las fuerzas de Bolivia, por lo que comencé ahora, como explorador o espía del Ejército de Chile, a recorrer esa zona, que tan bien conocía, pues la había explorado después de haber estado trabajando en el mineral de La Ola.

Para entender la labor que desarrollamos los exploradores «disfrazados» de arrieros o catadores —digo «disfrazados» así, entre comillas, porque en realidad éramos arrieros y catadores, gente que conocíamos bien el desierto, la puna de la meseta andina y los diferentes territorios, porque los habíamos recorrido en busca de minerales o llevando animales a las faenas mineras—, hay que considerar que, en el siglo pasado, la guerra no es lo que ahora estamos viendo como tal en Europa.

En ese entonces se combatía entre los Ejércitos en el campo de batalla, o si se quiere, la guerra se peleaba entre los gobiernos y no entre las naciones, como bien apuntaba Gonzalo Bulnes, y esto significaba que los civiles quedaban excluidos de la guerra.

Es cierto que muchas veces quienes no vestían uniforme debieron padecer los rigores de la guerra, como por ejemplo en las incursiones punitivas que se realizaron alguna vez por parte del Ejército chileno en pueblos de la costa peruana, o lo sucedido a los arrieros chilenos que fueron capturados y torturados por los aliados antes de la batalla de Tacna y de los cuales obtuvieron el lugar donde acampaban las fuerzas chilenas, pero esto era excepcional, lo que permitía al grueso de la población civil de los países en conflicto seguir, hasta donde era posible, con su vida normal, quedando así al margen de la guerra que se desarrollaba para ellos en forma remota.

Me interné en territorio boliviano al nororiente de Calama, ya ocupada por Chile, y lo recorrí en mula varias veces, incluso llegando mucho más allá de la zona altiplánica, en el territorio que va desde el Pilcomayo, por el sur hasta el Beni, en la cuenca Amazónica por el norte, que fue el punto más oriental al que llegué.

Después de cada viaje volvía a Antofagasta o Calama, que ya estaban en poder de Chile, o si me era posible, durante la travesía misma enviaba un mensaje escrito y sellado, en clave con algún arriero, para dar cuenta de lo explorado y de las novedades encontradas, al oficial que me habían asignado, quien a su vez se lo comunicaba vía telegráfica, también en clave, al teniente coronel de Ingenieros Arístides Martínez (de quien después me haría amigo), y que ese año de mil ochocientos ochenta y uno estaba a cargo del Ejército de reserva, y después de la ocupación de Lima, fue nombrado jefe de la Infantería y tuvo la misión de perseguir a los restos del Ejército peruano que aún combatía.

Por eso era importante que él y los altos mandos chilenos conocieran qué pasaba en Bolivia. Me ayudó en mi cometido, no solo mi experiencia de minero y cateador sino también, aunque parezca curioso, tener el pelo canoso, en muchas partes blanco, tanto en la cabeza como en el bigote que desde joven he llevado, pues los lugareños me consideraban un anciano y culturalmente existe en el altiplano y en general en los pueblos andinos que habitan esas zonas e incluso en aquellos que ocupan parte de la cuenca del Amazonas, un profundo respeto por los viejos, suponiendo en ellos una sabiduría que desde luego, al menos en mi caso, estoy seguro de no poseer.

En la mayoría de los pueblos y villorrios que visité en estos recorridos encontré que existía en los campesinos una antipatía, cuando no un odio bastante grande contra los militares y el Ejército de Bolivia, derivada de la forma como habían reclutado a sus jóvenes, a quienes incorporaban a la fuerza, mediante «levas de enganche» que se los llevaban, la mayoría de las veces sin que ellos, que hablaban poco castellano, comprendieran la razón por la que los separaban de sus familias y eran obligados a prestar servicios a un Estado del que no se sentían parte.

Debido a esa causa un número importante de esos muchachos pertenecientes a las serranías andinas, al cabo de un tiempo habían desertado de las filas castrenses y vuelto a sus pueblos de origen, viviendo temerosos y escondidos por sus parientes para que no se los volvieran a llevar.

Esta situación observada y que comuniqué oportunamente a mi superior, desde luego me hizo reflexionar sobre la distinta realidad que existía en nuestro país, pues yo había visto y constatado el entusiasmo que demostraban nuestros jóvenes en incorporarse y permanecer en el Ejército, a pesar de las grandes penurias que muchas veces debieron soportar.

Me tocó ayudar en la formación e instrucción del Batallón Atacama, cuando no tenían prácticamente nada, ni siquiera fusiles o unos uniformes decentes, y sin embargo los hombres que lo componían estaban exultantes, llenos de entusiasmo y dispuestos a combatir por su Patria, eso era común desde los oficiales hasta los más niños, algunos de los cuales aún no cumplían los dieciséis años, y lo único que esperaban era que los enviaran al frente de batalla.

Creo que esta diferencia entre el soldado chileno y el boliviano fue un factor decisivo en el desempeño chileno en las batallas y finalmente en la victoria obtenida sobre los dos países con los cuales estábamos en guerra.

Existía en los pueblos de Bolivia que recorrí, un desconocimiento casi completo de la guerra, no solo del desarrollo de esta, sino también de las causas que la habían provocado y de las consecuencias futuras si se ganaba o perdía. La guerra no era asunto de ellos, ni de quechuas, aymaras o guaraníes, para las poblaciones indígenas andinas o amazónicas esa realidad era ajena y lejana; algo de los políticos, de los señores blancos que vivían en las mansiones de La Paz o de Santa Cruz de la Sierra o Cochabamba.

Para ellos, el terremoto de mayo del setenta y siete y las malas cosechas que tuvieron en los años que lo siguieron eran graves y cercanas, pues habían pasado hambre, pero lo que pudiera ocurrir abajo, en el litoral, donde según decían los más enterados se combatía entre países, no era de su incumbencia.

La mayoría de los habitantes de los poblados altiplánicos o de la cuenca del Beni, ni siquiera sabían quién era Hilarión Daza, ni menos que ya no era el presidente y que había sido derrocado, y que ahora el país estaba a cargo del general Narciso Campero. Todo eso pertenecía a otro mundo muy distante. Esto explica también la desafección y el odio a los soldados que se llevaban a los jóvenes y dejaban los campos y los rebaños de llamas sin labradores y pastores.

Recuerdo una vez que mientras recorría el territorio entre los cantones Zapiga y Lagunas, en una quebrada me encontré con un soldado boliviano. Visto de lejos parecía estar durmiendo o descansando. Estaba sentado con las piernas estiradas y la espalda contra una roca con su fusil a un lado, en el otro el morral y una caramayola seguramente sin agua, pues si no se habría volcado por la postura en que se encontraba; tenía además el quepí sobre sus ojos y parte de la cara.

Tal vez por eso pensé que dormía. Cuando estuve más cerca, caí en cuenta de que ese hombre de uniforme del Ejército de Bolivia estaba muerto pues vi que tenía la mandíbula caída y, además, que su muerte no era reciente, pues su ropa ya había perdido parte de su color original al estar expuesta al sol.

El aire frío y seco del altiplano había permitido que el cadáver se momificara. Es probable que se hubiera sentado allí a descansar o que estuviera herido al momento de sentarse, o que fuera un desertor, no lo sé, pero sí tengo claro que la muerte lo sorprendió allí, en esa postura.

Creí que yo era el primero en verlo, pero luego, al ver las llamas y otros animales de pastoreo que pastaban muy cerca de allí, pensé que era imposible que los pastores o dueños de esos animales no lo hubieran visto. Creo que simplemente lo habían dejado allí y que por algún motivo desconocido esa momia se había salvado de los animales depredadores. A los pobladores de la zona no les gustaban los soldados.

Por eso no lo moví. Pasé de largo y seguí mi camino, pensando en los restos de ese pobre hombre que allí yacía. Tal vez debería haberlo sepultado, darle al menos como dicen «cristiana sepultura» (lo que para mí es solo un rasgo de humanidad, pues solo los seres humanos enterramos a nuestros muertos), pero confieso que no me atreví. No quería malquistarme con los habitantes del lugar y si para ellos estaba bien que ese hombre muerto yaciera allí, a la intemperie, para mí también lo estaba.

Ha terminado mi sesión de hoy. Espero que José termine de una vez o que ya no me necesite como modelo. Estoy cansado de estar simplemente sentado aquí sin hacer nada más que rumiar con mis recuerdos y pensamientos. Nunca he sido socialmente gran conversador, hoy le dicen a eso personalidad introvertida, pero estar casi inmóvil, en una misma postura, durante más de una hora, sin decir ni palote, es verdaderamente una tortura.

A pesar de tener poca paciencia para conversar tonterías o chismes, siempre me gustó exponer ideas y debatir acerca de ellas, y añoro los debates que teníamos en la Sociedad Científica o en la Facultad de Ciencias Físicas y Matemáticas, como también las discusiones que se suscitaban cuando estudiábamos la modificaciones al Código de Minería en la comisión en que me tocó participar.

OCTAVA SESIÓN

A veces, sentado posando no sé si tan pacientemente, pero si recordando mi vida, se me ha pasado, como un pensamiento fugaz, que debiera escribir estos recuerdos, pero no me decido y nunca comienzo con esa tarea, no es que no me dé el tiempo de hacerlo, no es eso, es simplemente que no soy hombre de letras, sino de números, aunque la lectura ha constituido para mí siempre un consuelo y un refugio, sobre todo cuando era un niño y un adolescente solitario en mi tierra natal.

Disfruté enormemente desde que era muy pequeño con los libros que caían en mis manos o los que tomaba de la estupenda biblioteca de mi hermano José María, en su casa de la calle O´Higgins número doscientos ochenta y cuatro, casa y enseres que por cierto no me los dejó a mí, sino que se los heredó a mi mujer como un último regalo para ambos, y creo que lo hizo seguramente con la secreta esperanza de que algún día volviéramos a nuestra querida ciudad de Copiapó.

Cuando tenía doce o trece años, me deleité como nunca con las aventuras y desventuras de El Ingenioso Hidalgo don Quijote de la Mancha, tanto que después mi curiosidad me llevó primero a leer las Novelas Ejemplares de Cervantes, y luego, ya siendo un hombre, a investigar acerca de la vida de su autor, descubriendo —a lo mejor un poco forzadamente— ciertas semejanzas entre la suya y la mía, guardando, desde luego, las enormes distancias que hay entre ambos, lo que me hizo apreciar aún más su novela maestra y volver a leerla con otros ojos. Don Miguel en su juventud era pobre y, al igual que yo, un poco despreciado socialmente por su oscuro origen, aunque él alegaba su hidalguía y agregó el apellido Saavedra al de Cervantes para darle mayor prosapia y lustre a su nombre, pues era hijo de un barbero que con bastante mala fortuna iba de pueblo en pueblo, arrancando de las deudas y fracasos, llevando a cuestas a su familia.

En mi caso, si bien mi padre era un hombre rico, conocido y respetado en Copiapó, murió antes de reconocerme como hijo suyo, por lo que fui bautizado solo con el apellido materno, Aguirre, y en muchas oportunidades fui rechazado precisamente debido a esa circunstancia, por lo que la incorporación del apellido de mi padre a continuación del que recibí de mi madre, que realicé de mayor, aconsejado por mi hermano con el que vivía, fue tal vez con la misma finalidad que tuvo Cervantes.

Él escribió la obra más grande de la lengua castellana, El Ingenioso Hidalgo don Quijote de la Mancha, una parte en la cárcel y la otra —sobre todo la segunda parte— yendo de acá para allá, por caminos polvorientos y alojándose en pocilgas infectadas de pulgas y chinches, conviviendo con ratones y otras alimañas, como a mí también me ha tocado hacerlo en innumerables ocasiones buscándome mi fortuna, y lo hizo siendo ya bastante mayor, habiendo pasado el medio siglo de vida.

Desde luego que hasta aquí llegan las similitudes, yo no he escrito nunca nada que realmente valga la pena, ni pretendo siquiera compararme con don Miguel, pero, a pesar de esto, por el simple hecho de que él escribió su magna obra ya siendo mayor es que yo entendía —o más bien me disculpaba a mí mismo diciéndome, cuando pensaba en la posibilidad de tomar la pluma y escribir— que siempre me quedaba mucho tiempo por delante si quería relatar por escrito parte de lo que me ha tocado vivir.

Otro punto de coincidencia entre su vida y la mía es que Cervantes, además de ser soldado, fue espía del Rey en Argel; yo hice lo mismo para mi país en Bolivia durante la guerra. Pero todo esto que pienso ahora no puedo tomármelo muy en serio, es solo un divertimento intelectual, un juego de mi mente, y a lo mejor incluso un poco forzado por la inmovilidad a la que estoy sometido al posar para el retrato y también por la indulgencia que cada uno se procura siempre a uno mismo. No es malo sentirse un poco como un «héroe» y reírse de ello.

Cuando era un muchacho, siendo solitario y gran lector, cada vez que leía algo cuyo protagonista me gustaba, en cierto modo «me contagiaba», es decir, sentía lo que le pasaba al personaje de ficción como propio, como si realmente fuera mi propia vida y sufriera las desventuras y aventuras que allí se relataban, pero más que esto último, lo que hacía era sentirme compartiendo íntimamente las penas e inconvenientes, los embates que la vida le infligía a mi personaje y la fortaleza que tenía para resistirlos y, al final, siempre salir triunfante. Era con eso con lo que yo me identificaba plenamente y podría decir que lo vivía, aunque nadie pareciera advertirlo y pasara para los demás totalmente desapercibido.

A los quince años ciertamente que tenía una imagen de mí mismo completamente novelesca e irreal, diría que incluso romántica. Tal vez por eso, junto con identificarme con el ingenioso hidalgo, como esa tarea me resultaba a veces muy difícil, tendía a identificarme con su creador, don Miguel de Cervantes y Saavedra, cuya vida fue realmente una gran novela que no muchos conocen.

En fin, hace mucho que ya no soy ese muchacho, ni me siento como entonces me sentía, es cierto que ahora que tengo mucho tiempo libre, pero veo que es tarde, ya no tengo las fuerzas ni tampoco las ganas para emprender una nueva ocupación como lo es la de ser escritor y, además, estoy «sumamente ocupado» dedicando gran parte de mis horas a perder el tiempo reflexionando sobre lo que he visto y vivido, sentado en este mismo sillón en el que estoy posando para mi retrato. De manera que mucho me temo —y lo digo con una sonrisa— que la humanidad deberá seguir adelante sin poder contar con un vibrante relato de mi autoría.

Tal vez una de las historias sobre la que debería escribir, por lo curiosa de la misma, más que por otra causa, es lo que me sucedió bastante antes de la guerra, siendo todavía un joven soltero, después de haber trabajado en el mineral de La Ola, cuando tendría un poco más de treinta años y me había establecido en el entonces naciente puerto de Antofagasta.

Fue allí, en esa época ya lejana de mi juventud, cuando me embarqué en un clíper inglés que hacía lo que se llamaba «la carrera del salitre», es decir, que viajaba con dicha carga desde Sudamérica rumbo a Europa vía Cabo de Hornos y aceptaba llevar a cinco o seis pasajeros en los tramos intermedios o durante toda la travesía.

Los clíperes son buques a vela rápidos para viajes de larga duración, que cuentan con una envergadura de tres o cuatro, e incluso hay algunos de hasta cinco palos, naves muy bellas, con una figura bastante estilizada, generalmente de más de cien metros de eslora y entre las mil quinientas o dos mil y hasta las ocho mil toneladas de desplazamiento y pueden llegar a navegar a veinte nudos e incluso hasta treinta nudos por hora desplegando todo su velamen y con la corriente a su favor.

Gran parte del comercio británico, sobre todo el que se hacía con el Extremo Oriente antes de que se abriera el canal de Suez, al final de los años sesenta, que unió el mar Rojo con el Mediterráneo (y que con sus ciento sesenta y tres kilómetros de largo acortó en cinco mil millas náuticas ese viaje), se realizaba en este tipo de barcos y asimismo se usaron en la ruta del salitre desde Perú, Bolivia y más tarde desde Chile a Europa, lo que se extendió hasta bastante después de la aparición de los buques a vapor, debido a que los clíperes, como no requerían recargar carbón, tenían, por tanto, mayor autonomía y, además, gracias a su diseño, una gran capacidad y rapidez.

Esta nave en particular que abordé en el puerto de Antofagasta se dirigía al puerto peruano de Iquique, donde terminaría de llenar con nitrato de sodio sus bodegas y luego, ya de vuelta, haría una escala para aprovisionarse en Valparaíso, donde yo pensaba desembarcar, pues necesitaba dinero que pretendía conseguir con mis antiguos patrones, los primos Ossa, que ahora tenían en ese puerto un banco comercial, para explotar un mineral de cobre en una zona llamada Chuquicamata, muy cercana al poblado boliviano de Calama, lugar en el cual había hecho unos pedimientos de pertenencias, pues tenía la certeza que allí había suficiente mineral, como para hacerse rico.

Este descubrimiento de cobre en el cerro de Chuquicamata no era casual. Había leído y estudiado unas crónicas del tiempo de las primeras exploraciones de los españoles en América que hablaban de la riqueza de un mineral de cobre y oro, que era explotado por los aborígenes habitantes del lugar cuando ellos llegaron, pero que luego había sido abandonado y borrado sus huellas para que los invasores no pudieran aprovecharlo, por lo que, según explicaban los cronistas, se desconocía su ubicación exacta.

En mis recorridos de cateo por el territorio boliviano, creí haber dado con ese mítico lugar e hice allí mis pedimientos, tanto a mi nombre como en el de terceros en los que confiaba, entre ellos, puse varios a nombre de mis amigos y futuros cuñados los hermanos Sayago Moreno, Carlos María y Francisco, cosa que ahora lamento profundamente haber hecho, pero no podía hacer otra cosa sin despertar mayores sospechas de un descubrimiento.

Además, como no tenía el capital necesario para iniciar la explotación de esa vasta zona y pensaba que, a lo mejor Gregorio Ossa Cerda, o su primo Gregorio Ossa Varas, copiapinos y antiguos empresarios de la minería, que habían organizado un banco de avíos mineros y que además me conocían a mí y a mi hermano José María, de quien eran amigos, confiarían en mi proyecto y me prestarían el dinero necesario para comenzar la explotación. Esa era la razón de viajar en el barco que en este momento podía verse atracado en el muelle, descargando sus bodegas.

El buque había realizado una recalada en Antofagasta para dejar gran parte del lastre que traía, consistente en gruesos troncos de pino oregón, tan necesarios en esa etapa de construcción de la ciudad. Era de un tamaño intermedio de tres palos, ignoro cuántas toneladas desplazaba, pero creo que deben de haber sido unas cuatro mil toneladas. Pertenecía a una compañía inglesa y su casco era de madera, pintado de blanco y azul. La tripulación, incluyendo los oficiales, era de cincuenta y cinco hombres, de nacionalidad inglesa, escocesa o irlandesa y griega.

El capitán era un hombre de grandes cejas claras y bigote rubio que empezaba a ser canoso, quien permanecía callado la mayor parte del tiempo, observando lo que sucedía a bordo y sacaba una voz clara y nítida cuando daba las órdenes a Mr. Parker, su segundo a bordo, o primer oficial —desconozco la denominación del cargo que este tenía—, que parecía también tan inglés como él, quien las recibía y a su vez las comunicaba en alto al contramaestre y este, por su parte, voceaba a los marineros que se encontraban en la cubierta y en las velas.

En cuanto subí a bordo, dejé mi equipaje en el pequeño camarote que me asignaron, saqué la ropa de la maleta, pues se suponía que tardaríamos varios días en llegar a Valparaíso y no quería que se arrugara en exceso, la puse en un pequeño armario, dejando la maleta en la parte superior del mismo, y subí a cubierta en el momento en que zarpábamos para ver alejarse el muelle de madera del puerto recientemente construido.

Una vez que Antofagasta, donde tenía yo una casa comercial compradora de minerales y un pequeño laboratorio para determinar la ley de estos, cuya silueta se divisaba desde el mar, dejó de verse y se perdió en la lejanía, bajé nuevamente a mi camarote y me tendí en la cama quedándome dormido casi inmediatamente tal vez por el movimiento del barco y el leve mareo que ya sentía. Era esta la segunda vez en mi vida que me embarcaba y la vez anterior me había mareado lo suficiente como para que me diera cuenta de que el mar no era mi «vocación», a pesar de la visión idealizada que yo tenía del oficio del marino, con las historias que había escuchado de boca de Guillermo Weelwright.

El mar estaba bastante calmado y en llegar a Iquique tardamos unas quince horas, navegando más o menos a doce millas de la costa y con una velocidad promedio cercana a los trece nudos.

Como habíamos zarpado de Antofagasta a las ocho treinta horas, llegamos al día siguiente antes de la amanecida a Iquique y esperamos un poco para entrar con luz al puerto y atracar. Las bodegas fueron rápidamente rellenadas con el nitrato faltante y se subieron a bordo las provisiones y el agua durante ese día y parte del siguiente.

El día de arribo a Iquique no quise bajar a tierra y me quedé a bordo observando las faenas de carga del buque. Al día siguiente, terminadas las maniobras de carga, cuando eran las dieciocho o diecinueve horas, el capitán ordenó el zarpe y tomamos rumbo suroeste. Tampoco en este segundo día de estadía en Iquique me había desembarcado por miedo a que el buque terminara antes de cargar el salitre y zarpara sin mí, dejándome en tierra.

Comenzamos a navegar al principio solo con las velas del trinquete y la mayor, pero al poco tiempo el capitán ordenó largar todo el velamen, pues teníamos viento a favor. Pronto oscureció y después de cenar el mar comenzó a encresparse, y como temía marearme, pues pensaba que tenía facilidad para ello por mi experiencia anterior y el barco que estaba un poco escorado a la banda de estribor se zarandeaba y cabeceaba bastante, me fui rápidamente a mi camarote y, poniéndome el camisón, me acosté quedándome profundamente dormido.

Por la noche, no sé realmente a qué hora, pues cuando desperté por lo visto ya llevaba varias horas, se había desatado una gran tormenta. El enorme ruido del barco, que crujía haciendo toda clase de sonidos agudos y roncos, como si se fuera a desarmar, fue mi despertador. Al bajar de mi cama me mojé los pies y el borde de la camisa de dormir, pues había más de quince centímetros de agua dentro de mi camarote.

En vano traté de encontrar algo para encender la oscilante lamparilla que había en una de las paredes y, después de renunciar a esta tarea, busqué, también sin resultado, mis zapatillas en esa densa y húmeda oscuridad, percatándome en la búsqueda, que la mayoría de mis cosas se habían caído del pequeño armario donde las había puesto, cuyas puertas, al no estar bien trabadas, se habían abierto y todo lo que allí había puesto, flotaba a merced de los vaivenes del barco entre la mugre.

Mi maleta, recién comprada para la ocasión, también estaba medio hundida en el agua y con la brusquedad de las sacudidas me dio en las pantorrillas haciéndome perder el precario equilibrio que hasta ese momento me mantenía de pie. Caí al agua y como pude me levanté mojado enteramente, busqué la puerta, la abrí con gran esfuerzo y salí al pasillo que también estaba inundado, resbaloso y como mi camarote, en completa oscuridad, por lo que para avanzar con menos dificultad me tomé fuertemente del pasamanos, buscando a tientas la escalera para subir a cubierta, que recordaba estaba en dirección hacia la proa, las lamparillas de aceite que iluminaban el pasillo se habían apagado y la oscuridad era total.

El ruido de la tormenta, el sonido de los relámpagos, unidos a los fogonazos y a los truenos, me hicieron pensar —no sé bien por qué razón— que estábamos siendo atacados por piratas a cañonazos, en medio de la mar embravecida. (Probablemente que esto lo había sacado de alguna novela a las que era aficionado).

En cualquier caso, no estaba seguro de lo que pasaba y cuando finalmente logré llegar a la escalera, el barco dio una gran cabezada y nuevamente caí hacia atrás y fui arrastrado por la corriente del agua del pasillo hacia la popa. No sé cuánto tiempo tardé en recuperarme, volver a ponerme de pie y rehacer el camino por ese pasillo que cada vez tenía más agua y más objetos flotando en él, estrellándose contra mis piernas desnudas causándome gran dolor, pero pude alcanzar nuevamente la escalera, y afirmándome ahora a los dos pasamanos laterales que tenía, llegué hasta la escotilla, descorrí los pestillos y la empujé con fuerza hacia arriba, pero en ese momento el barco se escoró hacia estribor y recibí en la cabeza y el pecho una ola que me tiró nuevamente por la escalera hacia abajo.

Empapado y temblando de frío, recuerdo que pensé que mis días se habían acabado y que probablemente moriría a bordo de ese maldito clíper. Como sea, conseguí subir nuevamente y salir a la cubierta, donde otra vez resbalé y afortunadamente me alcancé a coger de un cabo que milagrosamente estaba a mi alcance, lo que impidió que la siguiente ola se llevara mi triste y mojada humanidad al fondo del mar, pues la recibí de lleno en todo el cuerpo.

El viento era huracanado y las olas barrían la cubierta, Mr. Higgins, el contramaestre, me sujetó fuertemente ayudándome a ponerme de pie; me gritó algo en inglés que por el viento y el ruido no logré entender, pero comprendí que me mostraba la escotilla por donde yo había salido, haciéndome gestos para que bajara nuevamente, lo que hice sin pérdida de tiempo. Volví a la oscuridad y comencé a caminar, ahora con bastante más agua y más objetos diversos que nadaban en ella, hasta casi el final del pasillo, tanteando entre los números de bronce para descubrir el correspondiente a mi camarote. Traté sin éxito de abrir la puerta que estaba cerrada nuevamente, pero al parecer la maleta había quedado atascada entre la puerta y el armario impidiendo la entrada al camarote.

La verdad es que poco importaba ya si no podía volver al lugar que me habían asignado, pues estaba tan inundado como el resto del buque y pensé que encerrarme allí sería lo peor que podría haber hecho en caso de que tuviéramos un naufragio, pues si eso ocurriera, el camarote se convertiría en una trampa mortal, sin escapatoria alguna.

Recordé que al lado izquierdo de la escalera por la que había subido y bajado, había una puerta estanca que daba a otro pasillo transversal que comunicaba ambas bandas y el comedor quedaba ubicado a la mitad, más o menos al centro de la nave. Mi instinto me dijo que ese sector probablemente sería la parte más segura del buque y decidí ir hacia allí.

Tenía frío sin más ropa que el camisón de dormir empapado y estaba ahora con el agua casi hasta la rodilla. La puerta entre los dos pasillos estaba cerrada y me costó bastante tiempo dar con la forma de abrirla. Finalmente lo conseguí al quinto intento y me adentré en este nuevo pasillo entre las bandas de babor y estribor, que tenía mucho menos agua que el que dejaba atrás. Caminé chapoteando hasta el comedor y vi que había luz en su interior, que se colaba por las celosías que tenía la parte superior de la puerta, y oí voces, lo que me llenó de esperanza.

Tras cruzar el umbral, vi los rostros preocupados de otros tres pasajeros que se habían embarcado conmigo, quienes con un rápido y certero movimiento me cogieron por los brazos y me sentaron en una de las sillas. Todos ellos tomaron el barco en Antofagasta, eran ingleses y habían venido a Sudamérica a trabajar en el salitre y, terminados sus contratos, volvían a su tierra. Uno se presentó como Stephen Down, el otro dijo llamarse Edward Smith-Hall y el tercero era Jack Kearney (no sé cómo aún recuerdo sus nombres).

Me explicaron que se habían quedado en el comedor, jugando a naipes, y siguieron allí cuando comenzó la tormenta, sin darle al principio mayor importancia. Cuando sintieron que se desataba el viento y el mar se encrespaba más de lo conveniente, estaban todavía en el comedor y uno de los oficiales les dijo que era preferible que se mantuvieran en ese lugar y siguieran juntos pues esa era la parte del buque que menos se movía, ya que estaba al centro de la nave, en la línea de crujía y en la que tendrían menos peligro de que algo les cayera encima o se hicieran daño por los vaivenes, que cada vez eran más fuertes. Asimismo la puerta estaca del pasillo impedía la entrada el agua hasta ese sector. El suelo del comedor solamente estaba un poco mojado, pero no inundado como el resto del buque.

Me ayudaron a quitarme el camisón de dormir, me sequé con un mantel que tomé de uno de los armarios y me dieron algunas de sus propias prendas de ropa seca para cubrirme. Uno de ellos me informó que cuando el capitán, Mr. Mackenzie, se percató que venía una tormenta del sur decidió virar y tomar rumbo nor-noroeste para tener el viento por la popa con el fin de poder capearla, corriendo antes que ella, confiando en la velocidad de su barco, o en que esta se desviara hacia el este, pero la porfiada tormenta siguió avanzando en la misma dirección que nuestro barco, incrementando su rapidez e intensidad, de modo que pronto nos alcanzó. Las olas barrieron muchas veces la cubierta superior del barco, se llevaron los botes salvavidas y una de ellas destrozó la rueda de gobierno, arrancando también la bitácora de cuajo, perdiéndose así junto con ella el compás o brújula, artículos que cayeron al mar junto con el timonel, el desafortunado marinero Collins, quedando de este modo la nave a la deriva sin poder fijar el rumbo, y sin saber hacia dónde nos llevaban el viento y la corriente.

Poco después, un rayo dio en la popa provocando un incendio que se extendió en buena parte del castillo llegando hasta el codaste y abriendo un gran boquete que generó la vía de agua que era la causa por la que el barco se estaba inundando, y aunque afortunadamente el incendio pudo ser rápidamente controlado por la agotada tripulación, pues de lo contrario, con las bodegas llenas de salitre el buque hubiera ardido como un tea y zozobrado rápidamente, y se logró también taponar el forado para que el agua dejara de entrar al buque, el daño producido por incendio y las olas había alcanzado también a la estructura del timón, el que terminó por soltarse y finalmente cayó al mar perdiéndose irremediablemente.

Nada de esto lo vimos los pasajeros, que estábamos en el comedor, sino que lo supimos posteriormente. Habíamos sentido algunos gritos entre el enorme ruido de la tormenta, pero no sabíamos qué pasaba en el resto del buque. En esos momentos aún ignorábamos la pérdida del timón y la gravedad que tendría este hecho.

La tormenta duró un poco más de veinticuatro horas, creo que tal vez fueron unas veintisiete o veintiocho que desde luego se nos hicieron eternas a quienes estábamos asilados y aislados en el comedor. Cuando amainó del todo ya era de día nuevamente y al salir a cubierta pudimos ver con desazón que muchas de las velas quedaron hechas girones, habíamos perdido todos los botes salvavidas, que con las olas se desprendieron de sus pescantes, algunos de los cuales también se perdieron, y juntos cayeron al mar. Además, algunos palos de la arboladura estaban quebrados, pero pensábamos que, salvo los botes, lo demás eran cosas que podían repararse sin mucha dificultad.

Lo más lamentable fue que tuvimos que dar por perdidos, después de buscarlos, a tres hombres de la tripulación, los marineros Johnson, Niarchos y el timonel Collins, como también lamentar la desaparición de un pasajero peruano, de apellido Hernández de Iruela, que había subido en Iquique, con el cual solo había cruzado un saludo en la cena del día anterior a aquel en que probablemente ocurrió su muerte.

Inmediatamente de que hubiera pasado la tormenta, los cuatro pasajeros que estábamos en la cubierta, vimos al señor Parker, segundo a bordo, organizando con la dotación del buque la reparación más urgente de las averías y el bombeo del agua que había entrado al barco, tareas en las que nos pusimos también quienes, sin ser parte de la tripulación, podían y querían ayudar.

Todos trabajamos intensamente ese día para dejar el buque lo mejor posible. Achicamos el agua de camarotes y pasillos, recogimos las pertenencias de cada uno, las pusimos a secar en cubierta e hicimos un somero recuento de lo que la tormenta había roto y lo que creíamos que era posible reparar. Al caer la noche, se distribuyó un poco de agua y repartió comida caliente y los pasajeros nos fuimos a dormir agotados, pero contentos de habernos salvado y de poder ayudar a volver a lo que creímos sería la normalidad.

Afortunadamente las provisiones no se habían mojado y nuestra despensa se había salvado completa. Los barriles con agua tampoco habían sufrido ningún daño, por lo que teníamos agua asegurada para varios días. Tanto el despensero como el cocinero, un inglés y un griego respectivamente, estaban muy contentos. Nuestro problema más urgente y grave era que carecíamos de timón y que nuestro barco iba a la deriva, siguiendo la corriente llamada del Perú que nos llevaba hacia el norte, y el viento que soplaba del sur al suroeste; es decir, nos daba por la aleta de estribor empujándonos cada vez más lejos de la costa.

El capitán Mackenzie le ordenó al carpintero Edward Holmes que construyera un nuevo timón, aunque para ello tuviera que disponer de algún mueble o desarmar un mamparo del buque. Holmes se puso manos a la obra de inmediato y en muy poco tiempo tuvo listo el encargo, pero la zona de la popa había quedado muy frágil pues el incendio la había dañado enormemente, en especial el codaste, prácticamente todo estaba destruido por el fuego y los golpes de mar, por lo que no hubo forma de fijar el timón en un calzo resistente que permitiera operarlo, aunque tuvieran que hacerse directamente mediante algún sistema de cuerdas, por lo que después de muchos intentos tuvieron que dejarlo.

Durante la tormenta y recién terminada esta, sentía que estaba completamente fuera de mi elemento, tanto que ni siquiera estaba mareado y tampoco tenía miedo, sino más bien había en mí una gran desazón por lo que estaba viviendo y me parecía que todo me era lejano, casi como si fuera algo de lo cual podría despertar en cualquier momento.

Soy hombre de tierra adentro, que ha vivido en el desierto sintiendo el frío de las noches y el calor ardiente del día, y estar allí, en ese barco averiado, tratando junto con desconocidos de mejorar la mala condición en que estábamos, era para mí como una especie de nebulosa, que asumía como algo que acontecía con los visos de irrealidad propia de los sueños, de los buenos y los malos.

Recuerdo que hasta que no hubieron pasado varios días no fui del todo consciente del hecho que estábamos allí, en medio del océano Pacífico, sin tierra a la vista, navegando cada vez más al oeste, yendo más y más lejos de cualquier costa o, según supe más tarde, también de las vías habituales de navegación, y no podía racionalizar debidamente nuestra situación como para poder aportar soluciones ni tampoco sospechar los enormes problemas que se nos venían por delante de continuar navegando a la deriva.

A pesar de lo apurado de las circunstancias en que nos encontrábamos, el tiempo mejoró y con ello nuestro ánimo también.

Mr. Peter Mackenzie, nuestro capitán, era un hombre de cuarenta años, pragmático, y según supe después, con mucha experiencia en la mar, ya que había pertenecido a la Royal Navy, la Marina de guerra inglesa, a la que se incorporó siendo un niño y fue subiendo de grado y responsabilidad hasta su retiro hacía cosa de cuatro o cinco años con el grado de capitán (a causa, según me confidenció después Mr. Parker, de ciertas desavenencias con el Almirantazgo, debido a que este siempre se quedaba con la mayor parte de los botines de guerra), y era poseedor de un gran carácter, don de mando, justicia y valentía, por lo que era respetado, querido y temido —a partes iguales— por la tripulación.

Podíamos confiar plenamente —nos dijo Parker— en que el capitán Mackenzie no se dejaría llevar por el miedo o la desesperación, ni aún en las peores condiciones, como demostró en la tormenta, y que nos llevaría a buen puerto, con la pericia marinera, sabiduría e incluso buen humor que luego, durante la larga travesía que tuvimos que soportar, constatamos en diversas oportunidades.

Al día subsiguiente de terminada la tormenta, una vez solucionadas las mayores urgencias y cuando el capitán tuvo claro los daños de su barco, y viendo la nula posibilidad de poder volver a contar en un breve plazo con un nuevo timón, como también comprobar que podríamos continuar navegando siguiendo la corriente y los vientos, nos reunió a todos en la cubierta y explicó la situación en que estábamos y cuál sería de ahora en adelante el régimen a seguir a bordo y que debíamos respetar todos, sin excepción, si queríamos salvarnos.

Lo primero que nos informó era que había ordenado hacer inventario del agua y la comida con que contábamos y nos explicó, sin dejar lugar a objeciones, que habría racionamiento de ambas cosas. Luego distribuyó a los marineros y oficiales en tres guardias o turnos de cuatro horas cada una —antes estaban a dos de doce horas cada una— e incorporó a ellas a los cuatro pasajeros sobrevivientes, estableciendo además dos grupos con los que no estaban de guardia para seguir reparando el buque, los que se abocarían a las tareas de remplazar los palos de la arboladura que se hubieran quebrado, las velas y reconstruir la parte destruida de la popa, para así tener la posibilidad de volver a instalar el timón.

Todos teníamos que cooperar para salir del atolladero en que estábamos y lo hicimos de buen grado. Tardamos tres días en dejar más o menos operativo el clíper, pero no fuimos capaces de arreglar totalmente la popa, a pesar de los muchos intentos que hicimos, pues, aunque quisiéramos, nos faltaba material para ello, tampoco pudimos sustituir la rueda de gobierno, ni los cables que unen esta al timón, de manera que tuvimos que asumir que deberíamos seguir navegando sin contar con la dirección que le da el timón a cualquier nave. Navegaríamos a la deriva como hasta ahora lo habíamos hecho.

Para tranquilizar al pasaje y supongo que también a los marineros, el capitán señaló que, según las corrientes y los vientos de esa zona, podríamos llegar dentro de diez o quince días, dependiendo del tiempo, a una isla descubierta por el almirante neerlandés Jacobo Rogeeveen el día cinco de abril mil setecientos veintidós, a la que había bautizado como Easter Island, porque su avistamiento había coincidido con el día en que los cristianos celebraban la Pascua de Resurrección.

Si lográbamos llegar a esa isla y atracar allí, seguramente tendríamos la posibilidad de pedir ayuda a los aborígenes para varar el barco, obtener la madera necesaria reparar la popa y el timón, avituallarnos debidamente con víveres y agua y retornar a Antofagasta, Iquique o Valparaíso.

La isla en la que esperábamos acceder y eventualmente poder de alguna forma desembarcar, está ubicada a veintisiete grados siete minutos latitud sur y ciento nueve grados veintiún minutos longitud oeste; fuera de cualquier ruta de navegación, casi en la mitad del océano Pacífico. Nuestro problema era que los vientos y la corriente del Pacífico Sur iban de sur a norte, lo que estaba llevando al barco un poco más arriba del paralelo treinta, según la medición que hizo el capitán Mackenzie con su sextante, y nos era muy difícil el poder corregir el rumbo solo con el velamen, pero el capitán tenía puesta su esperanza en que pronto arribaríamos a la zona en que la corriente que ahora nos llevaba, confluía con la corriente llamada Subtropical Sur, y el buque siguiendo el curso de esta nueva corriente, debería comenzar a girar paulatinamente hacia el suroeste, a lo que también nos ayudarían los vientos allí dominantes que van de este a oeste.

Esta explicación y el ver las corrientes y los vientos señalados en las cartas náuticas y los mapas que poseía Mr. Mackenzie, quien nos los enseñó en su cámara, nos tranquilizó enormemente y reavivó nuestras esperanzas y las de sus hombres.

Aprovechando las horas muertas, que a bordo del clíper eran muchas, decidí perfeccionarme en el idioma inglés, del cual solo tenía nociones básicas que me permitían hablarlo en forma muy rudimentaria. Para ello le solicité al oficial David Daniels, un hombre jovial y simpático, de más o menos mí misma edad, de quien me había hecho ya bastante amigo, que me enseñara, y a cambio yo le enseñaría el castellano, que él estaba deseando aprender.

Además de mis lecciones y conversación, en mi empeño de aprender aproveché también la reducida biblioteca que había en el barco, cuyos libros eran todos en el idioma de la rubia Albión. Algunos de ellos, sobre todo novelas, los leí varias veces anotando las palabras que desconocía, hasta que fui capaz de comprender plenamente su contenido. Esto me dio la ventaja de poder entender las conversaciones de la tripulación, sin que ellos se percataran de tal cosa, y enterarme de lo que estaba pasando, como también comunicarme mejor con los pasajeros y oficiales del buque, todos de habla inglesa.

Ahora, ya de viejo, sentado en mi sillón, posando para un retrato que aún no termino de querer, me doy cuenta de que mi empeño en aprender inglés en esas circunstancias era simplemente una forma inconsciente de negación de lo que estábamos viviendo, y, además, aunque no me lo planteara así, tan claramente, constituía un canto a la esperanza; no quería darle un lugar en mi mente ni siquiera a la posibilidad de morir. No lo aceptaba. No es que eso, morir, me pareciera injusto y me rebelara en su contra, como había leído en tantas obras literarias. No, simplemente la muerte —mi muerte— no entraba en ninguno de mis cálculos. Ni siquiera en los más lejanos. El presente era duro y el futuro no se veía halagüeño, pero tenía treinta y pocos años y no pensaba morirme hasta mucho tiempo más.

Recuerdo a un amigo de mi juventud, allá en Copiapó, al que acompañé a comprarse unos zapatos y que murió repentinamente el día subsiguiente de nuestra visita a la zapatería. Yo pensé entonces que nadie se compra unos zapatos para después morirse sin haberlos usado. Me pareció entonces un gesto inútil y zafio. Y yo allí, en medio del mar, empeñándome en aprender a hablar y leer en inglés. Qué tontería, pienso ahora. ¿Para qué? Al menos a mi amigo lo enterraron con sus zapatos nuevos y, en cambio a mí, de haber muerto de hambre en ese buque o si este naufragara, ¿de qué me hubiera servido saber inglés en el fondo del mar, o mientras me pudría en la cubierta de un buque sin rumbo, o cuando los peces y otros seres marinos se alimentarán de mi cuerpo?

Yo en realidad —ahora lo sé— no quería aprender inglés, quería vivir, así de simple, vivir, o mejor dicho seguir viviendo; quería, sin pensar para nada en ello, un futuro lejano en el que utilizaría ese idioma y, curiosamente, así ha sido, pues he traducido — ya siendo mayor— artículos en ese idioma para publicarlos en el Boletín Minero o en los Anales del Instituto de Ingenieros.

Por lo demás, no creo en la vida eterna, ni en nada parecido. En ese entonces tampoco creía en tal cosa. Creo que uno muere y su cadáver se pudre o se lo comen los gusanos o lo que sea, pero se acabó. Fin, no hay más. Mutis por el foro. Salimos de escena. La comedia de la vida terminó. Perdonen ustedes los errores cometidos, ya no puedo repararlos. Es todo.

A lo mejor, si hubiera un cielo y un infierno, como enseñan los curas, en tales sitios no creo que se hablara inglés (lengua de infieles y comerciantes), aunque quien sabe, a lo mejor tal vez se hablaría allí en latín, la lengua refinada que se usa en las misas, las oraciones e, incluso, según dicen los mismos curas, es la que empleó Lucifer al rebelarse contra Dios. El diablo habría gritado en latín su rebeldía y su grito, si mal no recuerdo, habría sido: «Non serviam» Bueno, ellos, los curas (o al menos mi profesor de Historia Sagrada y de Fundamentos de la Fe, en el Colegio de Minería) cuentan que eso fue lo que dijo, aunque me parece importante señalar que no se conocen los testigos de este hecho, ni tampoco la versión del principal involucrado.

Los días pasaban y ya llevábamos veinte días de travesía por el Pacífico y la anhelada Isla de Pascua no aparecía por ningún lado, solo veíamos el inmenso océano azul.

El capitán incentivó que hiciéramos entre todos competencias de pesca, con lo cual pudimos añadir el pescado a nuestra dieta, que en esa zona era abundante y sabroso, como asimismo disfrutar de una sana disputa que iba en beneficio de todos.

Tuvimos la suerte de atrapar con gran esfuerzo y cooperando todos en ello, una albacora de más de cien kilos, pescado realmente delicioso, del tipo del atún, que nuestro cocinero, un griego de la isla de Creta llamado Heraclio Yianatos, guisó de diversas maneras, todas ellas sublimes.

Recuerdo que el momento de izar a bordo esa especie de «monstruo marino», el pez espada, fue uno de los mejores que viví en el clíper y debo señalar que en esos momentos felices cada vez me sentía más parte de aquellos hombres que corríamos, para bien o para mal, la misma suerte, y en gran medida, esa camaradería y espíritu de cuerpo se debía a la acción del capitán Mackenzie, quien desde el primer momento nos mantuvo unidos, no permitió reyertas ni discusiones y nos hizo trabajar juntos en diversas labores, que ahora que lo pienso, tenían como objetivo lograr una alta moral y convertirnos en un equipo, en un grupo firmemente cohesionado capaz de obtener resultados de esa unión. Tengo la certeza de que su entrenamiento en la Marina de su Real Majestad le permitió conseguirlo. Aún ahora, cada vez que lo recuerdo siento gran estima por él.

Como el agua escaseaba, aprovechábamos las lluvias, frecuentes en la corriente Subtropical Sur en la que navegábamos, para bañarnos y abastecernos, poniendo en cubierta toda clase de tiestos y cacharros que pudieran servirnos para contenerla. La lluvia era para todos una fiesta que disfrutábamos enormemente y olvidábamos nuestra angustia por el aciago futuro, pues seguíamos navegando empujados por el viento y llevados por la corriente hacia el oeste.

No vimos nunca la isla descubierta por los neerlandeses en el horizonte, probablemente nuestro rumbo nos hizo pasar de largo, a muchas millas de distancia, o de noche, sin poder percatarnos.

Había muchos días en que no teníamos viento y el buque apenas avanzaba solo por la corriente; los llamábamos los días del hastío, y cuando comenzaba la calma, no sabíamos cuánto tiempo duraría y nuestros niveles de angustia y temor se acrecentaban.

En esos días, si había buen tiempo, el capitán inventaba torneos de cualquier cosa en la cubierta, o aprovechábamos para disfrutar de un buen baño de mar si no había tiburones a nuestro alrededor. Seguíamos navegando hacia ninguna parte, cansados y cada vez con menos esperanza.

La comida, a pesar del racionamiento, prácticamente se había acabado y solo se repartía un poco de galleta marinera ya rancia y alguna otra cosa una vez al día. Teníamos aún algo de agua, pero nos faltaban alimentos y ya no lográbamos pescar por carecer de algún tipo de carnada para poder hacerlo. Varias veces creímos ver tierras lejanas, pero no teníamos cómo acercarnos a dichas costas, pues carecíamos de botes para poderacercarnos a tierra.

Así llegamos al día cincuenta y tres días desde que ocurrió la tormenta, fecha en la que, casi al atardecer, divisamos a lo lejos unos humos que pensamos que venían de alguna isla habitada, pero para nuestra sorpresa y alegría, vimos surgir en el horizonte parte de la embarcación a la que pertenecía el maravilloso humo. Se trataba sin duda de un barco a vapor que aún no se distinguía completamente.

El capitán inmediatamente ordenó izar la señal de auxilio, una bandera con dos barras rojas entrecruzadas desde las esquinas opuestas con fondo blanco, que informarían al otro buque del hecho cierto que nos encontrábamos en una emergencia según el código internacional de señales, y recién terminada la maniobra vimos recortada la figura completa del barco, que representaba para nosotros la salvación y que respondía a nuestra señal de socorro. Todos gritábamos y saltábamos de alegría y emoción. Algunos lloraban y otros daban gracias a Dios. Recuerdo que estuve entre los que gritamos ¡hurras! hasta quedar ronco, pero no lloré en ningún momento.

El barco que avistamos era un buque a hélice de guerra de la Marina Real inglesa que tenía su base en Sydney Cove, en la zona llamada Nueva Gales del Sur, y se encontraba haciendo un levantamiento cartográfico de la zona de mar ubicada al noreste de Nueva Zelanda, donde hay numerosas pequeñas islas y rocas que pueden ser muy traicioneras a la navegación.

Nos vio e inmediatamente se aproximó a nosotros en línea recta, detuvo sus máquinas a corta distancia nuestra, desembarcaron los botes y nos abordaron, mientras nosotros aún gritábamos y algunos llorában de felicidad, abrazándonos unos a otros y bailando. El capitán Mackenzie le explicó nuestra situación al oficial a cargo del destacamento de abordaje y a continuación los cuatro pasajeros fuimos los primeros llevados a bordo del buque de la Marina británica, donde nos recibieron como los náufragos que éramos.

A continuación, trajeron a bordo a la dotación del clíper. A todos nos dieron una corrida de grog, que es una extraña mezcla que contiene ron, rebajado con agua azucarada, algo de limón, algunas especias que no identifiqué muy bien y que por lo visto se toma a bordo de los barcos de su Real Majestad británica. Recuerdo que a todos nos pareció la bebida más deliciosa que habíamos probado jamás en nuestras vidas.

Mediante un cable engancharon nuestro averiado barco al suyo y tomaron rumbo hacia su base, a la que llegamos al cabo de diez días de navegación, pues fuimos navegando lentamente, y cambiando la guardia que debía ir a bordo del clíper. El capitán Mackenzie se mantuvo en su buque durante todo el tiempo. Llegamos a Sídney al atardecer del décimo día y en total habíamos estado más de setenta días en la mar y cruzado prácticamente todo el Océano Pacífico.

Nuestro buque entró en el dique y a nosotros nos acomodaron como huéspedes en la Base Naval Inglesa. El capitán Mackenzie escribió a su compañía naviera para que se hiciera cargo de nuestros gastos y a vuelta de correos recibió, junto con una felicitación por su hazaña, la orden de volver a Inglaterra, en cuanto su barco estuviera reparado, por la vía del Cabo de Buena Esperanza, que era la ruta más corta.

Los otros tres pasajeros, Stephen Down, Edward Smith-Hall y Jack Kearney, cuyo destino era Londres, decidieron esperar el término de los arreglos para continuar su viaje junto a nuestro querido capitán Mackenzie y su tripulación.

Es sabido que, con los años, se va olvidando lo malo y perdura solo lo bueno, que cada vez va adquiriendo en nuestras mentes más características de leyenda, y tal vez por ello, mis recuerdos no son completos sobre el tiempo que estuve en el clíper navegando a la deriva. Sí recuerdo perfectamente a Daniels y sus clases de inglés, pero, más que nada, su buen humor y el sentido deportivo (muy inglés) que tenía de la vida. Recuerdo también que se emocionó al despedirnos, al igual que muchos marineros que ya nos sentíamos unidos para siempre.

Pero, a estas alturas de mi vida, recuerdo los ratos más agradables de la travesía y de nuestro rescate. Quizá si hubiera escrito un diario en aquella época o recién de vuelta de toda la aventura que significó, podría ser más verídico, pero nunca fui bueno para escribir, ni tampoco amigo de contar mucho. Lo vivido, vivido está. Punto.

Finalmente, en la base naval debí esperar a que pasara por allí algún barco que me devolviera a Valparaíso, mi destino original, o a algún puerto cercano. La suerte jugó a mi favor y al cabo de una semana pasó un enorme vapor de carga inglés que hacía la ruta entre Filipinas y Lima, que tuvo un desperfecto en sus máquinas y recaló en Sídney para cargar más carbón y reparar la avería, aceptando llevarme como pasajero.

Este buque llevaba en sus bodegas los famosos mantones de Manila, marfiles y otros artículos orientales de lujo, tan preciados en el antiguo Virreinato. Tardamos otros casi cuarenta días en hacer el camino de vuelta y llegar al Callao. Desde allí, en otro barco, que también tardó bastante, volví a Antofagasta.

No desembarqué en Valparaíso, a pesar de ese viaje tan largo, porque no tuve ganas ni tampoco entonces conseguí financiamiento para explotar Chuquicamata, proyecto que postergué para un después que terminó siendo indefinido.

Necesitaba por ahora volver a mi vida normal. Sentir la tierra bajos mis pies, como también dormir en mi cama, ver mi hogar y mi laboratorio, tanto tiempo dejados, y por sobre todo escribirle a Rosario, que de seguro se habría preguntado por la ausencia de mis cartas. Me urgía poner en orden mis cuentas, comer los guisos que me preparaba la cocinera que tenía contratada, y sentirme nuevamente en mi casa y en mi elemento.

Volví a Antofagasta y, nada más volver, retomé con ganas mis ocupaciones habituales en el laboratorio determinando la ley de los minerales y comprando el oro y la plata que me traían los pirquineros, como si nada hubiera pasado.

Pocos me creyeron lo que me había tocado vivir en los últimos meses, pensaban que solo había ido a Valparaíso, por lo que dejé de contar lo sucedido, no fuera a ser que me consideraran un fantasioso o embustero y cogiera fama de tal.

Tal vez algún día vuelva a contarlo, a lo mejor será a mis nietos, si es que los llego a conocer, no lo sé, pues como van las cosas en este plano con mi hijo Arístides, lo veo difícil, ya que parece ser reacio al matrimonio y los años van pasando. En cualquier caso, en ese entonces, después de oír algunas burlas de conocidos y la cara de incredulidad de otros asombrados interlocutores ocasionales, decidí no darle más luz al gas y me guardé para mí todo lo ocurrido con mi frustrado viaje a Valparaíso.

Durante todo el tiempo que permanecí a bordo del clíper, debo decir que nunca llegué a temer la muerte. Al menos así lo recuerdo. Nuestra comida se terminaba, estábamos sometidos a una ración diaria, y muchas veces tuve la sensación de estar viviendo algo irreal, pero también siempre miré la llegada de la «vieja parca» como algo muy lejano, y que, por alguna razón que ignoro, ella no podía sacarme a bailar a mí. Al menos no todavía.

Tampoco, debo confesar, que no tengo memoria de haber pensado mucho en aquel tiempo en mi novia, en mi Rosario, de seguro, como estaba recién iniciando la relación con ella, la habré echado de menos en más de alguna oportunidad, sin embargo, no recuerdo que hubiera sentido enormemente su falta.

Rosario Sayago, en ese entonces, era para mí más una imagen idealizada que una mujer real, como lo es ahora. Era Dulcinea, Penélope, una imagen lejana, un anhelo. Estaba acostumbrado a vivir solo, en el desierto, generalmente sin más compañía que una recua de mulas, y a veces algún arriero, pero desde niño fui un ser solitario, y de hombre siempre sentí que me bastaba a mí mismo.

Hasta hoy en día, que vivo con Rosario desde hace muchos años, que ella es mi mujer y probablemente si muriera repentinamente y sin aviso previo, o incluso con él, mediante una enfermedad, de seguro y no creo que sea por mera costumbre (aunque pienso que desde luego algo de eso ciertamente que hay), añoraría un poco su compañía, y eso a pesar de no hacer vida marital desde ya hace muchos años, pero creo que nos entendemos y tenemos lo que podríamos llamar una «buena amistad» .

No soy naturalmente muy apegado a otros. Me cuesta mucho y me resulta forzado. No soy «sociable», como se dice ahora, aunque me gusta participar en cosas concretas de mi especialidad y en reuniones técnicas, en las que disfruto y aprendo. Quizá Rosario, mi mujer siendo tan silenciosa, inteligente, eficiente y delicada, sea junto a Violeta Cifuentes, las únicas personas con las que alguna vez he tenido un mayor afecto y apego, además, por supuesto, de José María Goyenechea, mi hermano mayor, que reemplazó la figura paterna, pero que cuando tuve edad suficiente, dejamos la relación de padre e hijo y nos hicimos verdaderos amigos.

NOVENA SESIÓN

Hoy es domingo, mi mujer ha salido a oír misa a la parroquia de los curas capuchinos, San Saturnino, patrono de los terremotos, en la calle Santo Domingo, que no queda muy cerca, aunque también está en el barrio Yungay, a varias cuadras de distancia de nuestra casa, pero a ella le gusta ir allí y caminar los veinte minutos que se tarda en llegar, y yo, mientras tanto, estoy sentado en mi sillón, en el que poso para el retrato que está pintando José Backhaus, que hoy también ha venido a seguir trabajando, a pesar de no ser día laborable. Al parecer quiere terminarlo ya, de lo cual me alegro, pues esto ya comienza a cansarme.

Rosario me dice, cuando le pregunto a qué va a misa, que va a agradecer y a pedir a Dios. Lo de agradecer lo entiendo, pero no lo de pedir. Quien pide algo, es porque espera recibirlo, si no, no lo pediría, pero se supone que ese Dios a quien mi mujer dirige su súplica, conoce perfectamente su corazón y, por tanto, sus deseos y necesidades, por eso pienso que si no le ha concedido lo solicitado a quien se lo pide, tiene que ser por algún motivo.

Desde una perspectiva lógica, eso puede deberse a dos causas posibles: uno, porque no puede hacerlo, lo cual va contra la idea misma de Dios, por lo que no sería esta una alternativa válida; o dos, porque no desea hacerlo, puesto que sabe (además con infinita sabiduría) que lo solicitado no es lo que realmente requiere el peticionario, y si esto es así, para quien cree que es la providencia de Dios lo que rige al mundo, y que las cosas pasan porque Dios así lo ha dispuesto, el rogar a Dios debería ser completamente inoficioso e inútil, pues sus ruegos y peticiones, por mucho fervor que ponga en ello, no harán que su Dios «cambie de parecer» y le conceda ahora lo que hasta ese momento le ha negado.

Porque, si así fuera, es decir, si Dios pudiera cambiar de opinión, en virtud de lo que los fieles desean o demandan, Dios no sería inmutable, propiedad que siempre le ha sido atribuida a la divinidad, pero además tampoco podría existir ese Plan Divino que supuestamente gobierna toda la creación, sino que quedaría sujeto a los vaivenes e inestabilidad propios de una voluntad caprichosa, que hoy dice que no, pero que mañana, después de unos cuantos ruegos, lloriqueos o lo que sea, consiente en darle al solicitante lo pedido por este, lo que, desde luego, tampoco se avendría con el Dios infinitamente justo que predica el cristianismo, sino más bien se parece al dios negociador de los judíos en el Antiguo Testamento, o a los dioses que adoraban el pueblo griego, los cuales eran tan humanos que se enfadaban, engañaban, cometían otras tantas malas acciones y, por supuesto, cambiaban de parecer cada vez que les daba la gana.

Pero, además, este esperar que Dios le conceda lo requerido o exigido, importa también una cierta ingenuidad y también podría ser considerada una forma de soberbia, pues el peticionario lo que está reflejando con su actuar es que parece saber mejor que esa deidad a la que le pide —y por eso solicita le sea otorgado— lo que es mejor para él, lo que más le conviene, es decir, al pedir algo lo que hace es pretender hacer prevalecer su conocimiento y voluntad por sobre la divina, lo que echa por tierra todo el fundamento de la fe, pues en la práctica, o con los hechos, está desconfiando en la superioridad del infinito conocimiento de un Dios que se supone que en el instante mismo de la creación ve toda la vida de los mortales, puesto que en él no hay pasado, presente y futuro, porque no está sujeto al tiempo, como sí lo estamos las creaturas...

Cuando trato de conversar sobre estos temas con Rosario, y le doy mis argumentos racionales, me mira con ternura, como si fuera un niño pequeño, se sonríe y la mayor parte de las veces me dice, dando así por terminado el asunto, que le pedirá a Dios que me dé su gracia para que yo pueda descubrir la riqueza de la fe. Pero yo también me río y le digo que no puedo echar de menos o en falta algo que nunca he tenido y le pregunto si cree que su Dios me dará ahora lo que nunca me ha dado y cuál sería la razón que tendría para hacerlo ahora y no haberlo hecho antes.

En cualquier caso, dejando a un lado estas reflexiones que casi siempre mi mujer califica de tautologías o sofismas, debo decir que me alegra que ella crea y que sus creencias la hayan ayudado en los momentos difíciles que le ha tocado vivir, y eso, desde luego, es motivo suficiente para agradecer a quien le habría dado esa gracia que le permite tener fe. (Agradecer es un gesto distinto de pedir y creo que es único que los creyentes debieran hacer).

En esto, como también en muchas otras cosas, mi buena Rosario se parece mucho a su madre, doña Carmen Moreno, de quien heredó no solo el buen carácter y gran parte de sus convicciones, sino también la artritis que sufre estoicamente y en silencio especialmente los días como el de hoy, húmedo y frío. El rigor intelectual y su cultura provienen con seguridad del empeño de su padre —aunque, siendo justo, debo decir que también de su madre, que era una mujer muy inteligente— en que sus hijas estudiaran a la par que sus hijos. Lamentablemente en Copiapó, ellas estaban muy limitadas en ese aspecto y don José, como buen profesor de filosofía que era, se ocupó personalmente de instruirlas y hacerlas leer a los clásicos.

Mi educación más temprana, en cambio, no fue en un comienzo para nada sistemática; además de lo poco que recibía de la escuela pública, fui cogiendo los libros de la biblioteca que tenía en su casa mi hermano mayor, siguiendo a veces —muy pocas, desde luego— sus consejos, y mayormente en forma intuitiva, sin ningún orden ni concierto.

Leí, siendo casi un niño, no solo novelas, que era lo que más me gustaba, y podía pasarme horas en esta tarea, sino que revisé algunos de los tomos de la Encyclopédie y textos de historia y filosofía. José María me dejaba hacer y descubrir por mi cuenta. Cuando llegué al Colegio de Minería, la cosa cambió, no solo por lo estricto y amplio de sus programas, sino que también, y principalmente, por la mayor madurez que yo ya había logrado alcanzar.

Estoy un poco inquieto por lo que me he levantado de mi asiento con el expreso permiso de mi retratista y, antes de volver a sentarme en el sillón, he recorrido la casa de arriba abajo; el único sitio donde no me metí es la cocina, sentí a la cocinera trasteando con ollas y sartenes y se me quitaron las ganas de entrar en ese reducto femenino. En el comedor vi a la muchacha del aseo poniendo la mesa para nosotros. El resto de la casa estaba silenciosa y en paz.

Mi intranquilidad es por Rosario. Hay demasiados sinvergüenzas por ahí y una mujer mayor y sola puede ser una buena presa para los rateros, aun en domingo. Tal vez debería haberla acompañado, en lugar de quedarme aquí posando para este estúpido retrato, pero meterme a una iglesia y estar allí más de una hora, oyendo latines de un cura capuchino que además me da la espalda y cuando se sube al púlpito lo que hace es amenazar con el infierno a quien no piense o actúe como él y el señor obispo quieren, es decir, que voten por los conservadores, la verdad no me hace ninguna gracia y excede con mucho lo que, a estas alturas de mi vida, soy capaz de soportar.

Podría haber esperado en la plaza Portales, que está al costado de San Saturnino, y que tiene esa bonita escultura de Virginio Arias, que se parece al supuesto «roto chileno» como un huevo a una castaña; es cierto, lo pensé, pero al final no lo hice y aquí estoy, sentado rumiando mis temores y posando como un tonto.

Conforme pasan los años siento que se me han ido acrecentando los viejos miedos y apareciendo otros nuevos, o sea, que me he vuelto un estúpido viejo aprensivo y temeroso e incluso un poco irresoluto, y eso no me gusta nada, porque lo noto perfectamente, ya pesar que dicen que uno nunca es buen juez de sí mismo, me da una tremenda rabia y un poco de pena.

Cuando una vez le comenté esto a Rosario, se rio descaradamente de mí, incluso con carcajadas, y me dijo que a lo mejor me estaba volviendo más dulce y humano, a lo que le retruqué con el mismo humor diciéndole que cómo sería de cierto lo que le decía, que hasta ella hacía mofa de mi actual condición y que me había perdido todo el respeto riéndose así de mí.

Cuando era joven e incluso después de dejar de serlo, nunca me sentí así, ni creo haber sido un maldito miedoso. Me tenía por un hombre valiente y decidido. Siempre me enfrenté solo a los temidos «cangalleros» e incluso una vez, en una pelea, aunque no lo busqué ni quise, le di muerte a uno de ellos.

Recuerdo que ocurrió del siguiente modo. Volvía a Copiapó desde La Ola, después de haber trabajado allí algo más de dos años, con mis mulas cargadas de muestras de mineral que había recogido por mi ruta desde el norte, Olegario Mansilla, quien me había acompañado gran parte del recorrido se había desviado poco antes para ver un yacimiento que le interesaba y mientras caminaba solo por una estrecha quebrada ya cercana a mi destino, casi sin que me diera cuenta, se me acercó por el lado derecho un hombre de edad indefinida, que no supe de dónde salió, con una mirada torva y mal vestido, e inmediatamente se puso a mi lado y me dio palique, mostrándome al hacerlo sus dientes podridos y negros y una lengua de color grisáceo tan asquerosa como el resto de su boca, desde donde salía un aliento tan fétido y repugnante, que pensé en que, como mínimo, ese hombre debía de alimentarse de excrementos o de comida descompuesta. No supe entonces qué quería o por qué se me acercaba tanto.

Pues bien, luego de que avanzáramos un corto trecho, mientras el sujeto maloliente caminaba a mi diestra, hablándome y riéndose constantemente sin ton ni son, procurando al parecer contarme algo gracioso para entretenerme o distraerme, pero a lo que yo no prestaba mucha atención, pues en lo único en lo que podía pensar, teniéndolo tan cerca, era en el mal olor que expelía de su boca, y cuando supuse que iba a acabar su insulsa perorata dejándome tranquilo, en la parte más angosta del sendero de la quebrada, de la nada aparecieron delante nuestro otros dos hombres, uno con cara de rata y tan mal vestido como mi reciente acompañante y otro un poco más alto que yo, pero bastante más fornido, con una gran cabeza adornada con unas mechas ralas y sucias que hacían juego con un par de grandes «orejás de paila», una de las cuales parecía haber sido mordida, pues le faltaba el trozo superior.

«Cara de rata» me miró con unos ojos negros y pequeños que despedían odio y desprecio al mismo tiempo y se sonrió. Me detuve y quedé frente a los dos hombres dejando al tercero a mi derecha, pues se había detenido al mismo tiempo que yo y era evidente que formaba parte de la pandilla de bandidos. Las mulas estaban detrás de mí y me cerraban el paso en ese estrecho lugar.

Ya no tenía duda alguna; eran tres «cangalleros» que pretendían asaltarme y si no me defendía, me matarían sin piedad. Puse mis músculos en tensión y muy despacio fui subiendo mi mano derecha hasta llegar a la cartuchera con el revólver Webley del Ejército inglés, calibre punto cuatro cinco cinco pulgadas, que siempre llevaba al cinto y que aún conservo limpio y convenientemente engrasado.

Lo siguiente sucedió muy rápido. Los ladrones no esperaban mi reacción. Giré en ciento ochenta grados rápidamente y con mi mano izquierda le acerté un buen mamporro en la cara al sinvergüenza que estaba a mi lado y con la derecha saqué raudamente mi revólver de su funda, al tiempo que lo amartillaba y giraba nuevamente quedando otra vez de frente a los bandidos.

El personaje al que mentalmente yo ya había apodado como «boca de caca», con el intempestivo puñetazo que recibió entre la mandíbula inferior y el costado de su cabeza, cayó pesadamente hacia el lado golpeándose fuertemente al caer, como pude ver por el rabillo del ojo, con una roca que estaba a la vera del camino. Los otros dos pillos, al verme de frente con mi revólver amartillado y en la mano, solo atinaron a dar media vuelta y echar a correr por el estrecho sendero de la quebrada como alma que lleva el diablo, dejando abandonado a «boca de caca» a su suerte. No les disparé pero si solté un tiro al aire ya que solo me bastaba con hacerlos huir.

Cuando los otros dos ya estaban lejos, cautelosamente me acerqué al ladrón caído, pero pronto me di cuenta de lo vano de tanta precaución, pues no se movía y parecía desmayado; al cogerlo para pretender amarrarle las manos pude constatar que no respiraba, y en el suelo entre las piedras había un charco de sangre que empezada a coagularse. El hombre estaba muerto. El muy desdichado probablemente se había partido el cráneo al caer contra una de las rocas de la orilla del sendero. Lo subí a la grupa de una de las mulas, le uní los pies con las manos con la cuerda para que no se cayera y seguí mi camino hacia la ciudad, con el arma en la mano por si los dos ladrones volvían a asomarse nuevamente.

Al llegar a Copiapó, sin ni siquiera descargar las mulas, me dirigí raudo a la casa de Braulio Carvallo Matta, que se desempeñaba entonces como intendente provincial de Atacama y de quien dependía la Policía, es decir, el Cuerpo de Guardias Municipales, que en dicha ciudad estaba compuesto por un poco más de una decena de oficiales y unos doscientos hombres y abarcaban todo el territorio de la provincia.

Le conté lo sucedido y él a su vez me informó mirando el cadáver que sabía que hacía una hora o un poco más habían venido dos personas que denunciaron haber sido asaltadas por un sujeto que había matado a su compañero y que había huido con sus mulas y un bolaco enorme de plata que ellos traían. Don Braulio me conocía, sabía perfectamente quién era yo y por eso le solicité que los mandara a llamar y que aclaráramos definitivamente las cosas.

Comparecieron los «cangalleros» denunciantes y delante del intendente y el jefe de la Policía, les pregunté en cuál de las mulas estaría el «supuesto gran bolaco» que ellos traían y que yo les habría robado, y señalaron a una de las tres que era la que tenía la carga más voluminosa, además de la que portaba el muerto. Revisamos las alforjas y vimos el contenido de la carga y desde luego no apareció ningún bolaco de plata. Gritaron que era probable que yo lo hubiera escondido por el camino para después ir a buscarlo. Les contesté que yo no sabía que ellos vendrían a Copiapó a denunciar este «supuesto robo» y que nada más llegar me vine a ver al señor intendente provincial para dar cuenta de lo sucedido, y entregar el cuerpo de su compañero fallecido accidentalmente.

Les pregunté después cómo se llamaban las mulas supuestamente «robadas» por mí y tampoco pudieron responder, diciendo que no tenían ningún nombre, que solo eran animales.

Entonces me alejé unos metros y llamé por su nombre y con un silbido largo a Caprichosa, que era la mula que estaba primera, quien vino hasta mí rápidamente. La acaricié y le solicité a «cara de rata» que hiciera lo mismo con la siguiente mula y, aunque lo intentó con varios nombres y silbidos, ninguna acémila se movió de su sitio. Los dos «cangalleros» se miraron el uno al otro y al verse descubiertos salieron corriendo, igual que la última vez en que nos habíamos visto.

La Policía los atrapó un poco más allá sin mayor dificultad y los llevaron directamente a un calabozo de la cárcel, a la espera de entregárselos al juez que debía decidir su futuro cercano.

El señor intendente, con posterioridad a lo ocurrido, conversó con su hermano mayor, Diego, dueño de la mina de plata San Antonio, quien atestiguó contra los bandidos, señalando que los conocía y que ambos eran «cangalleros», pero como ya no podían aparecerse por las faenas, pues sus caras serían inmediatamente reconocidas, por haber cometido fechorías en demasiadas oportunidades, estos delincuentes ahora asaltaban y robaban directamente en los caminos a los mineros de la zona.

El juicio se llevó a cabo varias semanas más tarde y, después de declarar, preparé mis avíos nuevamente y partí otra vez caminando por el desierto rumbo al norte. No recuerdo cómo se llamaban los malhechores e ignoro hasta ahora cuál fue la condena y el nombre del muerto que se enterró en la fosa común de la ciudad.

Después de la trifulca armada por los «cangalleros» y su falsa acusación, ya era tarde cuando me dirigí a la casa de mi hermano José María, quien me recibió con el cariño de siempre. Antes de comer y darme el merecido baño caliente por el que suspiraba, y mientras se calentaba el agua para llenar la bañera de latón de la casa de calle O'Higgins dos ocho cuatro, en la que había disfrutado desde niño, saqué las muestras de mineral y las demás cosas de las alforjas y la carga amarrada al lomo de las mulas, dejando a los nobles animales con algo de forraje en el establo, contiguo a la casa.

Entre las cosas que tuve que descargar delante del intendente y los facinerosos para luego volver a subir a la mula y que nuevamente estaba descargando, había un singular meteorito que vi caer en el desierto de Atacama, y que tuve que esperar más de un día que se enfriara en su pequeño cráter para poder desenterrarlo y cargarlo en una de las mulas. Lo saqué del hoyo que había hecho tirándolo con una de las mulas, mediante una cuerda que amarré como pude a su alrededor. Ahora que lo pienso, es muy probable que ellos me hubieran visto y que el pesado y aparatoso bulto del meteorito fue lo que mis asaltantes confundieron con un enorme bolaco de plata, desatando su codicia, y por eso señalaron a la mula que lo cargaba.

La piedra venida del cielo tenía una forma irregular alargada, de una dimensión de más o menos setenta centímetros y, en su parte más ancha, unos cincuenta centímetros de diámetro, siendo su parte más estrecha de unos veinticinco o treinta centímetros aproximadamente, de color negro opaco, muy dura, y me pareció extraordinariamente pesada en relación con el tamaño. No pude determinar a simple vista qué minerales contenía, pero me imagino, por el peso, que en ello había una gran cantidad de hierro y algunos otros metales como el níquel y tal vez silicatos.

Mi hermano la miró detenidamente, me señaló que era muy raro ver meteoritos tan grandes y me aconsejó que por ello lo donara al Colegio de Minería, en mi calidad de exalumno. Con esa donación y desde luego muchas otras que ya poseía, el Colegio estaba formando una colección que ayudaría a la formación de futuros alumnos.

Algunos años después, José María, me contó que había visitado el Colegio y que no figuraba mi nombre como donante en la vitrina en la que se exhibía «mi» meteorito y que él había intentado, pero sin lograr el éxito, que el rector, don José Antonio Carvajal, que podía recordar lo ocurrido, corrigiera esta omisión que él consideraba injusta, puesto que en varias otras vitrinas se habían preocupado de destacar quién había sido el donante benefactor.

No sé si en la actualidad haya habido algún cambio al respecto, no he vuelto desde hace mucho tiempo a Copiapó, ni tampoco al Colegio de Minería, aunque debo confesar que ahora, de viejo, mi vanidad se ha acrecentado y tal vez por ello, pienso con la nostalgia de quien cree que se encuentra próximo al término de sus días, que me hubiera gustado que se reconociera con una mención mi pequeño aporte a la colección del Colegio.

Mientras recordaba estas peripecias y durante el momento en que me miraba casi sonriendo la mano izquierda, la del puñetazo propinado a «boca de caca», que probablemente hoy no sería capaz de dar, al menos no con esa fuerza y eficacia, he sentido que se abría la puerta de la calle y poco después he oído la voz de Rosario, preguntándole a la muchacha de servicio si ya estaría todo listo para la comida. Ya estoy tranquilo pues veo que ha regresado de sus ocupaciones pías o, mejor dicho, de sus «beaterías», sin mayor novedad… y pensando en Atacama y el desierto, que siempre recuerdo, me pregunto cómo se dirá «beato» o «beatería», con esa carga despectiva que nosotros le damos en kunza.

El kunza o cunza (con k o con c, que para el caso da igual cómo se escribe pues se pronuncia igual) es el dialecto o idioma de los indios atacameños, que es un lenguaje distinto y diferente al quechua y el aimara que hablan otros pueblos aborígenes que habitan en el norte de Chile, Perú y Bolivia, aunque es probable que tenga orígenes semejantes o comunes.

Cuando se le pregunta a un atacameño qué quiere decir la palabra kunza, responden simplemente con un gesto de indiferencia y tocándose el pecho y la boca, dando a entender así que simplemente es lo propio de ellos, lo suyo, lo que les pertenece a ellos, es decir, lo que se llamaría «nuestro», de manera que cunza querría decir algo así como «nuestra lengua».

Es cierto que muchos de los habitantes de los pueblos de Atacama entienden el castellano y hablan además los lenguajes de sus vecinos, pero entre ellos se comunican en su idioma regional vernáculo, que me sonaba gutural y del cual solo conocí algunas expresiones, casi nada, por la reticencia que tienen a hablarlo delante de extraños y desde luego mucho me temo no tengan un adjetivo para designar «beato» o «beatería» entre su vocabulario.

Así, lo poco que logré aprender de la lengua cunza fueron solo palabras sueltas, siempre relativas a cosas triviales, a ellos mismos o al tiempo, al desierto, a temas agrícolas o de pastoreo, a la fauna y flora de la zona, a la vida doméstica, etcétera, pero todo aparentemente simple y en función de nombrar realidades concretas. Sin embargo, me di cuenta de que, a pesar de sus pocos vocablos, conocen la aritmética y suman y cuentan al igual que nosotros, con un sistema numérico completo que es prácticamente idéntico al nuestro y que usan para comerciar.

El hombre atacameño es naturalmente reservado y desconfiado, resiste, aún hoy, pasivamente al hombre blanco, me imagino que de la misma manera que habrán resistido al inca, sus anteriores conquistadores. Son callados y observadores. Cuesta mucho ganarse su confianza y lograr el aprecio de los habitantes de lo que se mal nombra como el «despoblado» de Atacama.

Hace algún tiempo leí un interesante trabajo sobre el lenguaje o idioma cunza que fue publicado en mil ochocientos ochenta y ocho, por mi coterráneo y compañero del Colegio de Minería, Francisco San Román, quien era dos años mayor que yo y que falleció hace algunos años (creo que en mil novecientos dos).

Francisco San Román, en su calidad de ingeniero de minas, fue designado por el presidente Federico Santa María, jefe de la Comisión Exploradora del desierto de Atacama, que recorrió esta extensa zona geográfica varias veces desde la cordillera al mar elaborando el mapa que hasta ahora se usa, y San Román en sus numerosos libros y escritos relata esa rica experiencia. Aquella de estas obras, en que trata sobre la lengua de los atacameños, es muy ilustrativa y coincidente con lo poco que yo pude descubrir al respecto.

Recuerdo perfectamente a Francisco San Román de joven y lo reconocí sin problema alguno ya de mayor en Santiago, una vez que nos reencontramos, a pesar de que había dejado de verlo hacía muchísimo tiempo y al hecho de que no tuvimos una especial amistad, no solo porque fuimos compañeros de colegio durante los cuatro años que estuvimos juntos en el Colegio de Minería, sino también porque sus padres, don Francisco y doña Presentación (Presi, para amigos y conocidos) habían llegado a Copiapó desde Argentina junto con mi suegro, José Sayago Anzoátegui, y el mismísimo Domingo Faustino Sarmiento (de infausta memoria para nosotros, que también al comienzo de los años de su residencia en Chile se instaló en Copiapó y trabajó como mayordomo en Chañarcillo), además de varios otros ciudadanos transandinos exiliados, que venían todos huyendo de la dictadura de Juan Manuel de Rosas (a quien llamaban El Tirano) y las familias Sayago Moreno y San Román San Román (sus padres, que eran primos) provenían de San Juan —lo mismo que Sarmiento— y se afincaron en Copiapó, por lo que lógicamente eran amigas y se frecuentaban.

El padre de mi compañero del Colegio de Minería había sido gobernador de la provincia de San Juan y cuando los vientos cambiaron y cayó Rosas, a don Francisco lo nombraron cónsul de Argentina en Copiapó.

Ahora que lo pienso, con la perspectiva de los años, tal vez podríamos haber sido más amigos Francisco San Román y yo, pues nos parecíamos en muchas cosas, y creo que fue una gran persona, pero eso no ocurrió, ignoro la razón, aunque puede ser que el hecho de que yo sintiera que no le gustaba a mi futuro suegro, José Sayago, me hiciera rehuir o desconfiar de quienes eran sus amigos o los hijos de sus amigos. En todo caso, tengo clara conciencia de que nunca fui bueno para hacerme de amistades; desde niño aprendí a estar y batírmelas solo, nunca tuve sociedades con nadie; me las arreglé con mis propios medios y, aunque tuve algunas ayudas, fue de parte de mis hermanos José María y Emeterio, a quienes desde luego quise y les estoy agradecido.

Y a propósito de los amigos del viejo Sayago, creo y digo —o, mejor dicho, pienso aunque no lo diga en voz alta— que el exiliado Sarmiento es de nefasta memoria, pues en su destierro, que duró once años, Chile lo recibió afectuosamente, ayudándolo, sirviendo de tribuna a sus escritos, nombrándolo incluso en cargos importantes (fue el primer director que tuvo la Escuela Normal de Preceptoras en Santiago) y enviándolo a Europa y a los Estados Unidos, corriendo con todos los gastos, para que pudiera conocer y estudiar los más modernos sistemas de enseñanza, y a pesar de todo esto, fue el peor cuchillo que pudimos tener los chilenos, antes y durante la guerra contra el Perú y Bolivia, lo que no es de extrañar pues es claro que este nefasto personaje desconocía lo que era la lealtad, la coherencia y la gratitud, y tengo plena certeza de que en su vida siempre actuó como más le convenía políticamente.

Ejemplo de ello se puede ver al comparar sus escritos cuando Chile reivindicó para sí y tomó posesión oficial del Estrecho de Magallanes, en el año mil ochocientos cuarenta y tres, época en que Sarmiento escribió elogiosos artículos celebrando lo actuado por el presidente Manuel Bulnes, reconociendo expresamente los títulos que amparaban jurídicamente esta acción chilena y estuvo en contra de la poster reclamación que la República Argentina —su propia patria— hizo al respecto, pero después, cuando ya este majadero falaz no tenía necesidad de atacar a su archirrival, Juan Manuel de Rosas, en el año mil ochocientos setenta y ocho, se desdijo completamente de lo antes expresado y asumió la postura contraria, sosteniendo virulentamente la tesis trasandina, que pretendía tener mejores derechos que nuestro país en el estrecho austral.

Pero lo que demuestra sin lugar a dudas el carácter doble y traidor del deplorable personaje, fue el hecho de que, mientras se desempeñaba como presidente de la República Argentina (lo que ocurrió entre los años sesenta y ocho y setenta y cuatro del recién pasado siglo), corriendo el año mil ochocientos setenta y tres, trató por todos los medios de que su país se adhiriera al tristemente célebre Tratado Secreto que habían suscrito Bolivia y Perú en contra de Chile, lo que afortunadamente no pudo conseguir debido a la oposición política que tenía en el Senado, organismo que afortunadamente rechazó su innoble propuesta.

Si hubiera tenido éxito en ella, probablemente habría sido de resultados catastróficos para nuestro país, pues debería haber combatido simultáneamente en dos frentes sumamente alejados el uno del otro, lo que supone unas líneas de avituallamiento extensísimas que hubieran sido imposibles de mantener los cuatro años que duró la Guerra del Pacífico.

Hay que recordar también que la «neutralidad» observada por nuestro vecino oriental se debió, al menos en parte, a la inteligente gestión del enviado del Gobierno chileno durante este conflicto, el joven José Manuel Balmaceda, quien supo hacer amigos entre los políticos trasandinos que se oponían a Domingo Faustino Sarmiento y a la guerra con Chile.

Hay algunos personajes, como este, que me resultan asquerosos, son aquellos que al cometer sus fechorías y traiciones lo hacen con una sonrisa, y jamás se ensucian la ropa, las manos y menos la conciencia.

En fin…, voy a pensar en otra cosa que sea más agradable, pues recordar a ese tal Sarmiento, a quien no conocí (menos mal) en persona, aunque lo vi pavoneándose varias veces en Copiapó siendo niño, me pone de muy mal humor, despierta mi profunda ira, y de seguro que, si continúo rumiando sobre todo el daño que hizo y que quiso hacer a nuestro país, no disfrutaré de la comida que ya estará a punto y es casi seguro que me dará dispepsia estomacal, y el consiguiente mal genio que finalmente terminan teniendo que soportar injustamente Rosario y la servidumbre.

Al parecer ya está servido el almuerzo. Oigo que Rosario me llama.

No sé si mañana lunes vendrá José Backhaus a terminar de una vez el dichoso retrato, lo veo cada vez más reticente y ha espaciado sus visitas, que realiza en sus ratos libres, que cada vez parecen ser menos. Creo, y no temo que pueda equivocarme mucho, que este buen hombre, aunque no me lo ha contado, se ha enamorado perdidamente, y que, por ello, como es menester, se va a ver a su novia en los momentos de asueto, y presiento que me dejará colgado.

Tiene, como diría mi hijo Arístides, todos los «síntomas de la enfermedad» del enamoramiento y me atrevería a apostar, aunque nunca lo hago, que es una mujer guapa e inteligente. Lo he visto, a pesar de lo serio y formal que es siempre, reírse solo al recordar algo que nadie más que él conoce. Parece estar en Babia, ausente completamente, y eso, en un hombre de su edad e intelecto, solo puede tener una causa: Una mujer que ha capturado su corazón y voluntad.

Me gustaría que su amigo, mi hijo Arístides Ramón, estuviera también en esa situación. Sé que sale con mujeres, pero no tengo idea quiénes son, ni mucho menos si son inteligentes y guapas o no, porque es tan reservado conmigo que nunca cuenta nada al respecto. Además, como ahora vive solo en la casa que le regalé en mil novecientos nueve, cuando se recibió de médico y obtuvo el premio al mejor alumno de su promoción, lo vemos mucho menos.

Su casa está ubicada al comienzo de la calle que hoy se llama Hermanos Amunategui y antes se llamaba calle del Peumo, casi llegando a la Alameda, en la vereda oriente, enfrente del palacete que llega hasta la misma esquina de la Alameda, que perteneció a los hermanos por quienes se nombró así la calle.

Cuando Arístides viene a vernos, conversamos de su profesión, que por lo visto lo apasiona, y no me entero de nada de su vida. No sé si con su madre, a quien adora, tiene un poco más de confianza y le cuenta algo acerca de sí mismo, que no sea relacionado con su trabajo...

DÉCIMA SESIÓN

Es lunes otra vez y, contra lo que yo creía, José Backhaus ha venido a seguir pintando. Me gustaría que esto terminara ya de una buena vez, pero aquí estoy posando nuevamente y aspirando el fuerte olor de la trementina y el aceite de linaza que emplea para pintar al óleo. El pintor me explicó que él mismo prepara sus pinturas como lo hacían los antiguos grandes maestros italianos del Renacimiento, técnica que aprendió hace algunos años en Florencia.

Una vez más José Backhaus me sorprendió. No sabía que había vivido también en Italia y le pregunté si le fue muy difícil vivir allí siendo un extranjero, a lo que me respondió que no, pero, con su parquedad habitual, no dijo nada más. Ni un comentario.

A mí, en cambio, me costó acostumbrarme a vivir en Santiago, a pesar de estar en el mismo país, porque siempre he sentido que es tan diferente de mi ciudad natal y de las otras en las que he vivido en el norte que, sobre todo al comienzo, a pesar de hablar el mismo idioma, me parecía estar viviendo en el extranjero.

Los santiaguinos, o mejor dicho quienes se consideran a sí mismos miembros de la «aristocracia santiaguina», no me gustan mucho, he encontrado que, por regla general, los hombres de aquí no son directos ni sinceros; no dicen lo que piensan y muchas veces tampoco piensan lo que dicen, son atolondrados y además me parecen un poco hipócritas, fatuos, insulsos e incluso afeminados, a todos les importa mucho la opinión de los demás, «el qué dirán». Para ellos es importante no desentonar y viven aparentando, preocupados de lo que hacen y dicen los otros, a los que al mínimo error o transgresión de sus ridículas reglas, «descueran» sin piedad alguna, disfrazando su maledicencia bajo el manto de la compasión y misericordia supuestamente «cristiana», lo mismo que hacen sus mujeres, que en este aspecto no son mucho mejores, ellas son frívolas pero pacatas, ridículas, y posan de tontas la mayoría de las veces, sin serlo, pues gran parte de ellas son mucho más inteligentes que sus maridos.

Hombres y mujeres siempre comienzan con la frase «Pobre Fulano, fijate lo que le pasó…» u otra por el estilo, en la cual parece que lo estuvieran compadeciendo, pero en realidad lo que hacen es poner de manifiesto su error y dejar sentado en su o sus interlocutores —generalmente es en grupo— lo estúpido que fue o el ridículo que hizo el personaje sobre el que se está comentando.

Nos establecimos definitivamente en Santiago en la década de mil ochocientos noventa. Digo definitivamente porque nuestra llegada a la capital fue en etapas, poco a poco, y los hechos que nos tocó vivir a Rosario y a mí, fueron de alguna manera empujándonos a quedarnos aquí y no volver al norte, a Copiapó, o a Antofagasta o a Calama, ciudades donde hasta entonces habíamos vivido.

En esa década, yo había venido varias veces para estudiar bien la posibilidad de quedarnos a vivir aquí, pero no me convencía del todo abandonar el norte, en especial Calama pues estaba comenzando a explotar la mina que tenía en la zona de Chuquicamata, a la que bauticé como «La Zaragoza», en recuerdo de Emilia, aquella mujer hija de esa tierra con la que estuve liado, porque ese yacimiento me resultó tan atractivo, veleidoso e impredecible como ella, a pesar de todo eso, y del poco capital con el que contaba, para tener donde llegar en mis frecuentes viajes, había comprado y alhajado una casa en Santiago ubicada en la calle Bulnes número cuarenta y nueve, donde aún vivimos.

Rosario, a su vez, me había pedido insistentemente que nos mudáramos al sur, que nos viniéramos a la capital. Ella, como es natural, quería vivir cerca de Arístides Ramón, quien, por decisión mía, había partido de su lado, y estaba interno en la Escuela Militar con tan solo once años, y así poder verlo, al menos los fines de semana, que tenía permiso de la Escuela para visitar a sus parientes.

La verdad es que después de lo ocurrido en la guerra civil del año noventa y uno, ninguno de los dos teníamos muchas ganas de seguir viviendo en nuestra casa de Antofagasta, ni tampoco de establecernos en Calama, donde los bandidos revolucionarios congresistas, que tenían la sinvergüenzura de llamarse a sí mismos «gente de orden», habían destruido parte de la casa, desvalijado mi laboratorio y ocupado militarmente toda la propiedad. Tuve suerte en que no me quitaran también las minas, como les ocurrió a otros mineros balmacedistas. La casa de Antofagasta terminé regalándosela a quien dejé allí de administrador, por el leal desempeño que siempre tuvo.

Ahora que lo pienso, me doy cuenta de que Rosario, a pesar de nunca quejarse, se sentía muy sola y realmente necesitaba volver a estar junto a quien más quería, su hijo, pues había tenido que terminar todo tipo de relación con sus hermanos y debido a que yo le había prohibido volver a verlos, pues sentía que me habían traicionado y no estaba dispuesto a perdonarlos ni tener ningún contacto con ellos. Para mí, después de lo que hicieron, tanto Carlos María como Francisco Sayago estaban muertos.

Mi gran sueño había sido siempre lograr explotar el mineral de Chuquicamata, al que me dirigí después de la guerra, cuando esa zona pasó a ser parte del territorio de Chile, pero que partí explorando desde mucho antes, cuando ese territorio pertenecía a la prefectura boliviana de Potosí, y había realizado los pedimientos correspondientes teniendo el pleno convencimiento de que era allí de donde los atacameños, antes de la llegada de los españoles, obtenían el cobre y el oro que usaban en sus herramientas y ornamentos.

De hecho, cuando era muchacho y soñaba con explorar el desierto, la pampa como lo llamaban, y descubrir grandes yacimientos, en alguna crónica leí que Diego de Almagro, a su regreso al Cusco, había herrado sus cabalgaduras con herraduras de cobre, proveniente de la fundición que tenían los indígenas en las proximidades del río Grande que desemboca en el río San Pedro de Atacama, cerca del Camino del Inca, ruta que la expedición española usó para regresar al Virreinato. Eso despertó mi curiosidad y me impulsó, muchos años después, a explorar la zona donde suponía que podía encontrarse. Finalmente la encontré, pero bastante lejos del río Grande.

El terreno donde después de mucho buscar descubrí el mineral que más tarde exploté, se encuentra a unas cinco leguas del poblado de Calama, un poco más al norte del grado veintitrés de latitud sur, en un cerro con una altura que oscila entre unos dos mil ochocientos o dos mil setecientos metros del nivel del mar, situado entre la cordillera de la costa por el oeste y la cordillera de los Andes por el este.

El hecho es que yo había declarado pertenencias mineras en esa zona, en la que sabía (o, mejor dicho, creía saber) que debía de estar el yacimiento del que extraían los metales en la época prehispánica, y para no despertar sospechas, algunos de los pedimientos los realicé a nombre de mis dos futuros cuñados, Carlos María y Francisco Rudecindo Sayago Moreno, a quienes, después, una vez que regresé a Copiapó, les conté mis planes y les expliqué la razón de haber inscrito a su nombre estas pertenencias, con lo que ellos estuvieron de acuerdo. Nunca, en ningún momento, les señalé que les estaba regalando las pertenencias, sino que había usado sus nombres por una razón de sigilo estratégico, pero que las pertenencias eran mías y pensaba poder explotarlas en el futuro, cuando tuviera el capital para hacerlo.

Trabajé durante años para lograr mi objetivo, me establecí primero en Antofagasta y luego en Calama, en donde puse casas compradoras de mineral y laboratorios de ensayo, para determinar la ley de los minerales, y así poco a poco, con bastante esfuerzo y sacrificios, fui juntando el dinero necesario para cumplir, al menos en parte, con mi sueño, pero cuando hacía muy poco había comenzado con la extracción del mineral de Chuquicamata en las minas que llamé «La Zaragoza», vi con sorpresa primero y luego con indignación que otros mineros llegaban a instalarse y precisamente en el terreno en donde se encontraban las pertenecías que yo había puesto a nombre de mis «queridos» cuñados.

Pregunté entonces con qué derecho extraían mineral de allí y me contestaron que ellos habían comprado esas pertenencias a los señores Sayago de Copiapó. Mi rabia y decepción en esos momentos fueron infinitas y decidí ir a Copiapó para aclarar las cosas.

Durante el viaje desde Calama a Copiapó, ciudades que distan de aproximadamente ciento sesenta leguas, las que recorrí en cinco días, me tranquilicé un poco, pero el enfado aún persistía y no dejaba en paz a mi espíritu. Tuve innumerables pesadillas y soñaba que los encaraba y obligaba a devolverme lo que consideraba mío.

Llegué de noche a Copiapó, e inmediatamente me fui a la casa de mi hermano José María Goyenechea, quien me recibió con el cariño de siempre y, después de comer, con una copa de un aguardiente de uva moscatel que él destilaba, en el salón de su casa, le conté lo sucedido. Mi hermano me tranquilizó diciéndome que probablemente todo sería debido a un error y que no creía capaz a Carlos María Sayago, que también era su amigo, ni tampoco a Francisco, de hacer algo así, sin siquiera consultarlo conmigo.

A la mañana siguiente, temprano, cuando recién empezaban a asomar los primeros rayos de sol en el valle, me dirigí raudo a la casa de Carlos María, el mayor de los hermanos Sayago Moreno, a quien encontré desayunando con su familia, me invitó a pasar y esperé en la salita mientras se despachaba con una buena tortilla y algunas otras menudencias. Una vez a solas con él, le señalé lo que me traía a hablarle. Reconoció que efectivamente había vendido las pertenencias, pues no creían que tuvieran ningún valor, y que les había ofrecido un buen precio en dinero contante y sonante por ellas.

Me explicó que ellos pensaban que a mí no me molestaría pues ya estaba por vencer el plazo para el establecimiento de las faenas que exigía la ley y estaban dispuestos a compartir conmigo parte de lo conseguido por él y su hermano Francisco.

Le dije claramente que para mí sí eran importantes y mucho. esas pertenencias, pues debido a la explotación que debía realizarse siguiendo las vetas era necesaria una gran extensión de terreno para que fuera rentable la extracción del mineral, puesto que las vetas de mineral eran horizontales, y que consideraba que tanto él como su hermano me habían traicionado de mala manera, actuando a mis espaldas, por lo que no estaba dispuesto a perdonarlos, salvo que me devolvieran, no el dinero obtenido que no me importaba, sino mis pertenencias, enfaticé lo de mis pertenecías, porque eran mías, yo no se las había regalado, y que ellos lo sabían desde el principio.

Me dijo que lo sentía mucho pero que eso era imposible de conseguir y, con una sonrisa sarcástica, que lamentaba haberse equivocado, pero ya no había nada que hacer, pues sus compradores ya habían iniciado —como yo ya sabía— la explotación de esos pedimientos. Pensé en abofetearlo por su cinismo y estupidez pero, finalmente, para no darle pie a que pudiera en el futuro justificar su mala acción con algo así, no lo hice, sino que salí de su casa, diciéndole que, desde ahora, a él y a su hermano Francisco —a quien no pude ver pues estaba en el sur y creo que para eso necesitaba ese dinero mal habido—, dejaba de considerarlos como parientes políticos y que mi familia, incluyendo mi mujer, no volvería nunca más a tener ninguna relación con los miembros de la familia Sayago Moreno.

Después de este mal trance, paseé mi amargura y decepción unos días en Copiapó y decidí embarcarme en Caldera para volver a Antofagasta, donde estaba Rosario, a quien, nada más llegar le comuniqué que había decidido que para nosotros, desde ahora y para siempre, sus hermanos y toda su familia estaban muertos.

Le conté latamente lo sucedido con las pertenencias de la zona de Chuquicamata, la canallada que me habían hecho Carlos María y Francisco y le dije que, por ello, nunca más veríamos a nadie más de la familia Sayago y que si ella lo hacía, yo lo consideraría también una traición y tampoco la perdonaría, por lo que, en ese caso debería decidir entre seguir casada conmigo o volverse para siempre a la casa de sus padres o de alguno de sus hermanos y no verme nunca más a mí ni a su hijo.

Rosario lloró varios días y nuestras relaciones se hicieron cada vez más tirantes, pero mantuve y no depuse, mi dura decisión. (Hoy creo que me equivoqué en eso, pero en ese entonces era más joven y muchísimo más rígido que ahora, de viejo, como suele ocurrir, y luego al pasar los años el orgullo simplemente me impidió dar pie atrás).

Pues bien, recién pasada una semana desde mi llegada a nuestra casa en Antofagasta, regresé a Calama para continuar con la explotación, de forma muy rudimentaria (con picota y pala), de la mina que abrí en mis pertenencias de Chuquicamata, «La Zaragoza», que fue la primera —y por tanto la más antigua de aquella zona—, de donde comencé rápidamente a extraer cobre, en su mayor parte como oxicloruro de cobre, bastante puro (que es lo que se conoce como atacamita, una piedra de color verde muy hermosa), el que generalmente viene acompañado de óxidos terrosos de fierro hidratado, o como anhidro (fierro oligisto, que se emplea en la fabricación de tintes y pinturas, de color rojo ocre), cuarzo y sulfato de calcio cristalizado.

En cualquier caso, el mineral extraído tenía una ley promedio un poco superior al quince por ciento, ya que en algunas partes llegaba hasta el dieciocho por ciento, lo que hacía económicamente factible su explotación.

Ahora comprendo que, a Rosario, viviendo en Antofagasta, le costara tanto encajar bien su soledad, y quisiera venirse a vivir a Santiago. Era no solo soledad y lejanía física, aunque pasaba abandonada gran parte del tiempo, sino también resentimiento y frustración. Ella no podía estar en desacuerdo conmigo respecto de la mala acción y que me sintiera traicionado por los dos Sayago, Carlos María y Francisco, pero tampoco podía dejar de querer a sus hermanos.

Su fuerte lealtad conmigo se oponía frontalmente al cariño que sentía por su familia, que siempre fue muy unida, y esa pugna interna entre corazón y razón, junto al hecho de que tampoco tenía a su hijo cerca, y la dureza de la vida en una ciudad naciente, fue minando, aunque no gravemente, su salud, pero que me hizo pensar en la urgencia de nuestro traslado a vivir a Santiago. Y nos vinimos, embarcándonos en uno de los vapores de pasajeros que hacían la carrera Antofagasta-Valparaíso para luego coger el moderno ferrocarril que unió en pocas horas el puerto con la capital.

Desde Santiago, seguí bastante tiempo manejando la explotación de las minas que tenía agrupadas bajo el nombre de «La Zaragoza» en Chuquicamata, pero con la edad, se me hacía cada vez más cuesta arriba (ya tenía sesenta años en el año mil novecientos) y estaba cansado; los permanentes viajes por barco y luego en mula, o en tren (el ferrocarril desde Antofagasta hasta Calama no se inauguró hasta mil novecientos dos), que me demandaba seguir con la extracción del mineral en Chuquicamata me agotaban cada vez más.

Por otro lado, tampoco podía soslayar la falta de capital y el hecho de que no había podido juntarlo debido a que el precio del cobre se había mantenido, desde mil ochocientos setenta y tres hasta mil ochocientos noventa y seis, a la baja y, si bien a comienzos del presente siglo, repuntó, el alza no fue suficiente como para formar el capital necesario, que cada vez era mayor, debido a la incorporación de nuevas tecnologías de extracción por parte de los norteamericanos, las que implicaban gran consumo de energía y, por tanto, de capital. Todas estas circunstancias me hicieron imposible continuar en mi empeño y, muy a mi pesar, tuve que dejar de lado mi sueño y vender las minas que componían «La Zaragoza».

También influyó en mi decisión el hecho de que Arístides Ramón Aguirre Sayago, nuestro único hijo, no mostraba ningún interés por la minería. En efecto, en mil novecientos uno, a los pocos años de establecernos definitivamente en Santiago, Arístides Ramón, a quien, desde que llegamos a esta ciudad, veíamos solo los domingos cuando tenía permiso de salida, ya contaba con dieciocho años, y al año siguiente, terminando sus estudios militares, y habiendo obtenido su nombramiento de teniente del cuerpo de ingenieros del Ejército, antes que lo destinaran a alguna unidad, solicitó su retiro de las filas castrenses para estudiar Medicina.

Para mi mujer, Rosario, que siempre ha estado muy unida a nuestro hijo, esto constituyó una gran alegría porque, a partir de entonces, se vino a vivir con nosotros y mientras estudiaba su carrera pudimos verlo más a menudo.

Otro punto importante de considerar fue que, desde hacía un tiempo, mejor dicho, desde el informe realizado en mil ochocientos ochenta y cuatro por el ingeniero Samuel Valdés Vicuña, que destacaba la importancia de la zona para la minería nacional de cobre, estaban rondando Chuquicamata, como aves carroñeras, varios extranjeros y chilenos, que creían que se podía hacer una rápida ganancia en la minería del cobre.

Entre ellos, según recuerdo, se encontraba un escocés llamado Norman Walker, quien tenía un establecimiento de comercio en Iquique que surtía de avíos a los mineros y a las salitreras. Otro de los que pululaba por allí era un abogado y banquero norteamericano de nombre Albert Cameron Burrage, conocido como A.C. Burrage, quien asesoraba y representaba a grandes empresas de su país, entre las cuales estaban las de los hermanos Guggenheim, que ya habían puesto el ojo en Chile. El abogado Burrage comenzó, al igual que Walker, a comprar para sus representados en secreto y poco a poco pertenencias a los pirquineros que trabajaban el cerro.

Norman Walker, una vez compradas algunas de las pertenencias mineras del cerro de Chuquicamata, rápidamente organizó la Compañía de Cobre de Antofagasta, en unión con la casa inglesa Duncan Fox, y comenzó la explotación de lo comprado, pero la mayoría de esos yacimientos adquiridos eran de baja ley, por lo que sus esfuerzos fueron en vano y terminó en bancarrota, debiendo vender sus minas a vil precio.

Este escocés, Norman Walker, estuvo involucrado en una historia curiosa y tragicómica. En mil ochocientos noventa y nueve, si la memoria no me falla, en una pequeña mina de propiedad de un norteamericano que arrendaba un francés de apellido Pidot, llamada «la Restauradora», debido a un desprendimiento de una ladera, quedó al descubierto un antiguo y estrecho túnel en el que se encontró una momia muy bien conservada de un minero indígena (¿quechua o atacameño?) que probablemente había muerto, por el golpe de una roca, o bien asfixiado tras el derrumbe del túnel en que trabajaba. La momia del pobre minero aborigen tenía con él sus herramientas de labor y su capacho para llevar el mineral. Uno de los trabajadores sacó el rígido cadáver con sus avíos y se lo llevó al administrador de la mina, el francés Pidot.

Debido al largo tiempo que el cuerpo había estado enterrado en contacto con oxicloruro de cobre, toda su piel presentaba el mismo color verde de la atacamita y un ingeniero yanqui de nombre Edward Jackson, que se encontraba allí de paso inspeccionando otra de las minas, rápidamente se dio cuenta de lo que el hallazgo podía representar comercialmente y le ofreció comprárselo al trabajador que lo había descubierto en quinientos mil pesos, lo que representaba una gran suma para ese obrero, pero este, a pesar del ofrecimiento, se negó a venderlo aduciendo que no era de él y que su jefe el señor Pidot debía decidir qué se debía hacer con el minero muerto, pero intervino entonces Norman Walker, quien también se encontraba en Chuquicamata, y rápidamente subió la oferta a dos mil pesos, esta vez realizada a Pidot, pues también creía que podía hacer un buen negocio con la exhibición del «muertito», como lo llamaban los pirquineros.

Al enterarse del negocio, Mr. Matthews, el dueño y arrendador de la mina «la Restauradora», impidió la transacción, señalando que el arriendo de su establecimiento no comprendía a los mineros vivos o muertos y que por lo tanto el cadáver encontrado le pertenecía.

Pero su arrendatario, el tal monsieur Pidot, se negó a entregarle la momia argumentando que como esta tenía más del uno por ciento de cobre, debía ser considerado como mineral que se había extraído de la mina y, por tanto, a él le correspondía, en su calidad de inquilino usufructuario de la faena minera.

Comenzó entonces una pelea legal entre Matthews y Pidot para decidir a quién pertenecía el cadáver encontrado. Como suele suceder, la batalla en tribunales se eternizaba y el cuerpo momificado, con tanto trajín, pues se había trasladado primero a Calama y después a Antofagasta, a pesar del buen estado en que se había encontrado, se estaba comenzando a deteriorar, pues los restos humanos momificados eran quebradizos. Debido a ello, que impuso premura al asunto, la momia fue vendida por las partes en contienda judicial, en mil pesos a un tercero, el dueño de la mina Rosario del Llano, un minero llamado José Toyos.

Cuando supo esto, Edward Jackson volvió a la carga y le ofreció a José Toyos asociarse en el negocio de exhibición, del cual se repartirían las eventuales ganancias. La momia fue entonces trasladada a la casa de Jackson en Santiago y exhibida al público con gran éxito, tanto que el entonces presidente de la Sociedad de Fomento Fabril, Hermógenes Pérez de Arce (a quien por cierto conocí) se entusiasmó con el negocio y le propuso a Jackson llevar a la momia en gira a Valparaíso, compartiendo las utilidades y los gastos.

Al parecer el negocio no fue del todo rentable y Jackson rompió la asociación con Pérez de Arce, alegando que no le había pagado su parte.

Pero dos porteños que visitaron la exposición de la momia decidieron comprársela a Edward Jackson en quince mil pesos, y formaron la sociedad denominada Torres y Tornero, quienes, al poco tiempo, sin haber pagado el precio prometido y teniendo ya en su poder el cuerpo momificado, decidieron llevar el traqueteado cadáver del primitivo minero de Tarapacá a los Estados Unidos para exponerse en el pabellón chileno en la Gran Exposición Panamericana en la ciudad de Buffalo, Nueva York.

Como míster Jackson no recibía el precio de la venta y no tenía noticias de los caballeros de Valparaíso, decidió enviar a los Estados Unidos un representante suyo, llamado

Raimundo Docekal, para que les cobrara el precio o recuperara la momia, pero el barco en que viajaba el mandatario se hundió al tratar de pasar el Estrecho de Magallanes y, aunque Docekal se salvó, tardó muchísimo en llegar a su destino. Edward Jackson viajó entonces a su tierra, pero a pesar de sus esfuerzo, no logró encontrar ni a su enviado ni a los deudores chilenos.

Entre tanto, los amigos Torres y Tornero se estaban dando la gran vida en el país del norte, haciendo giras en diversas ciudades, a pesar de lo cual, el negocio de la exhibición comenzó a decaer, pero los vivarachos chilenos siguieron gastando más de lo que este producía, por lo que un acreedor, la compañía Hemingway and Co, de Nueva York, les embargó la momia y, posteriormente, para pagarse sus acreencias se la vendió a J.P. Morgan, quien finalmente en mil novecientos cinco, la donó el Museo de Historia Natural de dicha ciudad, institución que antes había adquirido las herramientas y el capacho.

Desde entonces nuestro compatriota es allí exhibido como The Copper Man o El Hombre de Cobre. A Torres y Tornero, por su parte, el cónsul de Chile en Nueva York tuvo que comprarles el pasaje para que pudieran volver a Valparaíso, pues ya no tenían un peso, debido a la vidorra que se habían dado.

Como colofón de la historia, debo precisar que el pobre Edward Jackson nunca logró obtener ningún rédito por la famosa momia y, creyendo que esto era un castigo divino, señaló en una carta a un amigo común —quien me la enseñó, de ahí que conozco esta historia— que «es un pecado negociar con cuerpos de hombres muertos y nunca lo volveré a hacer».

No sé bien por qué me he acordado de toda esta historia…

Ya recuerdo la razón. Fue por Norman Walker. Es preciso señalar que, en su oportunidad, mucho antes de que se descubriera la momia y de que Walker quedara en bancarrota con su negocio minero, este escocés me hizo una oferta de compra por «La Zaragoza», que afortunadamente rechacé, para después, finalmente, algunos años más tarde, vender mis minas en Chuquicamata, a la compañía Guggenheim Brothers, que también había comprado las pertenencias de Walker y Duncan Fox.

El precio de la venta de las minas que componían «La Zaragoza» se acordó en libras esterlinas oro, que me pagaron al contado y sin mayor problema, pues las mías eran el grupo de minas con el mineral de mejor ley.

Los hermanos Guggenheim, los compradores de «La Zaragoza», también tienen una historia interesante de recordar y que ha salido últimamente en la prensa nacional, porque hace aproximadamente dos años, el presidente de la República, Ramón Barros Luco, desde el Palacio de la Moneda, simbólicamente dio inicio a las operaciones de la moderna planta termoeléctrica de Tocopilla que surtirá de la electricidad necesaria a las faenas mineras desarrolladas en Chuquicamata —ahora propiedad de los Guggenheim— y, antes de esto, los periódicos nacionales ya se habían referido a esta importante familia norteamericana, debido al honorable e incluso heroico comportamiento de uno de ellos, Benjamín, con motivo del hundimiento del buque transatlántico llamado Titanic, quien según contaron los testigos sobrevivientes a diferentes diarios, se despojó de su salvavidas para entregárselo a una dama que lo acompañaba y, después de ello, ayudó vigorosamente a salvar a mujeres y niños, a quienes puso a buen resguardo en los botes salvavidas, quedándose él a bordo y perdiendo su vida al zozobrar el barco.

La compañía Guggenheim Brothers fue formada al comienzo del presente siglo, al morir su padre, por los once hijos de Meyer Guggenheim, un emigrante suizo que llegó a los Estados Unidos en mil ochocientos cuarenta y ocho y se dedicó al comercio, llegando con esta actividad a lograr formar una gran fortuna. Uno de sus hijos, Daniel, el segundo de los hermanos (a Solomon, el hijo mayor, al parecer le interesaba más el arte) quedó a cargo de los negocios y, según se cuenta, sería él, quien, en mil ochocientos ochenta y ocho, habría aconsejado a su padre incursionar en la minería.

Cuando decidieron invertir en Chile, los Guggenheim ya tenían un amplio conocimiento de la zona norte de nuestro país, pues un poco antes, en mil ochocientos noventa y nueve, se habían asociado con la Compañía Minera Huanchaca, en una mina de plata en Pulacayo, Bolivia, y en un establecimiento de beneficio de este mineral en Playa Blanca, Antofagasta.

Daniel Guggenheim se encargó de la operación de compra de «La Zaragoza», como también de otras minas en Chuquicamata, lo que realizó con bastante sigilo y audacia, actuando muchas veces a través de agentes o testaferros, para evitar la subida de los precios, hasta lograr el control total de las pertenencias ubicadas en el cerro, las que posteriormente traspasaron a la Chile Exploration Company, sociedad creada para la explotación del mineral.

La Chile Exploration Company rápidamente realizó importantes inversiones de capital en la zona, entre las cuales se cuenta la construcción de la planta termoeléctrica de Tocopilla y comenzó a explotar a gran escala el yacimiento con la técnica de tajo abierto y enormes maquinarias y palas mecánicas a vapor que ya habían probado en las minas de sulfuros de cobre en Bingham Canyon, en Utah, Estados Unidos.

Creo sinceramente que lo que los yanquis están haciendo será un beneficio para nuestro país, pues ya ha aumentado considerablemente la producción de cobre fino. Siento, en todo caso, haber tenido que renunciar a mi gran sueño de juventud, pero la realidad es la que manda y yo no habría podido jamás lograr lo que ellos han conseguido.

Volviendo, en todo caso, al tema de nuestra llegada a Santiago en la década de los noventa, creo que fue más fácil de lo que yo esperaba, aunque, desde luego, no estuvo exenta de los problemas habituales de cualquier traslado. Cooperaron a ello el entusiasmo y el empuje de mi mujer, pues se cumplían sus anhelos: ver a su retoño, tener una nueva casa y el poder volver a ver jardines y verdor que nos recordaban el valle de Copiapó.

Creo, sin embargo, que nunca nada es sencillo o sin complicaciones en esta gran y ruidosa ciudad, y eso tal vez se deba, al menos en parte, a sus habitantes, ya que en muchos de ellos todo parece ser disimulo, falta de sinceridad y mucha apariencia, a lo que aún no he conseguido poder acostumbrarme.

En cualquier caso, el hecho que gran parte de mi familia, los Goyenechea, mucho antes de nuestro «desembarco» en la capital, ya se hubieran afincado en Santiago, constituyó un punto de apoyo importante para nosotros. Aquí, por ejemplo, tenía su casa, aunque no vivía en ella en forma permanente, sino que pasaba algunas temporadas, que alternaba con el sur, y después con París, mi hermanastra Isidora

Goyenechea Gallo, viuda de Luis Cousiño. No tuve que recurrir a ella, afortunadamente, pero el ser su pariente tenía un innegable valor.

Lamentablemente su hermano, Emeterio, a quien estimaba bastante más que a ella, también ya había fallecido hacía algunos años; mis primos y sobrinos, los descendientes de las dos familias Montt Goyenechea, vivían asimismo en Santiago y siempre fueron muy acogedores y cariñosos conmigo y mi familia.

Cuentan que Emeterio Goyenechea Gallo. cuando estaba muy enfermo, presintiendo su muerte como muy próxima, invitó a todos sus amigos a que lo acompañaran a una cena, en la que se sentó en la cabecera de la mesa y les pidió que ninguno se levantara, ni saliera del comedor hasta que él falleciera. Sus amigos con mucha pena accedieron a lo solicitado y una vez que Emeterio dejó este mundo, en el comedor de su casa, sus amigos quebraron las copas y avisaron a la servidumbre de la muerte del dueño de casa, para luego retirarse casa uno a la suya.

De los Matta Goyenechea, Guillermo, quien me tenía gran aprecio y me ayudó siempre, se esforzó en prestarme toda su colaboración y apoyo para que yo y mi familia pudiéramos instalarnos. Lamentablemente, falleció en enero del último año del siglo recién pasado, mientras se desempeñaba como senador por Atacama.

Su hermano mayor, Manuel Antonio, con quien tuve menos relación, pero que siempre fue muy cordial conmigo, falleció al poco tiempo de que nos estableciéramos en Santiago, en mil ochocientos noventa y dos, siendo senador por Tarapacá, la noche del mismo día en que había pronunciado un largo y extenuante discurso en el Congreso Nacional sobre las garantías individuales.

Mis parientes Gallo Goyenechea, hijos de mi tía Candelaria y Miguel Gallo, Ángel Custodio y Pedro León, asimismo habían fallecido cuando llegamos a Santiago, pero todos ellos habían estado muy bien situados, ocupando altos puestos en la política, el comercio y en general en la sociedad, por lo que el apellido Goyenechea, cuyo uso —como si fuera el apellido de mi madre— me había impuesto José María Goyenechea, mi querido hermano mayor, que nunca abandonó Copiapó, me fue de gran ayuda en esta nueva etapa de mi vida.

Además, varios conocidos ingenieros que me apreciaban también habían emigrado desde Copiapó a esta ciudad, y aquí los volví a encontrar, como me ocurrió con Francisco San Román un poco antes de su muerte, y con Telésforo Mandiola Mercado. Fue este último quien me apadrinó para entrar en el Instituto de Ingenieros, entidad de la cual fui presidente varias veces, alternándome con él.

A través de Mandiola, conocí a otro ingeniero de minas, y después ingeniero civil, Washington Lastarria, que era un poco menor que yo y fue quien, a su vez, me invitó a dar clases como profesor en la Facultad de Ciencias Físicas y Matemáticas, de la Universidad de Chile, donde él también impartía clases de metalurgia.

Washington Lastarria Villarreal, con quien compartí ideales, muchas batallas, alegrías y también sinsabores, era uno de los doce hijos de José Victorino Lastarria Santander, a quien Chile también le debe mucho.

Años antes de que me invitara a formar parte de la Facultad, a Washington Lastarria le habían encargado desde el Gobierno buscar profesores en Europa para elevar la calidad de los estudios de Ingeniería en nuestro país, aprovechando que él había concurrido al viejo continente en mil ochocientos ochenta y nueve representando a Chile en la Gran Exposición Internacional que se celebró ese año en París. Encargo que desde luego cumplió cabalmente, trayendo a Chile excelentes profesionales que mediante la docencia contribuyeron a que la ingeniería chilena tenga hoy un lugar destacado en nuestro continente.

Durante la Guerra del Pacífico, a Washington Lastarria se le encomendó la tarea de dirigir la construcción de los fuertes de Valparaíso, labor que no me cabe duda desempeñó en forma brillante. Hasta el día de hoy sigo viéndome con él al igual que con Telésforo Mandiola Mercado, que ahora he sabido que es pariente por el lado materno de mis primeros patrones, los Ossa, y que tenemos también antepasados comunes, pues la madre de mi padre era también perteneciente a la familia Mercado.

Cuando me acuerdo de Telésforo Mandiola, quien por cierto fuera uno de los fundadores del Colegio de Minería, como también de la Escuela Práctica de Minería de Chañarcillo, del Instituto de Ingenieros de Chile y de no sé cuántas cosas más, entre las cuales está el primer liceo de niñas del país en nuestra ciudad natal, además de haber sido más de una vez elegido Alcalde de Copiapó, siempre se me viene a la cabeza, ignoro por qué razón (aunque debe de ser porque a él se la oí contar en forma completa), la historia trágica de quien se decía que era la mujer más bonita de Chile, Teresita Blanco Gana, hija del almirante Manuel Blanco Encalada y mujer del riquísimo minero copiapino Francisco Echeverría Guzmán.

Según contaba Telésforo Mandiola, quien la conoció personalmente, esta bella, carismática y decidida mujer fue curiosamente la primera pasajera en transitar la línea férrea que une Santiago con el puerto de Valparaíso, antes que estuviera inaugurada la vía.

El hecho, creo recordar, habría ocurrido de la siguiente manera. En el comienzo del mes de septiembre de mil ochocientos sesenta y dos, cuando ella tenía unos esplendorosos treinta y un años, y la fama de su belleza era conocida en todo el país, Teresita, como todo el mundo la llamaba, fue invitada al baile que iba a dar la familia Tocornal en la capital.

Para asistir, ella viajó sola de Copiapó a Santiago, embarcándose en Caldera, después de realizar el trayecto desde Copiapó en el ferrocarril que unía ambas ciudades, y debido al mal tiempo que tuvieron a la altura de Coquimbo, se pudo desembarcar en el puerto de Valparaíso con bastante retraso, recién por la tarde del día antes del baile.

La diligencia a Santiago ya había partido y ella necesitaba llegar pronto a la capital. Pero se encontró que no habría otro viaje a la ciudad hasta el día subsiguiente, por lo que se perdería el baile al que había venido. Todo su esfuerzo habría sido en vano. Su gran carácter la llevó a buscar una solución a su problema, y viendo que existían líneas férreas entre Santiago y Valparaíso, aunque todavía no se encontraba inaugurado el ferrocarril, decidió hablar con el ingeniero inglés que estaba a cargo, míster Lloyd, a quien le explicó su urgencia.

El ingeniero le señaló que estaban en periodo de prueba de las vías y que, si bien tenían preparada una máquina que saldría en menos de una hora hacia Santiago a probar el estado de estas, en tales circunstancias el viaje era sumamente peligroso para una mujer y no podía él asumir la responsabilidad de que le pasara alguna desgracia.

La intrépida Teresa de los Dolores (así se llamaba), con su simpatía y coquetería habitual, le dijo que ella era perfectamente capaz de enfrentar ese peligro y que, si no le ponía un carro a la locomotora, ella se subiría igual al tren y se iría con el maquinista en su cabina.

Su insistencia fue tal que el inglés Lloyd no pudo seguir negándose y cedió, enganchando a la máquina un pequeño carro que se usaba para llevar las herramientas de los trabajadores, al cual la señora Echeverría, con sus baúles y criada incluida, se subió gustosa y partieron raudos rumbo a Santiago, llegando esa madrugada a la casa del almirante, para sorpresa de este y el resto de la familia. La noche de ese día hizo su entrada al baile de los Tocornal, vestida como María Antonieta, causando la envidia y el asombro de los demás asistentes.

Dos años más tarde, una calurosa tarde de febrero de mil ochocientos sesenta y cuatro, Teresita, quien era famosa, ya no solo por su belleza y gran carácter sino también por sus obras de caridad y por el interés que tenía de ayudar a los pobres y a mejorar las condiciones laborales de los mineros, mientras se encontraba visitando con su marido unas faenas mineras en la localidad de Totoralillo, en la región de Coquimbo, vio con asombro, y al comienzo le hizo un poco de gracia, que el ruedo de su largo y bello vestido (probablemente comprado en París, donde había vivido y se había casado, siendo sus padrinos de boda el emperador Napoleón III y la emperatriz Eugenia de Montijo), se enredaba en una de las ruedas del trapiche que molían el mineral, atrayéndola rápida y peligrosamente hacia su enormes ruedas de tal manera que en pocos segundos, y a pesar del esfuerzo de su marido y los demás acompañantes, que al principio miraban la escena sin darse cuenta de lo que sucedía, y que luego atónitos, tiraron de ella sin éxito para evitar que cayera al molino de mineral, el trapiche terminó tragándosela, falleciendo casi instantáneamente. Tenía Teresa treinta y tres años y prácticamente todo el país sintió su deceso.

Recuerdo en forma bastante nítida cuando la noticia nos llegó a las minas de Ossa y Escobar, en Chañarcillo, donde yo trabajaba por esos años como ensayador, y vi que muchos hombres recios y mujeres endurecidas de la pampa, que sabían quién era Teresa Blanco Gana de Echeverría o que la conocían personalmente, lloraban su trágica, repentina y horrible muerte…

Volviendo a mi vida en esta ciudad de Santiago, recuerdo que al llegar vi que existía una gran fraternidad entre todos los ingenieros y, al poco tiempo de estar instalándome aquí, Mandiola y Lastarria me animaron para que colaborara en la Sociedad Nacional de Minería, que se había creado en mil ochocientos ochenta y tres y de la cual yo me había hecho socio anteriormente.

Si bien en esa época aún alternaba mi vida en la capital con mis frecuentes viajes al norte, me integré con bastante entusiasmo en la preparación de la Primera Exposición de Minería e Industria que se celebró en mil ochocientos noventa y cuatro y que desde luego constituyó toda una novedad y tuvo gran éxito.

Después de la exposición participé en la comisión que revisaba la redacción del Código de Minería y que rindió buenos frutos para nuestra actividad pues las modificaciones del Código de Minería, que databa de mil ochocientos setenta y cuatro, antes de la incorporación de las grandes extensiones de territorio conquistado en la Guerra del Pacífico, permitieron que más personas pudieran dedicarse a esta actividad, porque una de las modificaciones que propusimos desde la Sociedad Nacional de Minería consistió en que no se le exigiera al minero tener que desarrollar la explotación del mineral para conservar la propiedad de la concesión, sino que pagar una patente minera anual para no perder su mina.

En agosto de mil ochocientos noventa y ocho, ingresé al Directorio de la Sociedad Nacional de Minería y en mil novecientos uno, los miembros me eligieron vicepresidente, cargo que desempeñé con bastante abnegación y empeño hasta hace tres años.

En mil novecientos catorce me retiré, pues sentía ya el cansancio de mis setenta y cuatro inviernos y no podía seguir el ritmo frenético de trabajo que siempre tuve. La sociedad me nombró entonces socio honorario y, con toda seguridad, a pesar de que nunca me lo expresaron, muchos de los miembros de la Sociedad tuvieron un momento de alegría viendo que, por fin, me retiraba.

A la Sociedad Nacional de Minería, al Instituto de Ingenieros, a la Facultad de Ciencias Físicas y Matemáticas y a la Sociedad Científica de Chile (Société Scientifique du Chili, como se llama internacionalmente) les entregué con mucho agrado, buena parte de mi vida, y obtuve con ello, no solo algunos buenos amigos, sino también muchas más satisfacciones que desdichas. He visto crecer y desarrollarse mi país y su minería y me siento orgulloso de haber contribuido, aunque sea en una mínima parte de ello.

Para variar —o mejor, para no variar— he ido nuevamente saltando de un tema a otro en mis recuerdos. A medida que envejezco mi tendencia a divagar sin rumbo ni propósito conocido ha ido en aumento, y al estar aquí sentado, casi inmóvil sin hacer nada más que posar para un retrato, aburrido, me hace cada vez más fácil que mi mente vuele hacia el pasado y se detenga en tonterías que tal vez no tengan mayor interés para nadie más que para mí.

En fin, nunca he sido muy conversador y José Backhaus, mi antiguo alumno que me está pintando, tampoco parece ser muy sociable cuando está concentrado con la paleta y los pinceles, y ahora menos que nunca, que seguramente aprovechará el silencio de su trabajo para pensar en su novia.

José Backhaus me avisa de que es todo por hoy y que no sabe cuándo podrá volver, pero que ya está casi terminado el retrato y solo le está faltando una mano que ya tiene esbozada para concluir y un poco más en el costado. Espero que terminemos con esto de una vez por todas y que sea lo antes posible…

EPILOGO

El retrato de don Cesáreo Aguirre y Goyenechea nunca se terminó. El pintor José Backhaus Martin se casó al final de ese año de mil novecientos diecisiete con la pintora y poetisa Sara María Camino Malvar; se fueron de viaje de novios a Europa y José ya no regresaría vivo a Chile.

José Backhaus, si bien había nacido en Chile y estudiado aquí, primero en el colegio de los jesuitas en Santiago, el Colegio San Ignacio, luego en la Facultad de Ingeniería y después en Escuela de Bellas Artes —una vez que abandonó su primera vocación para dedicarse por completo al arte—, era hijo de padre holandés y madre francesa (dominaba los idiomas de sus progenitores, además del inglés), por lo que era y se sentía más europeo que chileno.

En mil novecientos seis se fue a estudiar pintura a París, ingresando a la Academia Julien, para posteriormente ser becado por el Gobierno chileno para continuar sus estudios de arte, viajando a varios países, y radicándose finalmente en Florencia, donde se especializó en técnicas de pintura antigua.

Siendo ya un pintor consagrado, con solo veintinueve años, en el año mil novecientos trece, cuatro años antes de pintar el retrato de mi bisabuelo, José Backhaus había regresado a Chile para hacerse cargo de la cátedra de pintura decorativa en la Escuela de Bellas Artes, donde al poco tiempo conoció y se enamoró de una bella y delicada alumna, diez años menor que él, quien, en el año mil novecientos diecisiete, sería finalmente su esposa.

Fue precisamente en la Escuela de Bellas Artes donde José Backhaus se hizo amigo de otro profesor, casi de su misma edad —tan solo dos años mayor que él—, que, desde mil novecientos doce, hacía clase de anatomía, el médico cirujano Arístides Ramón Aguirre Sayago, quien resultó ser mi abuelo, y que en virtud de esa amistad es que aceptó retratar a su padre, don Cesáreo, a quien había conocido siendo alumno de Ingeniería. (Por cierto, mi abuelo Arístides seguiría las aguas de su amigo José Backhaus, y en mil novecientos veintitrés también se casaría con una alumna, María Felicitas Celia Neuhaus Ugarteche, catorce años más joven que él, a quien había conocido mientras ella estudiaba pintura en la Escuela de Bellas Artes y que fue mi querida abuela Tita).

Recién casados, la pareja Backhaus-Camino viajó a Europa, decidiendo, una vez allí, radicarse en Madrid, España, donde vivieron hasta mil novecientos veintiuno, año en el que se trasladan a París, ciudad en la que se vincularon con movimientos artísticos de vanguardia y con artistas como Pablo Picasso, Juan Gris, Le Corbusier, Sonia Delaunay, Vicente Huidobro, Juan Emar y los hermanos Ortiz de Zárate, entre otros.

Lamentablemente, al año siguiente, estando la cosmopolita pareja en el esplendor de sus carreras artísticas y con un mundo por delante, en mil novecientos veintidós, el pintor

José Backhaus Martin, con tan solo treinta y ocho años de edad, falleció sorpresivamente y en mil novecientos veintitrés, su viuda se vio obligada a regresar sola a Santiago, donde «cambió su nombre», abandonado el apellido paterno y el de su marido que hasta entonces usaba, quedándose solo con el materno, y ya desde ese momento se hizo conocida como Sara Malvar, retomando la poesía y, sobre todo, dedicándose a difundir el arte moderno —el nuevo arte para esa época—, comentando sobre pintura, arquitectura, urbanismo, escultura y poesía a través de sus artículos en el diario La Nación, y sus traducciones de importantes textos de revistas francesas. Es ella quien tradujo en Chile fragmentos del primer manifiesto del surrealismo e integró uno de los principales movimientos artísticos nacionales.

Por su parte, don Cesáreo Aguirre y Goyenechea, el retratado, falleció a la edad de ochenta y un años, probablemente debido directa o indirectamente a la epidemia de lo que se llamó «gripe española», que asoló Chile en esa época.

Se calcula que, en nuestro país, a pesar de su enclaustramiento geográfico, entre los años mil novecientos dieciocho y mil novecientos veintiuno, fueron entre treinta y cinco mil y cuarenta mil las personas que perdieron la vida por causa directa de esta pandemia de influenza, y este número sube si se incorporan a quienes sucumbieron debido a otras enfermedades relacionadas indirectamente con esta gripe, como, por ejemplo, la neumonitis.

En definitiva, la muerte a causa de esta enfermedad contagiosa se llevó en ese entonces a más del uno por ciento de la población chilena. (Porcentualmente bastante más que lo que ha ocurrido con el famoso coronavirus que estamos sufriendo ahora).

En el mundo, en todo caso, las cifras de la «gripe española» son mucho más aterradoras. En el contexto mundial, se debate si los muertos por esta forma de gripe o influenza están entre el dos y el cinco por ciento de la población, es decir, si se sitúa entre los mil ochocientos y mil novecientos millones de personas fallecidas.

Esto, junto a la Primera Guerra Mundial, hizo que la economía de todos los países, y no solo la de quienes participaran de la conflagración, sufriera graves consecuencias sociales y económicas que afectaron negativamente al mundo, las que en nuestro país se acrecentaron debido al descubrimiento en Alemania del salitre sintético, que desplazó al nitrato producido en esta tierra.

En el Chile de esa época, la pobreza, que ya era muy alta, aumentó de forma ostensible y con ello también el hacinamiento y las deficientes —y a veces inexistentes— medidas higiénicas que esta situación conlleva, e hizo que los fallecimientos por causa de la influenza alcanzaran al porcentaje de la población antes señalado.

Al momento de su fallecimiento, don Cesáreo Aguirre y Goyenechea estaba perfectamente lúcido, había sido atendido diligentemente por su hijo médico, Arístides Ramón Aguirre Sayago, y por su abnegada mujer, Rosario Sayago Moreno, quienes lo cuidaron hasta el final.

Su gran vitalidad y su amor por la vida hicieron que le costara abandonar este mundo, luchó como siempre lo había hecho, con la misma fuerza que le permitió de joven recorrer el desierto de Atacama y arrancarle su riqueza, pero en esta batalla siempre hay un solo ganador que todos conocemos, y el once de febrero de mil novecientos veintiuno, falleció. (Es un dato curioso que la fecha del día de su fallecimiento sea coincidente con el del nacimiento de su futura nuera, a quien no conoció, pues Felicitas Neuhaus Ugarteche nació en Iquique ese mismo día, pero del año mil ochocientos noventa y seis).

El cuadro del retrato, alrededor del cual se ha estructurado esta narración, quedó entonces sin terminar, pues como he anotado en las páginas anteriores, el pintor nunca volvió a Chile para poder hacerlo, y la pintura quedó tal como su autor la había dejado.

Al morir su padre, Arístides Ramón Aguirre Sayago, mi abuelo, lo mandó a enmarcar dentro de un óvalo que dejaba fuera la parte inconclusa de la pintura, precisamente la mano que está solo esbozada y así adornó, mientras él vivió, la consulta médica que tuvo en su casa.

Al morir Arístides Ramón Aguirre Sayago, en mil novecientos sesenta y ocho, su hijo mayor, Carlos Cesáreo Aguirre Neuhaus, mi padre, heredó el retrato de su abuelo y como en aquellos años no se llevaban los marcos tan recargados —o a él no le gustaban— le quitó el marco con el paspartú oval y lo mandó a limpiar para enmarcarlo nuevamente con uno más sencillo, rectangular.

Al retirar el cuadro del taller del enmarcador —quien además hizo la limpieza— descubrimos (yo lo acompañé entonces) o nos dimos cuenta de que después de la limpieza, y con este nuevo marco, se podía ver claramente una parte sin terminar del retrato, que antes no era posible observar por estar cubierta por parte del marco del paspartú oval.

Así, este cuadro inconcluso que retrataba al final de su vida a nuestro antepasado, que nos motivó a mi padre y a mí a escribir sobre el personaje pintado por José Backhaus, adornó y presidió el salón de su casa hasta su fallecimiento, ocurrido en el año mil novecientos ochenta y nueve.

Mi padre decía que cuando era niño el cuadro que después heredó, con la figura de su abuelo, le daba miedo, porque creía o suponía que el señor que allí aparecía estaba enfadado, y se imaginaba que el enojo era con él, pero una vez que lo colgó en nuestra casa familiar, encontraba que su abuelo estaba sonriendo y pensaba que eso se debía a que estaba contento de estar allí, entre su descendencia.

Al tiempo después de fallecer mi padre, y cuando solo quedaba en casa mi hermano menor, mi madre decidió vender el caserón familiar y repartió entre sus hijos algunas cosas. Como mi hermano mayor, a quien le correspondía recibirlo, no lo quiso, el retrato de nuestro bisabuelo llegó a mis manos. El marco sencillo que le había puesto mi padre se estropeó en el traslado del cuadro que debimos hacer en el pequeño automóvil que en esa época tenía, debiendo entonces cambiarlo por el que luce hasta hoy. Ha sido la visión habitual de este retrato, junto a los textos encontrados en el escritorio de mi padre, según expliqué en el prefacio, lo que me hicieron emprender la aventura de escribir esta narración.

No me ha sido fácil construir este relato, pues cuando uno piensa o «conversa» con uno mismo, lo hace en imágenes, muchas veces en sensaciones, y no en el «idioma oral», es decir, no se realiza la comunicación con palabras, materia prima con la que construye cualquier dialogo con los demás, aunque sea uno escrito como es este.

Convertir esos recuerdos, imágenes y pensamientos de un hombre, a quien no conocí, que está sentado en su sillón mientras posa para su retrato, en frases y oraciones, mediante las cuales pudiera entregar al eventual lector una semblanza de lo vivido y sentido en una época pretérita, el siglo XIX fue un gran desafío, que me demandó tiempo y esfuerzo de investigación.

Muchas veces, mientras escribía sentí que mi bisabuelo, don Cesáreo, quería decirme algo, y que yo no lograba entenderlo, y que por eso lo escrito no me resultaba satisfactorio y debí reescribirlo.

Durante el tiempo que tardé en redactar y ordenar mis escritos, algunas noches volvía una y otra vez, antes de dormirme (cuando uno está en esa etapa intermedia entre que cae o no en el sueño), a ver a mi bisabuelo Cesáreo sentado en su sillón posando ante José Backhaus, con un libro en la mano, recorriendo mentalmente lo que había sido su larga vida y sentía que podía unirme a él y mágicamente entrar en su mente.

Eso es lo que está escrito aquí, espero haberlo hecho con algún acierto, pero no es a mí a quien le corresponde el juicio, sino a cada uno de mis amables lectores, a quien doy las gracias por hacer llegado hasta el final y compartido conmigo esta emocionante aventura.

De más está volver a decir, al terminar estas líneas, que me siento honrado de descender del personaje acerca de quien he escrito y que espero que este mismo sentimiento pueda ser compartido por todos sus descendientes, quienes, a través de este relato, tal vez podrán conocerlo, e incluso al verlo con sus luces y sombras, llegar a apreciarlo aunque sea un poco, pues creo sinceramente que don Cesáreo Aguirre y Goyenechea fue un gran hombre, y con su azarosa vida, como dice Alfred Tennyson de Ulises, él también se ganó su nombre.

Santiago, a principios de 2023.

ANEXOS

Don Cesáreo Aguirre,
miembro Honorario de la Sociedad Nacional de Minería.
Fallecido en Santiago el 11 de Febrero de 1921.

Serie III Marzo de 1921 Núm. 263

BOLETIN MINERO
DE LA
Sociedad Nacional de Minería
SANTIAGO DE CHILE

SUMARIO

Don Cesáreo Aguirre

El fallecimiento de don Cesáreo Aguirre, acaecido el 11 de Febrero del año en curso, significa para la Sociedad Nacional de Minería una pérdida sensible e irreparable.

Antiguo socio de la Institucion, fué designado miembro del Directorio el año 1898, colaborando desde entónces activamente al servicio de la minería nacional.

Nació el señor Aguirre el año 1840. En 1863 terminó sus estudios en la Escuela de Minería de Copiapó, graduándose de Ensayador Jeneral de Minas, título que en 1864 se asimiló al de Injeniero de Minas.

Apénas recibido trabajó en la provincia, en los minerales de plata, como ensayador, pasando en seguida a la empresa minera Escobar Ossa i Compañía.

Posteriormente trabajó en el mineral La Ola que constituye actualmente el mineral de Potrerillos. Siguió al norte i trabajó principalmente en la Caleta de Cobija, hoi Antofagasta, de ahí esploró la Puna de Atacama, efectuando cuatro o cinco viajes; en esos viajes recorrió la Puna en todas direcciones i tuvo conocimiento del mineral de Chuquicamata observando las labores abandonadas i aterradas i cómo todos los esploradores mineros se aventuraba en dichas escursiones peligrosas por el Desierto i se sabe que en dos o tres ocasiones se estravió, enviándose comisiones en su busca.

Es interesante anotar que él i otros chilenos, como don José Francisco Puelma, dedicado esclusivamente a las actividades salitreras, fueron los que formaron el puerto de Antofagasta, 7 u 8 años ántes de la ocupacion: ellos fueron estendiéndose poco a poco, haciendo todos sus pedimentos al Gobierno Boliviano. Se le reconoce como uno de los fundadores del puerto de Antofagasta.

Tenia en Antofagasta casa compradora de minerales con un pequeño laboratorio.

El Gobierno del Presidente Pinto reconociendo el conocimiento que tenia el señor Aguirre de la zona en que se iban a desarrollar las operaciones i por ser el puerto mas septentrional que contaba con telégrafo, etc., i necesitando tener allí una persona de confianza, le nombró Gobernador de Caldera: fué él quien sirvió de intermediario de todas las órdenes entre el Gobierno i el Ejército, sobre todo en los primeros meses de la guerra.

Con los desocupados que venian del norte de las provincias peruanas i del litoral boliviano, espulsados por dichos Gobiernos, i que llegaban a Caldera, primer puerto chileno, tuvo la idea, en vista de que no podia darles trabajo ni de comer, de organizar el batallon «Atacama», idea que fué acojida por el Gobierno proporcionando armamentos i víveres; es de recordar que dicho batallón se distinguió de una manera sobresaliente.

Por motivos de salud, a fines de 1879 (1) se retiró de la Gobernación, quedándose en Copiapó donde permaneció un poco tiempo para en seguida renovar sus actividades en las salitreras de Aguas Blancas (2).

Posteriormente en los años 1883 i 1884 recorrió en mula casi todo el terreno boliviano, desde el Beni hasta el Pilcomayo, punto más oriental que alcanzó; llegó en sus escursiones hasta el Amazonas.

De regreso a Chile estableció casa compradora de minerales en Antofagasta i Calama, quedándose en Calama para poder habilitar el mineral de Chuquicamata que ya habia esplorado en otra ocasion. Hizo diversos pedimentos i puso trabajo a las minas abandonadas por los españoles durante la Colonia.

Trabajó hasta el año 1890 en que por motivos de salud tuvo que venirse a Santiago. A fines de dicho año volvió a Antofagasta i con motivo de la Revolucion los grandes galpones i la casa de Calama fueron ocupados militarmente, destruyendo las tolvas, laboratorio, etc., por lo que cerró dicha casa, quedándose a cargo solo de la Casa compradora de Antofagasta.

(1) En 1879 contrajo matrimonio en Copiapó con doña Rosario Sayago, hija de don José Sayago, profesor de la Universidad de Córdova que emigró al país durante la tiranía de Rozas.

(2) Trabajó en salitre ántes i despues de la guerra.

En 1895 regresó a Santiago, conservando siempre su Casa de Antofagasta a cargo de su administrador, obsequiándosela a dicho empleado allá por el año 1902.

El año 1901 fué nombrado Vice-Presidente de la Sociedad Nacional de Minería, cargo al cual consagró todo su entusiasmo i toda su enerjía hasta el año 1914. Decayó ese año visiblemente su salud i el Directorio a insistencia del señor Aguirre i mui a su pesar hubo de relevarlo de ese cargo para designarlo despues Miembro Honorario de la Institucion.

La Sociedad contó en todo momento con el ilustrado concurso del señor Aguirre. Su vasta esperiencia i su profunda versacion en los negocios mineros daban a la palabra del señor Aguirre un sello de autoridad que el Directorio se hacia un deber en acatar i reconocer.

En la reforma del Código de Minería se contó en el señor Aguirre con un entusiasta colaborador i las Actas de las sesiones correspondientes dejaron constancia de su labor.

En los problemas de toda índole que el Directorio tuvo que estudiar i resolver, el señor Aguirre dejó sus huellas i su valioso concurso imprimió siempre rumbo a los proyectos definitivos.

La Sociedad Nacional de Minería lamenta, pues, la pérdida de uno de sus miembros mas esclarecidos i deja constancia de la deuda de gratitud que en las pájinas de su historia dejó impresas don Cesáreo Aguirre.

LA REDACCION.

DON CESAREO AGUIRRE Y GOYENECHEA.—

Después de una larga existencia consagrada por entero al trabajo y al servicio de su país, ha fallecido ayer en esta capital, el respetable caballero don Cesáreo Aguirre Goyenechea.

Don Cesáreo Aguirre había nacido en Copiapó en 18[illegible]. Hizo sus estudios en el colegio de Minería de esta ciudad y, siendo todavía muy joven, obtuvo su título de ingeniero de minas. Era el último sobreviviente de aquella generación de profesionales, a quienes se les otorgó ese título por ley especial de la República.

DON CESAREO AGUIRRE Y GOYENECHEA

Hombre exclusivamente modesto, prestó señalados servicios al país, en medio de una vida dedicada al trabajo y al estudio.

Durante la guerra del 79, el Presidente Pinto, que lo sabía un hombre íntegro y patriota, le confió el delicado puesto de Gobernador de Caldera, cargo que don Cesáreo Aguirre desempeñó con verdadero acierto e inteligencia.

Por esta misma época, echó las bases del famoso Batallón Atacama, con los primeros obreros chilenos expulsados del Perú, que llegaban sin trabajo, al primer puerto chileno, que por entonces era el de Caldera.

Como ingeniero de minas don Cesáreo Aguirre desarrolló también en el norte, una activa labor. Fué, por así decirlo, uno de los iniciadores de la industria minera en la zona de Chuquicamata. El supo, allá por los años 84 a 85, que en esta región habían trabajado, años atrás, mineros españoles; exploró entonces la región y constató la existencia de ricos minerales.

Su incansable actividad de hombre de trabajo y de estudio le llevó también a explorar el desierto, a trabajar en Aguas Blancas, y a recorrer a lomo de mula, casi todo el territorio boliviano, recogiendo interesantes observaciones de orden científico. Fué también uno de los fundadores del puerto de Antofagasta.

Aunque ya octogenario, don Cesáreo Aguirre, cultivó hasta sus últimos días su afición a las disciplinas científicas, en que se había especializado. Fué vice-presidente de la Sociedad de Minería durante muchos años; académico de la Facultad de Matemáticas, fundador del Instituto de Ingenieros, su presidente en varias ocasiones, y, hasta ayer, miembro honorario de la misma institución.

Había colaborado en diversas publicaciones, como los Anales de la Universidad, en el Boletín de Minería, etc., y en algunos órganos de sociedades científicas extranjeras, de las cuales era miembro honorario.

El fallecimiento de don Cesáreo Aguirre enluta a respetables familias y ha sido justamente lamentado en los círculos científicos y sociales, en donde las cualidades que adornaban al respetable anciano, eran por todos reconocidas.

Sus funerales se verificarán hoy.

(Publicado el 12 de febrero de 1921, día siguiente al de su fallecimiento, en un diario de Santiago, que estaba entre los papeles de mi padre, ignoro el periódico en que se publicó y por ello lo reproduzco en la lamina anterior.)

(Transcripción del recorte de periódico que se encuenta más arriba)

"DON CESÁREO AGUIRRE Y GOYENECHEA

Después de una larga existencia consagrada por entero al trabajo y al servicio de su país, he fallecido ayer en esta capital, el respetable caballero don Cesáreo Aguirre y Goyenechea.

Don Cesáreo Aguirre había nacido en Copiapó en 1840. Hizo sus estudios en el colegio de Minería de esta ciudad y, siendo todavía muy joven, obtuvo el título de ingeniero de minas. Era el último sobreviviente de aquella generación de profesionales a quienes se les otorgó ese título por ley especial de la República.

Hombre exclusivamente modesto, prestó señalados servicios al país, en medio de una vida dedicada al trabajo y al estudio.

Durante la guerra del 79, el Presidente Pinto, que lo sabía un hombre íntegro y patriota, le confió el delicado puesto de Gobernador de Caldera, cargo que don Cesáreo Aguirre desempeñó con verdadero acierto e inteligencia.

Por esa misma época echó las bases del famoso Batallón Atacama, con lo primeros obreros chilenos expulsados del Perú, que llegaban sin trabajo al primer puerto chileno, que por entonces era el de Caldera.

Como ingeniero de minas, don Cesáreo Aguirre desarrolló también en el norte una activa labor. Fue, por así decirlo, uno de los iniciadores de la industria minera en la zona de Chuquicamata. Él supo, allá por los años 84 a 85, que en esta región habían trabajado años atrás, mineros españoles; exploró entonces la región y constató la existencia de ricos minerales.

Su incansable actividad de hombre de trabajo y estudio le llevó también a explorar el desierto, a trabajar en Aguas Blancas y a recorrer a lomo de mula, casi todo el territorio

boliviano, recogiendo interesantes observaciones de orden científico. Fue también uno de los fundadores del puerto de Antofagasta.

Aunque ya octogenario, don Cesáreo Aguirre, cultivó hasta sus últimos días su afición a las disciplinas científicas, en que se había especializado. Fue vice-presidente de la Sociedad de Minería, durante muchos años; académico de la Facultad de Matemáticas, fundador del Instituto de Ingenieros, su presidente en varias ocasiones, y, hasta su muerte miembro honorario de la misma institución.

Había colaborado en diversas publicaciones, como los Anales de la Universidad, en el Boletín de Minería, etc., y en algunos órganos de sociedades científicas extranjeras de las cuales era miembro honorario .

El fallecimiento de don Cesáreo Aguirre enluta a respetables familias y ha sido justamente lamentado en círculos científicos y sociales en donde las cualidades que adornaban al respetable anciano, eran por todos reconocidas.

Sus funerales se verificarán hoy"

(Transcripción de las páginas 195 y 196 del DICCIONARIO HISTORICO Y BIOGRÁFICO DE CHILE, Autor Virgilio Figueroa. Imprenta y Litografía "La Ilustración" Santiago, 1925.)

"AGUIRRE GOYENECHEA CESAREO

CESÁREO AGUIRRE es uno de los factores más valiosos que ha tenido la minería nacional y uno de los que más ha influido para que el país saque algún día de ella su vitalidad económica. Nacido en Copiapó en 1840, se dedicó desde joven a los estudios mineros y en 1863 terminaba su aprendizaje en la Escuela de Minería de su pueblo natal. Se graduó allí de ensayador general de minas, título que en 1864 se asimilaba al de ingeniero de minas.

Trabajó en la provincia de Atacama, en los minerales argentíferos, como ensayador y luego pasó a la empresa minera de Escobar, Ossa y Compañía. De ahí trasladóse al mineral de La Ola, que ahora ha pasado a llamarse Potrerillos. Después dirigióse al norte, a la caleta de Cobija, hoy Antofagasta, ciudad de que fue uno de los fundadores. Hizo varias exploraciones a la Punta de Atacama, recorrió la Puna en todas direcciones y tuvo conocimiento, y lo exploró, del mineral de Chuquicamata, que corriendo los años debla servir de asiento a la fabulosa riqueza extraída por el capital norteamericano. Aquel mineral, explotado desde la época colonial, tenía entonces sus labores abandonadas y aterradas.

Varias veces, al atravesar el desierto de Atacama, se extravió y estuvo en peligro de perecer; y otras tantas fueron comisiones de auxilio que lo libraron de la muerte.

Es interesante dejar constancia que él y otros chilenos, entre los que debemos mencionar a don José Francisco Puelma, se dedicaron especialmente a las actividades salitreras y formaron el puerto de Antofagasta, unos siete u ocho años antes de la ocupación chilena. Hicieron numerosos pedimentos salitrales al gobierno de Bolivia. En Antofagasta

fundó una casa compradora de minerales, provista de su respectivo laboratorio.

El Presidente Pinto, impuesto de las vinculaciones que tenía en la zona norte y de sus conocimientos de aquella región, lo nombró gobernador de Caldera para que sirviera de intermediario en los primeros meses de la guerra del 79, entre el gobierno central y el ejército invasor.

Organización del Batallón Atacama. *Con los chilenos que emigraban del Perú y Bolivia, la mayor parte de los cuales eran expulsados de aquellos países organizó el Primer Batallón Atacama, que tantas glorias debía conquistar en la guerra del Pacifico. Organizado aquel cuerpo legendario, abandonó por motivos de salud la gobernación de Caldera y se radicó algún tiempo en Copiapó, renovando entonces sus actividades en las salitreras de Aguas Blancas. Terminada la guerra con Bolivia, hizo exploraciones en este país y recorrió el Beni hasta el Pilcomayo y hasta el mismo Amazonas, en la frontera del Brasil. De regreso a Chile, estableció casas compradoras de metales en Antofagasta y Calama, fijando su residencia en este último punto con el propósito de habilitar y explotar el mineral de Chuquicamata, uno de sus sueños dorados desde los tiempos de su juventud. Trabajó allí hasta 1890 sin lograr lo que más tarde consiguió el capital norteamericano; y se dirigió a Santiago.*

En la revolución del 91 sus casas de Calama fueron ocupadas militarmente por las fuerzas revolucionarias v en parte destruidas. Se quedó solo con la casa de Antofagasta, a cuyo administrador se la obsequió en 1902 en pago de sus servicios.

Radicado definitivamente en Santiago, en 1901 fue nombrado vicepresidente de la Sociedad Nacional de Minería, cargo que desempeñó con toda contracción y entusiasmo hasta 1914, en que lo renunció por motivos de salud, fue nombrado socio honorario de esa institución, que contó siempre con su ilustrado concurso, su vasta experiencia y su versación en los negocios mineros. La palabra y los consejos del señor Aguirre tenían un sello de autoridad que la indicada institución se hacía un deber en acatar y reconocer.

En la formación del Código de Minería colaboró entusiastamente y en las actas de las sesiones correspondientes ha quedado constancia de su labor. A su muerte, ocurrida el 11 de febrero de 1921 en Santiago, la Sociedad de Minería tuvo que lamentar la pérdida de uno de sus más esclarecidos servidores y dejar nota de la deuda de gratitud que en las páginas de su historia dejó impresas su vicepresidente de 15 años.

El señor Aguirre contrajo matrimonio en Copiapó el año 1879 con la señorita Rosario Sayago Moreno, hija de don José Sayago[1]*, argentino, profesor de la Universidad de Córdova, que huyó a Copiapó perseguido por la tiranía de Rozas. Ha dejado una descendencia que ha ilustrado las letras y las ciencias y que sirve de coronamiento a su ilustrado progenitor.*

Bibl.- Dejó una memora sobre Meteorología, 1864 y varios trabajos publicados en los Anales del Instituto de Ingenieros, de diciembre de 1894, mayo de 1901 y mayo de 1919".

[1] Don José Sayago nació en Córdoba (Argentina) en 1807, emigró a Copiapó en 1834. Se casó con María del Carmen Moreno Gómez, con quien tuvo seis hijos, dos hombres, Francisco, Ingeniero, Carlos María, autor de *La Historia de Copiapó*, y cuatro mujeres, María de los Dolores, Candelaria, Antonia Matilde y Rosario.

ANALES
DEL
INSTITUTO DE INGENIEROS DE CHILE

NECROLOGIA

Don Cesáreo Aguirre y Goyenechea
† 11 DE FEBRERO DE 1921

El Instituto de Ingenieros de Chile ha experimentado una dolorosa pérdida con el fallecimiento de don Cesáreo Aguirre, miembro honorario y ex-presidente de la corporación.

Don Cesáreo Aguirre y Goyenechea nació en Copiapó en 1840; hizo sus estudios en la Escuela de Minería de esa ciudad, y en 1864 se graduó de ingeniero de minas, profesión a cuyas actividades dedicó una larga y honrada vida de esfuerzos. Fué un explorador incansable de las regiones del norte del país, desde antes que estas pertenecieran al territorio nacional, de modo que puede señalársele como uno de los precursores que más hizo por la valorización de las riquezas mineras y salitrales del desierto: Antofagasta lo puede contar con justicia como uno de sus fundadores, y el valioso asiento minero de Chuquicamata como uno de los que previeron su considerable riqueza.

Al estallar la guerra del Pacífico, el Presidente Pinto lo colocó en la gobernación de Caldera, entonces el primer puerto chileno, en donde su profundo conocimiento de los hombres y las cosas de la región que iba a ser el primer teatro de la contienda lo señaló como un valioso cooperador para el Gobierno. Terminada la lucha, volvió a sus actividades predilectas, que extendió ahora al territorio boliviano, que exploró detenidamente hasta sus confines mas lejanos, con una acertada previsión del campo que aquel país podía ofrecer al esfuerzo de sus compatriotas.

En medio de sus actividades profesionales y sus penosos viajes, don Cesáreo Aguirre no descuidó el cultivo de las disciplinas científicas, convencido por su vasta experiencia de que en ellas había que buscar la solución de las dificultades que en la práctica presentan las explotaciones mineras. Fué un químico distinguido que aun en sus últimos años, retirado ya al descanso, seguía en libros y revistas los progresos de las ciencias en que se había especializado. Así, las corporaciones científicas del país lo contaron entre sus miembros mas caracterizados y entusiastas: fué durante muchos años vice-presidente de la Sociedad de Minería; fundador director y presidente del Instituto de Ingenieros, y miembro académico de la Facultad de Matemáticas de la Universidad de Chile. En 1918 el Instituto de Ingenieros lo designó su miembro honorario, como reconocimiento a su labor profesional de mas de medio siglo y a la intensa y cariñosa preocupación que desde su fundación hasta sus últimos años había manifestado por el Instituto.

Ensayador General de Minas (Ingeniero en Minas). Nace en Copiapó, el año 1840.

Cesáreo Aguirre Goyenechea

Estudia en la Escuela de Minas, de Copiapó, graduándose en 1863. Desde joven se dedica a los estudios mineros y ya en 1864, trabaja en la provincia de Atacama, en los minerales de plata de la zona. Después se desempeña en la faena de Potrerillos y de allí, viaja al norte a La Chimba, hoy Antofagasta. Realiza expediciones a la Puna de Atacama. Explota el mineral de Chuquicamata, cuando éste se encontraba abandonado por inundaciones en sus galerías y el desincentivo –en costos– que complicaban en esos tiempos volver a explotar su riqueza. En su excursión de cateo, por el territorio boliviano, efectúa numerosos pedimentos o postulaciones a estacas salitrales.

Durante la Guerra del Pacífico, asume responsabilidades político administrativas. En cumplimiento de dicho rol, organiza el Primer Batallón Atacama, con los chilenos que emigran del Perú y Bolivia, cuerpo legendario que tantas glorias obtuvo durante la guerra del 79.

Terminada la guerra, realiza exploraciones por Bolivia, región del Beni hasta el río Pilcomayo, llegando al mismísimo Amazonas, en la frontera con el Brasil.

En Chile, establece casas compradoras de metales en Antofagasta y Calama, fijando su residencia en la ribera del Loa. Habilita y retoma la explotación minera en Chuquicamata, junto a otros empresarios de la zona: Camus, Villegas, Walker, entre otros. Trabaja allí hasta 1890.

Durante la guerra civil de 1891, en marzo, su casa de Calama fue ocupada militarmente y en parte destruida por las fuerzas parlamentarias. Se queda sólo con la propiedad de Antofagasta.

En 1901, se radica en la capital, donde por 15 años asume responsabilidades de orden gremial, en la Sociedad Nacional de Minería. Es su Vicepresidente, entre 1901 y 1914.

Colabora en la formación del Código de Minería. Entre sus estudios, una memoria de Meteorología, (1864) y varios trabajos en la revista Anales, del Instituto de Ingenieros, (1894,1901 y 1919).

A los 78 años, fallece en Santiago, el 11 de febrero de 1918.

FORJADORES DE ANTOFAGASTA 148 AÑOS DE HISTORIA

Comunicaciones Corporación Pro Antofagasta, PROA.

Published on Jun 11, 2019

LA ESCUELA DE MINERIA DE COPIAPO

Ha sido muy doloroso para Copiapó el incendio de la Escuela de Minería, establecimiento que data desde el año 1857 en que don Paulino del Barrio dirigió la construcción.

Han pasado por esas aulas los ingenieros más distinguidos y antiguos del país como los inolvidables caballeros Telésforo Mandiola, Cesáreo Aguirre Augusto Orrego Cortés, Francisco Sayago y tantos otros de reconocidos méritos.

La valiosísima colección de piedras mineral[illegible] era la más completa q[illegible] existía en América y diferentes visitantes extranjeros la admiraban por tener ejemplares únicos en el mundo. Había un gran meteoro que estaba avaluado en muchos miles de pesos y que ingenieros norteamericanos quisieron obtenerlo para el Museo de Nueva York. También una preciosa esmeralda que llamaba la atención por su tamaño.

Los jóvenes que seguían sus estudios en esa Escuela han ocupado siempre importantes puestos en las oficinas salitreras y en las principales faenas mineras del país por su competencia y preparación.

El país debe estar agradecido de la acción generosa manifestada por importantes empresas extranjeras que han querido contribuir a reparar los daños causados por el siniestro.

Los habitantes de Copiapó esperan que el señor Ministro de Instrucción demostrará excelente voluntad para la reconstrucción de la Escuela de Minería de Copiapó, que forma todos los años un núcleo de hombres laboriosos que cooperan en forma eficiente al progreso del país.

M. E M.

Publicado en un periódico de Copiapó en el año 1929, después el gran incendio que destruyó por completo la edificación donde funcionaba el antiguo Colegio de Minería, que en ese entonces se llamaba ya “Escuela de Minería de Copiapó”.

DON CESAREO AGUIRRE

Vice-Presidente de la Sociedad Nacional de Minería

(Fotografía publicada en la revista Chile Ilustrado" N° 20 de marzo de 1909)

La leyenda de esta fotografía dice:

"El señor Aguirre es uno de los más antiguos ingenieros de minas. Gran parte de su vida la ha pasado en el norte del país dedicado a trabajos mineros y al ejercicio de su profesión."

"Posee valiosas minas en Antofagasta, Calama y Copiapó, siendo el actual dueño de la conocida mina "Zaragoza" ubicada en el departamento de Antofagasta".

"Desde hace algunos años el señor Aguirre reside en Santiago, donde ha desempeñado cargos de Presidente del Instituto de Ingenieros, Vice Presidente de la "Société Scientifique du Chili" y Vicepresidente de la Sociedad Nacional de Minería."

Biblioteca del Congreso Nacional de Chile / BCN | Ley Chile

Decreto 80 EXENTO

DENOMINA CON LOS NOMBRES QUE SEÑALA A LOS ESTABLECIMIENTOS EDUCACIONALES DE LA COMUNA DE CALAMA, PROVINCIA DE EL LOA, II REGION DE ANTOFAGASTA

MINISTERIO DE EDUCACIÓN; SUBSECRETARIA DE EDUCACION

Publicación: 05-JUN-1986 | Promulgación: 27-MAY-1986
Versión: Única De : 05-JUN-1986
Url Corta: https://bcn.cl/2ie8w

DENOMINA CON LOS NOMBRES QUE SEÑALA A LOS ESTABLECIMIENTOS EDUCACIONALES DE LA COMUNA DE CALAMA, PROVINCIA DE EL LOA, II REGION DE ANTOFAGASTA

Núm. 80 exento.- Santiago, 27 de Mayo de 1986.- Considerando:

Que don Eleuterio Ramírez Molina fue un personaje que se destacó en la Guerra del Pacífico. Además, como Comandante del Regimiento 2° de Línea participó significativamente en la Batalla de Topater, demostrando con arrojo y valentía su indomable espíritu patriótico;

Que don Cesáreo Aguirre Goyenechea fue un personaje de la historia minera del Norte de Chile, y en especial de las actividades salitreras de la región. Entre otros, organizó el Batallón Atacama, que tantas glorias debía conquistar en la Guerra del Pacífico;

El interés del Supremo Gobierno por honrar la memoria de aquellas personas chilenas o extranjeras que hayan prestado valiosos servicios al país; y Visto: Lo dispuesto en el Decreto Ley N° 736 de 1974; Decretos Supremos de Educación N°s. 1.673 de 1979, 10.274 de 1981 y 632 de 1983; Resolución N° 1.050 de 1980, de la Contraloría General de la República; acuerdo de sesión de 29 de abril de 1986 de la Comisión a que se refiere el Decreto Ley N° 736 de 1974 y en los artículos 32 N° 8 y 35 de la Constitución Política de la República de Chile,

Decreto:

Artículo único: Denomínase en la forma que se señala, a los siguientes establecimientos educacionales de la comuna de Calama, provincia de El Loa, II Región de Antofagasta:

- Liceo A N° 25 "Eleuterio Ramírez Molina".
- Liceo Politécnico B N° 9 "Cesáreo Aguirre Goyenechea".

Anótese y publíquese.- Por orden del Presidente de la República, Sergio Gaete Rojas, Ministro de Educación Pública.

Lo que transcribo a usted para su conocimiento.- Saluda a usted.- René Salamé Martin, Subsecretario de Educación Pública.